INHALT

W0178547

EINLEITUNG

Die meisten Existenzgründer versprechen sich Unabhängigkeit von ihrer Selbstständigkeit. Nur einer von sechs Gründern gibt Geld als Hauptmotiv an, obwohl sicher die wenigsten von einem finanziellen Misserfolg ausgehen.

Was auch immer Ihre Motive sind, die erfolgreiche Gründung eines Unternehmens oder der Ausbau eines existierenden ist keine leichte Aufgabe. Gute Ideen, harte Arbeit, Enthusiasmus, Talent und fundiertes Wissen über ein Produkt und seine Herstellung sind zwar unabdingbar, reichen jedoch nicht aus. Nur knapp 10 Prozent aller Kleinunternehmen überleben das vierte Geschäftsjahr.

Die gravierendsten Fehler werden während der ersten Geschäftsjahre gemacht, wobei schlechtes oder fehlendes Finanzmanagement die häufigste Ursache für eine Pleite darstellt. Meist fehlt den Gründern wichtiges Know-how in Bereichen wie Buchführung und Rechnungswesen. Die meisten scheiternden Kleinunternehmer waren sich einfach nicht über ihre finanzielle Situation im Klaren. Einem Unternehmen kann das Geld nämlich auch

ausgehen, obwohl die Auftragsbücher voll sind. Unternehmer müssen wissen, welche Finanzierungsmöglichkeiten es gibt und wie man sich am besten präsentiert, um sie nutzen zu können. An Geldmitteln mangelt es nicht. Die Probleme liegen viel mehr bei der Beantragung dieser Mittel bzw. darin, wie die Geschäftsidee dem Geldgeber präsentiert wird. Dies ist die Stunde des Business-Plans, in dem die unternehmerischen Absichten und deren Umsetzung, für den Laien verständlich und dennoch professionell, den potenziellen Geldgebern präsentiert werden.

Dieses Buch wendet sich an Existenzgründer bzw. angehende Unternehmer, aber auch an jene, die ihre Geschäftsaussichten noch einmal näher prüfen wollen, indem es aufzeigt, was eine korrekte Buchführung beinhaltet und wie Business-Pläne und Prognosen in verfügbares Kapital umgesetzt werden können. Es wird konkret erläutert, wie man seinen Kapitalbedarf abschätzt und wo und in welcher Form man Unterstützung bekommen kann.

Schließlich werden Sie alles Wesentliche über den Gebrauch von Kennzahlen bei der Rentabilitätsanalyse sowie die Einschätzung der Auswirkung verschiedener Faktoren darauf erfahren.

KAPITALBEDARF ermitteln

Der finanzielle Erfolg Ihres Unternehmens hängt ganz wesentlich von der Qualität des Business-Plans ab. Bei der Planung müssen Sie abschätzen, wie viel Geld Sie zu welchem Zeitpunkt und über welchen Zeitraum benötigen. Ihre Überlegungen sollten dabei nach Möglichkeit auch Problemsituationen und unerwartete Ereignisse mit einschließen, die die Liquidität beeinträchtigen könnten.

DER BUSINESS-PLAN

Der finanzielle Erfolg Ihres Unternehmens basiert auf einem gut durchdachten Business-Plan. Er hilft Ihnen bei der Entscheidung, wann und wie viel Geld für welchen Zweck benötigt wird. Mit diesem Dokument verkaufen Sie potenziellen Geldgebern Ihre Geschäftsidee und überzeugen sie von Ihren Erfolgsaussichten. Es richtet sich auch nach außen an Banken und Investoren sowie aktuelle und künftige Mitarbeiter, denen damit Zukunftschancen in Ihrem Unternehmen aufgezeigt werden.

Die Ausarbeitung eines Business-Plans ist der vielleicht wichtigste Schritt bei der Finanzplanung für die Neugründung bzw. Erweiterung eines Unternehmens. Sie sollten diesen Plan gemeinsam mit allen Personen konzipieren, die später für seine Umsetzung wichtig sind. Er muss die kurz- und langfristigen Zielvorgaben des Unternehmens darstellen und die angebotenen Produkte oder Dienstleistungen und ihre Marktchancen beschreiben. Außerdem sollte das Konzept sämtliche Ressourcen offen legen, die Ihnen zur Verfügung stehen, um im Wettbewerb erfolgreich zu sein.

Ein aktueller, höchstens sechs Monate alter Business-Plan sollte sowohl bei Gründung wie Erweiterung eines Geschäftes vorliegen. Der Planungshorizont umfasst sinnvollerweise mindestens drei Jahre, denn so lange dauert die Umsetzung strategischer Ziele. Das erste Planungsjahr setzt die Vorgaben für das Budget ihres Betriebes und zeigt mittels Gewinn- und Verlustvorgaben, wie Sie Ihre Unternehmensstrategie umsetzen wollen. (Zu Gewinn und Verlust siehe Seiten 84–89).

Wozu braucht man einen Business-Plan?

Der Business-Plan wird für Sie, den Unternehmer, aber auch für alle an Ihrem Unternehmen interessierten Außenstehenden, etwa potenzielle Mitarbeiter oder Geldgeber, ein sehr nützliches Hilfsmittel sein. Die Mühe lohnt sich,

FALLSTUDIE: Die Vorteile einer gründlichen Planung

MARTIN J. plante die Eröffnung seines eigenen Restaurants im Zentrum der Hansestadt Hamburg. In den fünf Jahren, die er als Geschäftsführer eines kleinen Hotels gearbeit hatte, lernte er die meisten Bereiche der Branche intensiv kennen. Mit der Finanzplanung kannte er sich allerdings noch nicht so gut aus. Im Selbststudium erarbeitete er sich die Techniken, die zur Erstellung eines Business-Plans nötig sind. Beim Zusammenstellen der Daten für die Vorhersage des Cash-Flow fand der künftige Unternehmer heraus, dass sich die Anfangsinvestitionen durch Leasing bzw. Staffelung halbieren ließen. Das wirkte sich grundlegend auf seine gesamte Finanzstrategie aus, denn so wurde weit weniger Kapital in der Gründungsphase gebunden.

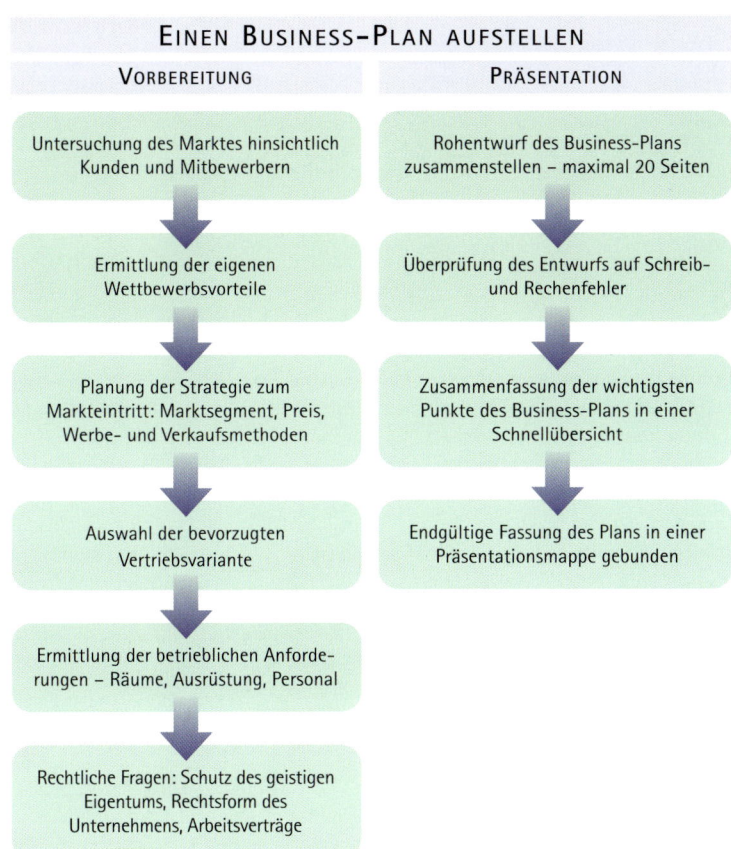

Einen Business-Plan aufstellen

Vorbereitung

Untersuchung des Marktes hinsichtlich Kunden und Mitbewerbern

↓

Ermittlung der eigenen Wettbewerbsvorteile

↓

Planung der Strategie zum Markteintritt: Marktsegment, Preis, Werbe- und Verkaufsmethoden

↓

Auswahl der bevorzugten Vertriebsvariante

↓

Ermittlung der betrieblichen Anforderungen – Räume, Ausrüstung, Personal

↓

Rechtliche Fragen: Schutz des geistigen Eigentums, Rechtsform des Unternehmens, Arbeitsverträge

Präsentation

Rohentwurf des Business-Plans zusammenstellen – maximal 20 Seiten

↓

Überprüfung des Entwurfs auf Schreib- und Rechenfehler

↓

Zusammenfassung der wichtigsten Punkte des Business-Plans in einer Schnellübersicht

↓

Endgültige Fassung des Plans in einer Präsentationsmappe gebunden

---

denn durch die Erarbeitung eines Business-Plans profitieren Sie in vierfacher Weise:

- Sie prüfen Ihre Idee auf ihre Tauglichkeit.
- Sie werden zur Umsetzung bestärkt.
- Sie verschaffen sich einen Überblick über die erforderlichen Finanzen.
- Sie gewinnen Planungserfahrungen.

Überprüfung der Ideen
Durch die systematische Herangehensweise bei der Konzeption des Business-Plans werden Fehler bereits auf dem Papier erkennbar.

Wachsende Erfolgsgewissheit
Nach Ausarbeitung des Business-Plans werden Sie sich in den Fähigkeiten bestärkt fühlen, Ihr

Unternehmen zu starten und zum Erfolg zu führen. Und die Darstellung einer soliden Geschäftsidee mit entsprechenden Marktchancen für Ihr Produkt oder Ihre Dienstleistung kann sogar teilweise fehlendes Kapital oder Erfahrung kompensieren.

Überblick über die erforderlichen Finanzmittel
Ihr Business-Plan macht deutlich, wie viel Geld nötig ist, wofür, wann und für welchen Zeitraum es gebraucht wird.

Junge Unternehmen scheitern häufig schon nach kurzer Zeit an Unterkapitalisierung und einsetzenden Liquiditätsproblemen. Mit einem soliden Business-Plan können Sie dieses Risiko

minimieren. Auf dem Papier lassen sich die vielen denkbaren Strategien risikolos durchspielen, die effizientesten Optionen zum Einsatz der knappen Geldmittel können ermittelt werden.

Ihr Business-Plan wird Ihnen noch nicht automatisch die begehrten Geldquellen erschließen, doch Sie demonstrieren damit, dass Sie mit der finanziellen Dynamik Ihrer Branche bestens vertraut sind. Zudem machen Sie so Außenstehenden, wie Banken, potenziellen Investoren, Geschäftspartnern oder Beratern, Ihre Ideen und die dahinter stehenden Überlegungen besser verständlich. Wissen diese erst einmal, was Sie vorhaben, können sie Ihnen auch besser helfen und Ratschläge geben.

Der Business-Plan bereitet Sie auf die Herausforderungen und Gefahren des Marktes vor.

Planungserfahrungen sammeln

Bei der Vorbereitung eines Business-Plans gewinnen Sie Einblick in den Prozess der Finanzplanung. Und genau dieser Prozess, nicht der daraus resultierende Plan, ist für das langfristige finanzielle Wohlergehen Ihres Unternehmens wichtig. Weil sich die Geschäftswelt und mit ihr die Markt- und Wettbewerbsbedingungen dynamisch entwickeln, kann man nicht erwarten, dass alles genau so eintrifft, wie es im Business-Plan prognostiziert wurde. Bei der Konzeption des Plans eignen Sie sich aber das nötige Wissen und Verständnis an, mit dem Sie später auf alle möglichen Veränderungen rasch und adäquat reagieren können.

Riskanten Start-up vermeiden

Trotz dieser Vorteile legen viele Gründer ohne Business-Plan los. Meist handelt es sich um Unternehmen, zu deren Gründung entweder kaum Fremdkapital nötig zu sein scheint bzw. für die die Gründer ausreichend Eigenkapital mitbringen. Eine den strengen finanziellen Überprüfungen genügende Darstellung des Projekts halten sie dann nicht für erforderlich.

Ein Szenario stützt sich auf die Hoffnung, dass die Kunden sofort bar zahlen, während die Lieferanten bereitwillig monatelang auf ihr Geld warten. Inzwischen kann der Unternehmer mit diesen Mitteln sein Geschäft finanzieren. Doch solche Kunden bzw. Lieferanten sind ausgesprochen selten. Jedenfalls gibt es zwei wichtige Marktregeln: Entweder das angebotene Produkt oder die Dienstleistung werden ein Flop – dann stapeln sich bald die unbezahlten Rechnungen und die müssen irgendwann und irgendwie finanziert werden. Oder die Geschäftsidee schlägt kolossal am Markt ein – dann werden andere finanzkräftige Unternehmer dadurch angelockt. Diese neuen Mitbewerber werden mit ihrem soliden finanziellen Rückhalt das unterkapitalisierte Unternehmen rasch vom Markt verdrängen. Ein Unternehmer, der über genug Eigenkapital verfügt oder sich Geld von Freunden oder Verwandten geliehen hat, macht häufig andere Fehler: Für ihn ist jede für die Business-Planung geopferte Stunde sinnvoller in die Suche nach Geschäftsräumen, den Kauf eines Autos oder die Installation eines Computers investiert. Kurz, alles, was ihn von spontaner Aktivität abhält, empfindet er als reine Zeitverschwendung.

Viele liegen bei der ersten Einschätzung ihres Vorhabens in einigen Punkten falsch und stürzen sich schließlich in ein riskantes Unternehmen. Dabei lassen sich Schwachstellen häufig bereits bei der Erarbeitung des Business-Plans aufdecken. Spätestens auf dem Markt werden sie dann unweigerlich sichtbar – zu einem höheren, vielleicht verhängnisvollen Preis.

Plan an potenziellen Geldgebern ausrichten

Jedes erfolgreiche Unternehmen ist in bestimmten Phasen seiner Entwicklung auf Kapital von außen angewiesen. Wenn Sie sich diese Quellen erschließen wollen, müssen Sie wissen, was ein Finanzier von Ihnen erwartet.

Oft wird gesagt, es mangle nicht an Geld für die Gründung bzw. Expansion eines Unternehmens, wirklich selten seien dagegen gute Ideen und die Leute, die diese umsetzen können. Für den zukünftigen Unternehmer ist dies häufig schwer zu glauben. Von 1000 eingegangenen Business-Plänen analysieren Beteiligungsgesellschaften nur etwa 100 genauer. Zur Verhandlung gelangen weniger als zehn und nur ein einziger schließlich zu einer Investition.

Die Entscheidung, sich über eine anfängliche Lektüre hinaus mit dem Plan zu befassen, hängt von der Qualität der Finanzargumente und der Modellrechnung für Verkäufe und Einkünfte ab, die das Investitionsvorhaben unterstützen. Der Business-Plan ist die Eintrittskarte. Mit ihm hat der Unternehmer seine erste und oft einzige Chance, künftige Geldgeber von der Qualität seiner Vorschläge zu beeindrucken.

Daraus folgt: Um überhaupt erfolgreich Finanzhilfen für Ihr Unternehmen zu gewinnen, muss sich Ihr Business-Plan stark an den Anforderungen der möglichen Finanziers orientieren. Die beiden wichtigsten Geldgeber sind Banken und Beteiligungsgesellschaften, die jeweils ganz spezifische Anforderungen stellen.

Worauf Banken achten

Banken und andere Kreditgeber achten auf die Absicherung ihrer Kredite durch Vermögenswerte und eine hohe Rückzahlungswahrscheinlichkeit. Vor allem Banken sind darauf spezialisiert, illiquide Vermögenswerte wie Immobilien und Warenbestände in liquide wie Bargeld oder Überziehungskredite umzuwandeln. Die Zinsen richten sich dabei nach der Marktsituation und der Einschätzung des Risikos. Je nachdem, in welcher Branche und für welche Vorhaben das Geld benötigt wird, rechnen Banken mit einer Laufzeit von zwei bis fünf Jahren.

Kreditinstitute erwarten von einem Unternehmensgründer normalerweise von der Kreditvergabe an monatliche oder vierteljährliche Tilgungs- und Zinszahlungen. Im Rahmen öffentlicher Finanzierungshilfen kann eine rückzahlungsfreie Karenzzeit von bis zu zwei Jahren ausgehandelt werden. Zu Beginn der Laufzeit eines Kredits oder einer Hypothek machen die Zinsen den Löwenanteil der Zahlungen aus – das müssen Sie bei Ihrer Liquiditätsplanung berücksichtigen.

Die Banken hoffen, dass ein Unternehmen Erfolg hat, denn dann können sie dem verlässlichen Kunden später weitere Kredite geben und ihm zusätzliche Dienstleistungen wie Versicherungen und Steuerratschläge anbieten. Unter diesem Blickwinkel sind die Banken weniger an einem raschen Wachstum mit großem Kapitalgewinn, sondern eher an einem stetigen Ertragszufluss von Beginn der Geschäftstätigkeit an interessiert.

Goldene Regeln für Kreditnehmer

✓ Nicht mehr Kredit aufnehmen als nötig.

✓ Sprechen Sie mit mehreren Kreditgebern, bevor Sie sich entscheiden.

✓ Erläutern Sie nicht nur die Chancen Ihres Unternehmens, sondern auch die Risiken.

✓ Stellen Sie sicher, dass die Laufzeit des Kredits ausreicht, um in die Gewinnzone zu kommen.

✗ Suchen Sie nur solvente Kreditgeber auf.

✗ Nehmen Sie kein Geld auf, das Sie nicht brauchen; Sie zahlen nur unnötig Zinsen.

✗ Informationen über Geschäftsverlauf vor einem potenziellen Kreditgeber nicht zurückhalten.

✗ Tipp: Investitionskredite der öffentlichen Hand bieten oft die besseren Konditionen.

WORAUF RISIKOKAPITALGEBER ACHTEN

Die meisten neuen oder schnell expandierenden Unternehmen werfen nicht gleich Gewinne ab, sodass sie ihr Kapital aus anderen Quellen beziehen müssen. Dieses Risiko- oder Eigenkapital, mit dem man sich am Unternehmen beteiligt, kommt von Beteiligungsgesellschaften, aber auch vom Firmengründer selbst und von seinen Freunden und Verwandten.

Weil das Investitionsrisiko bei einem neuen und jungen Unternehmen deutlich größer ist als bei einem eingeführten Geschäft, müssen die Manager eines Risikokapitalfonds ihren Investoren auch höhere Gewinne anbieten. Es gilt deshalb, die Ausfälle möglichst gering zu halten und

zusätzlich einige Starunternehmen herauszu-picken, die mit jährlichen Wachstumsraten um 35 Prozent die mittelmäßigen Ergebnisse der anderen wettmachen. (Das rasante Wachstum der Internet-Branche hat z. B. gewaltige Ströme von Beteiligungskapital in den dot.com-Sektor gelenkt.) Ein Fondsmanager erwartet unter zehn Unternehmen einen Star, sieben einigermaßen laufende Geschäfte und zwei Flops. Ungeachtet dieser Resultate suchen die Risikokapitalmanager immer nur nach Gewinnern; Ihre Chancen, an solches Kapital zu kommen, sind also gering, wenn Sie nicht kurz- oder mittelfristig hohe Wachstumsraten vorhersehen.

■ **RISIKOKAPITALGEBER SIND SHAREHOLDER**
Diese Kapitalgeber suchen nicht nur Gewinner, sie möchten an einem Unternehmen beteiligt werden. Der Umfang der Beteiligung variiert von Fall zu Fall.

Sieht die Beteiligungsfirma, dass Sie eine zündende Geschäftsidee und ein professionelles Team haben und Ihre Produkte bzw. Dienstleistungen sofort anbieten können, wird sie im Gegenzug für die Überlassung des Kapitals bis zu einem Drittel der Firmenanteile erwarten. Bringt auch das Management des neuen Unternehmens Kapital ein oder sind Banken beteiligt, kann der Anteil

DAS SPART ZEIT

Erstellen Sie Ihren Business-Plan, bevor Sie Kapitalgeber ansprechen. Schicken Sie ihnen zunächst ein zweiseitiges Resümee, dann fragen Sie an, ob Interesse an dem detaillierten Plan besteht. So vermeidet man nutzlose Besprechungen mit unvorbereiteten Kapitalgebern.

auf ein Viertel sinken. Bei einer nicht voll ausgereiften Geschäftsidee oder einem schwachen Team (das man dann oft mit eigenen Leuten verstärkt) kann der Beteiligungsanteil zur Kompensation des höheren Risikos deutlich über ein Drittel hinausgehen.

Letztlich hängt alles davon ab, wie dringend Sie das Geld brauchen, wie riskant das Unternehmen ist, wie die Gewinnaussichten sind und wie geschickt Sie verhandeln.

Schnell wachsende Unternehmen haben meist kein Geld für Dividendenzahlungen übrig, wie viele dot.com-Unternehmen zeigen. Investoren können also nur durch den Verkauf ihrer Firmenanteile profitieren. Vor diesem Hintergrund muss der Risikokapitalgeber von Anfang den Weiterverkauf an der Börse oder an einen anderen Anleger mit bedenken.

▪ **KURZFRISTIGE INVESTITION**
Anders als viele Unternehmer, die sich kontinuierlich dem Erfolg und der Entwicklung ihres Geschäfts verpflichtet fühlen, orientieren sich die Beteiligungsfirmen kurzfristig. Aus kleineren Beteiligungen ziehen sie sich meist innerhalb von zwei bis sechs Jahren wieder zurück; so können sie ihre Investoren auszahlen und verfügen über Mittel zur Finanzierung künftiger Gewinner. Dies müssen Sie berücksichtigen.

AUSGEWOGENE KAPITALQUELLEN

Um erfolgreich zu sein, muss sich Ihr Geschäft an den Anforderungen dieser beiden Kapitalgeber orientieren und sie ausgewogen nutzen. Banken sehen eine Kapitalstruktur von 1:1 als ideal an, bei der eine Hälfte aus geliehenem Kapital, die andere Hälfte aus Eigen- oder Beteiligungskapital stammt. Manchmal gehen die Banken bis zu einem Wert von 4:1, doch selten freiwillig und von Anfang an. Die Unternehmer werden von den Beteiligungsfirmen häufig zur Aufnahme frischen Kapitals über Kredit ermutigt, um mit dem Eigenkapital gleichzuziehen.

Wenn Sie Verwandte und Freunde als Kapitalgeber gewinnen wollen, in Form von Darlehen oder Beteiligungen, müssen Sie auch deren Bedürfnisse im Business-Plan berücksichtigen.

GLAUBWÜRDIGE WACHSTUMSPERSPEKTIVEN

Die Anfrage nach einer Investition oder Kreditvergabe steht und fällt mit der glaubhaften Demonstration, dass das Unternehmen befriedigende finanzielle Resultate erzielen wird. Der Business-Plan muss in Kurzform die erzielbaren Ergebnisse aufzeigen. Angaben zu Umsätzen, Cash-Flow, Gewinnen, Preisspannen und Reinvestitionen für einen mittleren Zeitraum schaffen eine Vertrauensbasis.

Die meisten Unternehmer sind, was die Zukunftserwartungen ihres Geschäfts betrifft, natürlich optimistisch. Für ein Wachstum sehen sie kaum Grenzen, allein das fehlende Geld steht ihrem scheinbar sicheren Erfolg im Wege.

Auch die Beteiligungsgesellschaften suchen nach schnellen Erfolgen. Doch sollte man immer bedenken, dass ihnen pro Jahr tausende von Geschäftskonzepten vorgelegt werden und ihr Kapital bereits in hunderten unterschiedlichster Unternehmen gebunden ist. Folglich wissen sie sehr genau, welche Zahlen realistisch sind und wie die Marktchancen in den einzelnen Branchen aktuell aussehen. Ein Business-Plan, dessen Projektionen über das in einer bestimmten Branche Übliche hinausgehen, wird beim Investor automatisch Fragen aufwerfen.

Machen Sie glaubhafte Wachstumsprognosen und untermauern Sie diese möglichst mit Fakten. Mit eher schwachen Wachstumsvorhersagen sollten Sie sich besser an die vorsichtigeren Banken wenden statt an Risikokapitalgeber. Geldinstitute sehen in einer zurückhaltenden Prognose sogar eine Tugend, die eher für das Unternehmenskonzept spricht als beeindruckend ehrgeizige Zielvorgaben.

> *Denken Sie an die Interessen des potenziellen Lesers, während Sie Ihren Finanzplan formulieren.*

Präsentation des Business-Plans

Sobald der Business-Plan steht, gilt es zu überlegen, wie das Material am besten präsentiert wird. Ziel ist ein professionelles Dokument, mit dem Sie Geldgeber und Investoren von Ihrer Geschäftsidee überzeugen können.

DIE AUFMACHUNG

Jedes Produkt gewinnt durch eine angemessene Verpackung – auch ein Business-Plan. Sehr zu empfehlen ist eine Spiralbindung mit durchsichtigem Deckblatt. Der Leser kann leicht darin blättern und gleichzeitig ist das Dokument geschützt, denn ein Erfolg versprechendes Konzept wird durch viele Hände wandern. Ein ansprechendes Schriftbild erhalten Sie durch eine großzügige Seitengestaltung (Schriftgrad 12; 1,5facher Zeilenabstand; breite Seitenränder) und einen hochwertigen Ausdruck.

Ein verbindliches, allgemein gültiges Muster für den Business-Plan gibt es nicht, doch in der Praxis haben sich bestimmte Mindeststandards als erfolgreich erwiesen. Ein Business-Plan, der diesen Vorgaben folgt, wird effektiv sein und den meisten Anforderungen genügen. Nicht jeder Unterpunkt mag relevant sein, dennoch sind die folgenden Vorschläge für Unternehmen jedweder Rechtsform und Größe praktikabel.

COVER UND DECKBLATT

Das Cover sollte folgende Angaben enthalten: Namen Ihres Unternehmens, Adresse, Telefon- und Faxnummer, E-Mail-Adresse und gegebenenfalls die Web Site. Die Nennung des Datums der Fertigstellung des Business-Plans verweist auf die Aktualität der Planung hinsichtlich der Geschäftserwartung und des Finanzbedarfs.

Auf der zweiten Seite, dem Deckblatt, werden die Angaben wiederholt und um Informationen zum Unternehmensgründer (Adresse, Telefon) ergänzt. Die private Telefonnummer ermöglicht den Investoren den Kontakt zum Gründer auch außerhalb üblicher Geschäftszeiten.

DIE ZUSAMMENFASSUNG

Das höchstens zwei Seiten starke Resümee folgt auf das Deckblatt. Es ist an sich der wichtigste Teil des gesamten Business-Plans und muss entsprechend sorgfältig formuliert werden. Ist es gut durchdacht, kann es den Leser von Anfang an für Ihr Projekt einnehmen. Ist das Resümee schlecht oder fehlt es völlig, hat der Business-Plan kaum Chancen. Diese Zusammenfassung sollte man erst schreiben, wenn der Business-Plan vollständig ist, denn sie sollte die wesentlichen Inhalte des Plans enthalten.

DAS INHALTSVERZEICHNIS

Die Inhaltsübersicht folgt der Zusammenfassung und dient als Wegweiser durch Ihr Unternehmenskonzept. Fehlt diese Struktur oder ist sie unübersichtlich, wird der Leser das Papier bald irritiert aus der Hand legen und sich kaum weiter damit beschäftigen.

Alle wesentlichen Punkte Ihres Konzepts sollten durchnummeriert sein und mit Seitenangabe im Inhaltsverzeichnis auftauchen. Gliedern Sie Ihren Business-Plan sinnvollerweise in Kapitel und Unterkapitel.

DIE STRUKTUR DES PLANS

Der Business-Plan sollte die folgenden wichtigen Punkte enthalten. Jeder für sich stellt im Grunde jeweils ein eigenes Kapitel dar:

- **UNTERNEHMEN UND MANAGEMENT** Skizzieren Sie die Unternehmensgeschichte und ihre geschäftliche Entwicklung, ergänzt um Angaben zu Personal, aktueller Situation, Kapitalstruktur, Rechtsform usw.
- **PRODUKTE UND DIENSTLEISTUNGEN** Stellen Sie Ihre Produkte und Dienstleistungen mit allen Anwendungsmöglichkeiten und Wettbewerbsvorteilen vor. Details über Innovationen und geschätzte Entwicklungskosten ergänzen diesen Punkt.
- **MARKETING** Beschreiben Sie den Markt und relevante Segmente hinsichtlich Größe und Wachstum. Erklären Sie Ihre aktuelle und künftige Marketingstrategie für die wichtigsten Teilmärkte: Preisvorstellungen, Promo-

BUSINESS-PLAN: SIMPLY PERFECT

ZUSAMMENFASSUNG

GESCHÄFTSIDEE: Neueröffnung eines Einzelhandelsgeschäfts (Damenoberbekleidung ab 50)

STANDORT: Kleinstadt

INHABER: Johannes Schmidt (Alleineigentümer)

MITARBEITER: keine

MARKT: Hauptabnehmerinnen sind Damen über 50 aus der Kleinstadt (Einwohnerzahl 66 500). Der nächste Laden, der diese Zielgruppe bedient, ist 47 km entfernt.

GESCHÄFTSRÄUME: etwa 269 qm in einer Top-Lage

VORLÄUFIGER FIRMENNAME: »Simply Perfect«

UMSATZ: im ersten Jahr geschätzt ca. 97 000 Euro, im zweiten Jahr geschätzt ca. 120 00 Euro

FINANZIERUNG: abhängig von der Ladenmiete; benötigtes Startkapital: 34 000 Euro; davon 20 000 Euro Eigenkapital des Gründers, 14 000 Euro Restbetrag muss über Kredite finanziert werden: Bankkredit über 8000 Euro bei 3-jähriger Laufzeit und ein Kontokorrentkredit über 6000 Euro für den Wareneinkauf

TERMINPLANUNG: Verkauf soll am 1. Mai beginnen (Sommersaison). Ware muss schon vorher bestellt werden.

ZUSAMMENFASSUNG
Sie enthält die wesentlichen Details des geplanten Unternehmens und hat einen entscheidenden Stellenwert im Business-Plan.

Beschreibung des Produkts oder der Dienstleistung sowie des Wettbewerbsvorteils; Nennung von Rechten, Marken oder Patenten

Kundenvorteil und Kundennutzen herausarbeiten; Angaben über die Größe des Marktes und das Wachstumspotenzial

Darstellung der aktuellen Geschäftssituation; Nennung der Umsätze aus vergangenen Geschäftsjahren (bestehende Unternehmen)

Wie hoch ist der Kapitalbedarf für die Gründung und wann ist mit ersten Gewinnen zu rechnen?

Nennung von Terminen: z. B. Saisonverkäufe, kurz- und langfristige Ziele und Strategien

---

tion, Vertriebskanäle, Verkaufsmethoden, Akquisitionsbedarf, Kooperationen oder Joint Ventures sind wichtige Stichpunkte.

▪ **PERSONALMANAGEMENT** Angaben zu Ihrem Personalstand und den zur Zielerreichung nötigen Neueinstellungen; ergänzt durch Informationen zum Entlohnungssystem und zu Weiterbildungsmaßnahmen.

▪ **BETRIEBSABLÄUFE** Beschreiben Sie, wie Ihre Produkte hergestellt, Ihre Dienstleistungen erbracht werden, wie die Qualitätssicherung funktioniert und in welchem Maße der Aus-

stoß an unterschiedliche Nachfragesituationen angepasst werden kann. Wichtig ist es, Flexibilität zu zeigen.

▪ **FINANZSITUATION UND CONTROLLING** Legen Sie eine Gewinn- und Verlustrechnung vor (siehe S. 84–89) und geben Sie an, wie Sie die Geschäftsentwicklung steuern und kontrollieren wollen.

▪ **KAPITALBEDARF** Legen Sie den zur Erreichung der Ziele benötigten Kapitalbedarf und dessen zeitliche Verwendung dar. Erklären Sie auch, welche Leistung durch Eigen-

EINSCHÄTZUNG IHRES BUSINESS-PLANS UND SEINER INHALTE

Die Beantwortung der nachstehenden Fragen vermittelt Ihnen eine Vorstellung davon, welche Fortschritte Ihr Business-Plan macht. Markieren Sie jeweils die Werte 1, 2 oder 3 – ganz spontan, aber möglichst ehrlich. Wenn Sie die Summe aus den Werten mit der Auswertung vergleichen, können Sie auf einen Blick erkennen, wie weit Ihr Plan gediehen ist.

Egal, welche Wertung Sie erzielen, denken Sie daran, dass diese Selbsteinschätzung lediglich Anhaltspunkte darüber liefert, ob Sie die grundsätzliche Einstellung, das Gespür und die Fähigkeiten haben, ein Unternehmen auf die Beine zu stellen. Bei einem niedrigen Punktestand stehen die Chancen dazu allerdings nicht so gut wie bei einem hohen.

1 = begonnen   2 = in Arbeit   3 = abgeschlossen

Deckblatt ☐1 ☐2 ☐3
Firmenbezeichnung, Anschrift, Datum der Erstellung, Inhalt

Zusammenfassung ☐1 ☐2 ☐3
Ihre Geschäftsidee und Strategien; was Sie anders und besser machen; Zusammenfassung der Gewinnprognosen; benötigte Mittel

Ihr Unternehmen und sein Management ☐1 ☐2 ☐3
Ihre Erfahrung und die Ihres Teams; Unternehmensziele; Rechtsform des Unternehmens

Die Marketing-Strategie ☐1 ☐2 ☐3
Analyse der Marktsegmente; Preisstrategie; Produkt-Mix und Sortiment; E-Commerce-Strategie; Standort; Verkaufsstrategie

Personalmanagement ☐1 ☐2 ☐3
Mitarbeiterzahl; Aufgaben und Verantwortlichkeiten; Neueinstellungen

Betriebsabläufe ☐1 ☐2 ☐3
Welche Räumlichkeiten und Anlagen werden gebraucht, welche Dienstleistungen?

Juristische Fragen ☐1 ☐2 ☐3
Welche Schutzrechte behindern den Marktzutritt? Andere Rechtsfragen, die das Unternehmen betreffen

Finanzprognose ☐1 ☐2 ☐3
Prognostizierte Finanzentwicklung; monatlicher Cash-Flow; Gewinn- und Verlustrechnung; Bilanzen; Break-Even-Analyse

Finanzbedarf ☐1 ☐2 ☐3
Wie viel Geld brauchen Sie und wofür? Wie viel können Sie selbst aufbringen, was müssen Sie von außerhalb holen? Welche Sicherheiten sind vorhanden?

AUSWERTUNG

9 Punkte oder weniger
Sie müssen noch weitere Informationen sammeln oder Entscheidungen treffen. Sie können noch keinen seriösen Plan aufstellen.

10 bis 20 Punkte
Sie sind vorangekommen, müssen aber noch Lücken füllen. Konzentrieren Sie sich auf die Vervollständigung des Plans.

Über 20 Punkte
Ihr Plan ist jetzt fertig und kann seine endgültige Form erhalten.

mittel erbracht werden könnte; so wird deutlich, welche Kapazitätsausweitung durch das Fremdkapital erzielt werden kann.

- ■ **ANHANG** Der Anhang kann beispielsweise Angaben zu Ihren wichtigsten Mitarbeitern, technischen Daten, Patenten, Zeichnungen, Beraterkontakten, Rechnungsprüfungen, Beraterdossiers, Marktübersichten und vorliegenden Bestellungen enthalten.

DEN LESER ANSPRECHEN

Ein Business-Plan, der schon auf den künftigen Rezipienten hin geschrieben wurde, ist eindeutig wirkungsvoller. Man muss sich also mit den speziellen Interessen, den Eigenarten und Einstellungen dieser Leser auseinandersetzen. Von den vier potenziellen Zielgruppen sind Banken vorrangig an Aussagen über Sicherheiten und stetiges Wachstum interessiert, wer Risikokapital zur Verfügung stellt, sucht dagegen nach guten Geschäftsideen. Potenzielle Partner wollen sicher sein, kein Risiko durch ihre Beteiligung einzugehen, und künftige Mitarbeiter wollen wissen, ob Sie einen interessanten und sicheren Arbeitsplatz bieten können.

Es ist sinnvoll, diese Überlegungen vor der Fertigstellung des Plans anzustellen, sodass die unterschiedlichen Interessen der Empfänger berücksichtigt werden können. Vielleicht scheint es geeignet, für die unterschiedlichen Zielgruppen eigens angepasste Varianten des Konzepts anzubieten. Der Adressat fühlt sich so direkt von Ihnen angesprochen und somit besonders ernst genommen. Die grundlegenden Inhalte bleiben aber natürlich in allen Versionen unabhängig von der Leserschaft identisch.

SCHLUSSFASSUNG IHRES PLANS

Die Rohfassung Ihres Business-Plans wird unter Umständen von verschiedenen Autoren stammen und muss noch nicht sprachlich ausgefeilt sein. Legen Sie diese Ihrem Anwalt und einem Unternehmensberater Ihres Vertrauens vor, um Kritik und Anregungen einzuholen. Ihre Kommentare werden Ihnen die Schwächen und Stärken Ihres Entwurfs aus der Sicht von Fachleuten zeigen, sodass Sie noch entsprechende Änderungen vornehmen können.

Der revidierte Rohentwurf sollte nun inhaltlich die endgültige Fassung darstellen. Jetzt muss ein gut formulierter, sprachlich und orthografisch korrekter, klar strukturierter und kompetenter Text entstehen, der nicht mehr als 20 Seiten umfassen sollte. Scheuen Sie sich nicht, gegebenenfalls professionelle Hilfe bei der schriftlichen Ausarbeitung zu suchen.

Die mündliche Präsentation

Wenn Kapitalgeber Interesse an Ihrem Konzept haben, werden sie es mit Ihnen detailliert diskutieren. Man möchte Unklarheiten beseitigen und sich von Ihren Fähigkeiten überzeugen. Ein Unternehmen wird vorrangig deshalb unterstützt, weil man an sein Management glaubt. Die Dinge laufen fast nie nach Plan und

---

TIPPS FÜR EINE ERFOLGREICHE MÜNDLICHE PRÄSENTATION

1 Üben Sie Ihre Präsentation, um festzustellen, wie viel Zeit Sie brauchen.

2 Die Zeit für Fragen der Kapitalgeber sollte der Dauer Ihres Vortrags entsprechen.

3 Nutzen Sie visuelle Hilfsmittel; präsentieren Sie Produkte oder Dienstleistungen.

4 Erklären Sie Ihre Unternehmensstrategie professionell und zeigen Sie so, dass Sie den Markt im Griff haben.

5 Hören Sie Kommentaren und Kritik aufmerksam zu; vermeiden Sie bei deren Beantwortung eine zu defensive Haltung.

6 Antworten Sie kurz und präzise, um möglichst viele Fragen zu ermöglichen.

7 Nutzen Sie Augenkontakt, Intonation, Körpersprache und Enthusiasmus, um einen positiven Kontakt zu den Zuhörern herzustellen.

so müssen Sie Ihre Investoren davon überzeugen, dass Sie flexibel reagieren können.

Jeder Finanzier, vor dem Sie sich präsentieren, hat schon dutzende ähnlicher Konzepte gelesen und ist geübt darin, heikle Punkte herauszupicken. Oft haben sie sogar Erkundigungen über Ihr Unternehmen und Ihren finanziellen Hintergrund eingeholt. Ihre mündliche Präsentation muss sie jedenfalls davon überzeugen, dass Ihr Unternehmen eine solide Investition ist.

Sichern Sie sich Vertraulichkeit

Es dauert oft Wochen oder Monate, bis ein Investor gefunden ist. In dieser Zeit sammeln die potenziellen Geldgeber Informationen über das Unternehmen, um später keine bösen Überraschungen zu erleben. Der Business-Plan ist dabei nur ein erster Anhaltspunkt.

WO MAN RECHTSSCHUTZ BEKOMMT

Kennen Sie die potenziellen Investoren noch nicht näher, sollten Sie detaillierte Informationen über Ihr Unternehmen erst dann herausgeben, wenn Sie sicher sind, dass es sich um einen seriösen Geschäftskontakt handelt. Zur Absicherung können Sie eine gegenseitige Verpflichtung zur Verschwiegenheit unterschreiben.

Meist genügt eine einfache Selbstverpflichtung zur Verschwiegenheit. Geht es um umfassenden Schutz von geistigem Eigentum, ist ein von einem Rechtsanwalt ausgearbeiteter Vertrag angebracht. Stellen Sie sicher, dass das Dokument keine bindenden Auflagen für Sie enthält. Die Selbstverpflichtung sollte die Zustimmung des potenziellen Investors enthalten, die ihm gegebenen Informationen nur im Zusammenhang mit der Investitionsentscheidung über das von Ihnen präsentierte Projekt zu nutzen.

NACHFORSCHUNGEN ZUR PERSON

Geldgeber wollen mehr über Ihren finanziellen Status, Ihre Berufs- oder Unternehmerkarriere wissen. Sie interessieren sich für Ihre finanzielle Solidität, das Know-how und Ihren Leumund, denn sie wollen Ihnen einen Kredit geben.

PERSÖNLICHE VORSTELLUNG DES BUSINESS-PLANS
Bei der Präsentation geht es darum, den potenziellen Geldgeber davon zu überzeugen, dass Ihr Business-Plan seine Unterstützung verdient. Ein gut vorbereiteter Plan und ein professioneller Vortrag helfen Ihnen dabei.

VERTRAULICHKEITS-VEREINBARUNG

Dieses Schreiben soll verhindern, dass der Empfänger der Unterlagen die Inhalte weitergibt, das Konzept weiterentwickelt oder an Dritte verkauft.

Diese Klausel schützt den Inhalt Ihres Business-Plans.

Über Details darf Dritten gegenüber nur mit dem Einverständnis beider Parteien gesprochen werden.

Sie sollten festschreiben, unter wessen Recht die Vereinbarung fällt.

Die Vereinbarung ist nur gültig, wenn die Vertreter beider Parteien sie unterzeichnen.

ÜBEREINKUNFT

1 Zweck des Schriftverkehrs zwischen den unterzeichnenden Parteien besteht darin, dass der Investor/Geldgeber die Eignung des im Business-Plan genannten Geschäftsvorschlags prüfen kann.

2 Zu den Informationen, die streng vertraulich zwischen den unterzeichnenden Parteien ausgetauscht werden, zählen der Business-Plan, Vorführungen, kommerzielle und technische Informationen, alle Arten geistigen Eigentums sowie Material, für das ein Patent oder eine ähnliche Eintragung beantragt werden soll.

DIE PARTEIEN KOMMEN DAHER WIE FOLGT ÜBEREIN:

ERSTENS: Jede der Parteien verpflichtet sich, die Information, die ihr direkt oder indirekt über die andere Partei zugänglich wird, vertraulich zu behandeln, bis diese Information ohne Zutun der empfangenden Partei öffentlich bekannt wird, oder falls die Vertragsparteien eine weitere Vereinbarung schließen, in der die Nutzung bestimmter Informationen ausdrücklich erlaubt wird. Jede der Parteien verpflichtet sich, dafür zu sorgen, dass vertrauliche Informationen lediglich an Personen weitergeleitet werden, die zum Zwecke des vorliegenden Abkommens involviert werden müssen.

ZWEITENS: Für den Fall, dass kein weiteres Abkommen über die Verwendung oder Veröffentlichung der Informationen geschlossen wird, verpflichtet sich jede Partei, der anderen alle vertraulichen Unterlagen zurückzugeben und zu bestätigen, dass keine Kopien oder Aufzeichnungen dieses Materials zurückbehalten wurden.

DRITTENS: Falls eine der Vertragsparteien zur Verfolgung des Zwecks des vorliegenden Abkommens die Unterstützung einer dritten Partei benötigt, so muss sie die Zustimmung der anderen Vertragspartei einholen.

VIERTENS: Jede Information, von der eine der Parteien nachweisen kann, dass sie vor der Nennung in diesem Abkommen bereits in ihrem Besitz war und nicht von der anderen Partei oder ihren Vertretern erworben wurde, ist vom vorliegenden Abkommen ausgenommen.

FÜNFTENS: Auslegung, Gültigkeit und Erfüllung der Übereinkunft unterliegt den gesetzlichen Bestimmungen der Europäischen Union und der BRD. Die Parteien unterwerfen sich der Rechtsprechung der Gerichte.

UNTERZEICHNET

Erste Partei _____

Position _____

Namens und für _____

In Anwesenheit von _____

UNTERZEICHNET

Zweite Partei _____

Position _____

Namens und für _____

In Anwesenheit von _____

CASH-FLOW-PROGNOSE

Die Cash-Flow-Prognose oder auch Liquiditätsplanung ist das zuverlässigste Mittel, um den künftigen Kapitalbedarf eines neuen Unternehmens einzuschätzen. Sowohl die Zahlungseingänge als auch die Zahlungsausgänge des Unternehmens werden jeweils für eine bestimmte Periode angegeben. Alle hierfür relevanten Faktoren werden im folgenden Kapitel vorgestellt und erläutert. Bei der Liquiditätsplanung kommt es darauf an, sämtliche Eventualitäten zu berücksichtigen.

Ein Unternehmen macht Gewinn, wenn nach Zahlung aller mit der Produktion von Gütern oder Dienstleistungen angefallenen Kosten noch Geld übrig bleibt. Diese Kosten lassen sich in Absatz- und Gemeinkosten einteilen. Absatzkosten oder direkte Kosten umfassen z. B. das Rohmaterial von Sachgütern oder die Einkaufskosten bei einem Serviceangebot. Ein Reisebüro muss Flugtickets und Hotelzimmer, die es anbietet, teilweise vorab kaufen. Gemeinkosten oder indirekte Kosten umfassen etwa Büroräume, Telefon, Versicherungen usw.

WEITERE KOSTEN

Neben diesen Kosten können weitere Ausgaben auf ein Unternehmen zukommen. Brauchen Sie z. B. Computer oder einen Lieferwagen, also gebundenes Vermögen, so muss das in der Kalkulation berücksichtigt werden. Wenn Ihre Firma wächst, braucht sie gegebenenfalls mehr Lagerfläche. Eine erhöhte Auftragslage bedeutet aber oft auch eine Zunahme der Außenstände. Diese Lücke zwischen Mittelabfluss und -zufluss wird zum Teil durch Ihre verbesserte Kreditwürdigkeit bei den Geldgebern wettgemacht, auf jeden Fall brauchen Sie zusätzliche Finanzmittel.

EINNAHMEN UND AUSGABEN

Für die Entscheidung, wie viel Geld Sie für eine Firmengründung oder Expansion brauchen, müssen Sie eine Cash-Flow-Prognose erstellen. Die zu erwartenden Kosten und Verkaufserlöse müssen hierzu abgeschätzt werden.

Schätzung der Fixkosten

Viele Kosten fallen bereits an, bevor Verkaufserlöse erzielt werden können; der Kauf eines Autos, von Büromöbeln und Computern oder die Anmietung von Räumen gehören dazu.

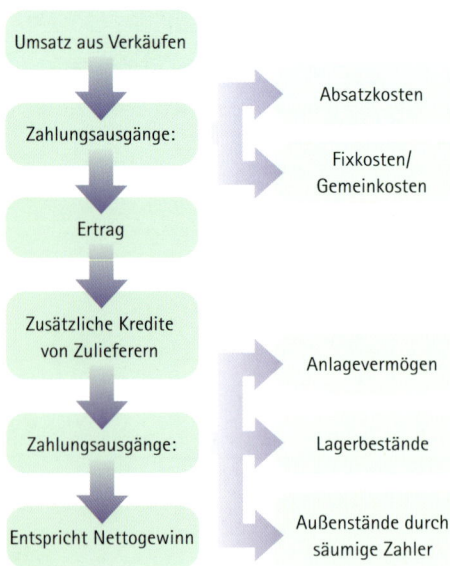

FÜHREN SIE BUCH ÜBER IHRE KOSTEN ZUR ERMITTLUNG DES NETTOGEWINNS

Umsatz aus Verkäufen

→ Absatzkosten

Zahlungsausgänge:

→ Fixkosten/ Gemeinkosten

Ertrag

Zusätzliche Kredite von Zulieferern

→ Anlagevermögen

Zahlungsausgänge:

→ Lagerbestände

Entspricht Nettogewinn

→ Außenstände durch säumige Zahler

FIXKOSTEN GERING HALTEN					
VERMÖGENS-WERTE (AKTIVA)	BRAUCHEN WIR DAS WIRKLICH?	BRAUCHEN WIR ES JETZT?	MÜSSEN WIR DAS WIRKLICH KAUFEN?	GIBT ES FINANZIERUNGS-MODELLE?	ANLAGE-VERMÖGEN (EUR)
GROSSER KONFERENZTISCH	Schön, aber nicht essenziell	Nein	Nein; Hotel als Alternative	?	1600
FARBKOPIERER	Ja	Ja	Nein; Leasing möglich	?	2800
LIEFERWAGEN	Ja	Nein, nicht in im 1. Quartal	Ja	Ja, Ratenkauf möglich	42 000

Sie müssen die vermutlichen Kosten und den Investitionszeitpunkt vorausplanen. Stellen Sie sich folgende Fragen, um Ihre Fixkosten möglichst zu minimieren.

WAS BRAUCHT MAN WIRKLICH?

Geschäftliche Anschaffungen werden häufig aus emotionalen Gründen getätigt. Ein Unternehmensgründer meinte z. B., seine Firma brauche unbedingt von Beginn an einen großen Besprechungstisch und acht Designer-Stühle – mit der Konsequenz, dass Miete für einen sonst nicht nutzbaren Raum zu zahlen war, hinzu kamen die Kosten für die Möbel selbst und ein Arbeitstag, der für deren Auswahl vergeudet wurde. Das Unternehmen hatte jedoch erst nach über zwei Jahren acht Mitarbeiter. Somit waren diese Anfangsinvestitionen vermeidbar.

MUSS MAN ALLES KAUFEN?

Nicht jeder wichtige Ausrüstungsgegenstand muss auch tatsächlich gekauft werden. Der eben vorgestellte Unternehmer hätte wichtige Besprechungen auch in einem Hotel vor Ort oder in einem angemieteten Raum eines anderen Unternehmens abhalten können, noch dazu zu einem Bruchteil der Kosten.

Sicherlich ist es nett, einen Farbkopierer zu besitzen, doch werden Farbkopien relativ selten benötigt, und wenn, dann kann man diese im Copyshop machen lassen. Das gilt auch, wenn Sie dort deutlich mehr für die Kopie bezahlen müssen, denn so wird knappes Kapital für

NICHT ALLE AKTIVA SIND WIRKLICH NOTWENDIG
Die Anschaffung eines Farbkopierers – der viel Kapital bindet – könnte Geldverschwendung sein, vor allem dann, wenn ein Copyshop in Ihrer Nähe diese Arbeiten übernehmen kann.

andere Kostenbereiche verfügbar. Kopieren Sie häufig in Farbe, sollten Sie das Gerät leasen. Dadurch wird weniger Kapital gebunden und Sie profitieren von der eingeschlossenen Wartung und der Möglichkeit, den Kopierer nach Ablauf der Leasingzeit günstig zu erwerben.

WANN IST DER RICHTIGE ZEITPUNKT?

Bei Finanzentscheidungen im Unternehmen ist das Timing besonders wichtig. Wenn Betriebsmittel zunächst nicht gebraucht werden, sollte man den Kauf verschieben. Ein Firmengründer kaufte den Kühlwagen für die Auslieferung, als gerade mal die erste Produktionsanlage fertig wurde. Zunächst stand das Auto drei Wochen ungenutzt herum, dann wurde es als Allroundfahrzeug u. a. zur Abfallentsorgung eingesetzt. Erst acht Wochen nach der Anschaffung lieferte man damit frische Lebensmittel aus.

WIRD DAS RICHTIGE GEKAUFT?

Selbst wenn man weiß, dass eine bestimmte Anschaffung ganz wichtig für die Firma ist, bleibt die konkrete Auswahl nicht leicht. Im gerade vorgestellten Fall stellte sich schon bald nach dem ersten Einsatz des Kühlwagens heraus, dass er zu klein war und schnell gegen einen größeren ausgetauscht werden musste. Der Firmengründer war in seiner Prognose der Nachfrage sehr zurückhaltend vorgegangen und die aktuellen Verkaufszahlen lagen viel höher als erwartet. Unglücklicherweise wurden diese Verkaufserlöse fast völlig durch den Wertverlust des ersten Lieferwagens aufgefressen.

DAS SPART GELD

Ein Kleinunternehmen ist schnell wechselnden Anforderungen unterworfen, sodass es meist sinnvoller ist, Aktiva der Betriebsausstattung erst zu erwerben, wenn sie tatsächlich benötigt werden. Im Voraus zu kaufen, könnte sich als wenig kluge Investition herausstellen.

KAUFEN, MIETEN, FINANZIEREN?

Statt Sachwerte direkt mithilfe des Barvermögens, eines Dispostionskredits oder eines Darlehens zu kaufen, kann es sich durchaus lohnen, solche Aktiva anders zu finanzieren. Ein Auto erwirbt man besser per Miet- oder Ratenkauf, um so Geld für weniger greifbare Ausgaben wie Werbung zu haben, die eine Bank oft nicht so gern unterstützt (siehe S. 59–60).

Abschätzen des Verkaufserlöses

Der wohl wichtigste Teil des Business-Plans besteht in der Vorhersage der Verkaufszahlen. Die Planung der Lagerhaltung, die Anzahl der Mitarbeiter und der Materialeinkauf hängen sämtlich von dieser Prognose ab. Diese Zahlen werden auch zur Vorhersage des Cash-Flow und somit zur Planung der Geschäftsfinanzierung herangezogen.

Auch Banken und Investoren sehen in diesen Prognosen das Schlüsselmerkmal bei der Entscheidung für oder gegen Kredite. Des Weiteren kann man daran abschätzen, wie viele Firmenanteile ein möglicher Investor als Gegenleistung für seine Unterstützung erwartet. Selbstverständlich akzeptiert kein Geldgeber die prognostizierten Zahlen ohne strenge Prüfung, da neue Unternehmen ihr Verkaufsziel der Erfahrung nach fast immer weit verfehlen.

Da sich alle Vorhersagen als falsch erweisen können, ist es wichtig, im Business-Plan aufzuzeigen, dass Sie alle verschiedenen Faktoren, die

INSIDER-TIPP

Barvermögen bezeichnet die Aktiva eines Unternehmens: Bargeld und Bankguthaben. Der Gewinn ist der Überschuss der Einnahmen über die Ausgaben während einer Rechnungsperiode. Deshalb können Unternehmen, deren Konten im Minus stehen, die also nicht über Barvermögen verfügen, Gewinn erwirtschaften.

Ihre Performance beeinflussen könnten, sorgfältig durchdacht haben. Sie sollten ebenfalls darlegen, wie Sie befriedigende Ergebnisse erzielen wollen, wenn viele oder alle Faktoren gegen Sie arbeiten. Geldgeber wollen Sicherheit, also werden Sie ein Worst-Case-Szenario durchspielen, um Ihr Risiko abzuschätzen und im Zweifel einen finalen Ausweg zu finden.

WISSEN, WAS MÖGLICH IST

Ihre Prognosen müssen glaubwürdig sein. Die meisten Geldgeber werden über weit reichende Erfahrungen mit ähnlichen Geschäftsideen verfügen. Anders als Sie haben sie den Vorteil der Einsicht in andere Firmengründungen, die sie unterstützt haben, und wissen, wie sich diese Unternehmen im Vergleich zu den Prognosen

---

FALLSTUDIE: Vorhersage eines negativen Verkaufserlöses

DAS BRITISCHE UNTERNEHMEN MEDSOFT wurde gegründet, um Computersysteme für Fachärzte in Krankenhäusern zu verkaufen. Das Konzept entstand auf Initiative von Richard Kendall, einem Computerhändler und eines jungen, an Informatik interessierten Arztes.

Der Arzt stand vor dem Problem, viele Patientendaten ordnen und analysieren zu müssen. In Großbritannien müssen 16 000 Fachärzte pro

Jahr die Daten von 35 Mio. Behandlungen und 5 Mio. Krankenhauspatienten aufzeichnen. Für jeden Patienten muss eine Akte mit sämtlichen Behandlungsdaten angelegt werden – fast alle handschriftlich. Medsoft hatte also große Marktchancen und mit Abschluss der Entwicklungsarbeit war die Tauglichkeit des Produkts bewiesen. Die Probleme lagen nun in der langen Bedenkzeit bis zur Kaufentscheidung der Verantwortlichen und in der Zahlungsmoral.

Entscheidungen über Investitionen dieser Größenordnung werden in großen Verwaltungen nur langsam getroffen. Von der Antragsstellung eines Facharztes, der das System kaufen will, bis zur Einwilligung der zuständigen Instanz können durchaus bis zu neun Monate vergehen und dann kann das Projekt noch immer aus finanziellen Gründen scheitern. Daher war der Business-Plan von Medsoft so ausgelegt, dass während der ersten neun Monate kein und bis weit ins zweite Geschäftsjahr nur ein mäßiger Verkaufserlös erwartet wurde. Die Vorhersage des Cash-Flow sah für diesen Zeitraum in der Tat schlecht aus, im Business-Plan konnte diese Situation jedoch erklärt werden. Auch konnte Medsoft vier unterschiedliche Kunden ausmachen, die für den Kauf des Systems nur sechs Monate benötigen würden. Folglich konzentrierten sich alle Verkaufsanstrengungen während der ersten sechs Monate nach der Gründung auf diese Kunden.

UMFASSENDER ZUGRIFF

Das spezialisierte Computersystem von Medsoft ermöglichte es den Fachärzten britischer Krankenhäuser, die Krankenblätter mit allen Behandlungsdaten ihrer Patienten zu erstellen und zu aktualisieren.

der enthusiastischen Gründer entwickelt haben. Sie sollten auf eigene Faust nützliche Informationen über ähnliche Unternehmen sammeln, indem Sie etwa Unternehmensberichte und Wirtschaftsmagazine studieren oder mit Inhabern von Betrieben sprechen, die nicht in direkter Konkurrenz zu Ihnen stehen.

Abschätzen des Marktanteils

Wie groß ist der Markt für Ihr Produkt? Wächst er oder schrumpft er und wie schnell tut er dies, mit welcher Rate, zu welchem Prozentsatz? In welchem wirtschaftlichen Kontext steht er und wie stark ist der Wettbewerb? Die Antworten helfen bei der Prognose Ihres Marktanteils. Ein Marktanteil von mehr als ein paar Prozent wäre bei einer Neugründung höchst ungewöhnlich. Trotz des Booms und der Medienwirksamkeit verkaufen etwa die Internet-Buchhändler immer noch weniger als zwei Prozent aller Bücher.

Lassen Sie sich jedoch nicht dazu verleiten, das Argument des kleinen Marktanteils auf den Kopf zu stellen. Viele Verkaufsprognosen beruhen auf der Annahme, bereits ein Prozent des Marktes müsse ein großer Erfolg sein. Dies geschieht in dem Glauben, dieses eine Prozent

wäre leicht zu erreichen. So wird dieses Argument dann in den Business-Plan aufgenommen und auf Marktforschung verzichtet. Tatsächlich weist diese unrealistische Einschätzung nur auf zu großen Ehrgeiz hin und führt mehr Neugründungen in den Bankrott als irgendein anderer Planungsfehler.

Wenn der Markt so groß ist, dass bereits ein Anteil von einem Prozent Profit einbringt, gibt es unweigerlich große, etablierte Mitbewerber. Eine kleine Firma kann sich auf so einem Markt nur schwer behaupten. Es ist zwar möglich, hier Fuß zu fassen, doch nur in einer nach gründlicher Marktforschung entdeckten Marktlücke.

Kein Investor wird sich durch offensichtlich unbegründete Behauptungen wie etwa »in einem Markt von 2 Mrd. Euro pro Jahr können wir leicht ein Prozent, also 2 Mio. Euro jährlich, gewinnen« beeindrucken lassen, da er genau weiß, dass sich dieses eine Prozent nicht so leicht erreichen lässt wie angenommen.

Halten Sie sich an Faustregeln

Oft lassen sich Erfahrungen zu Faustregeln verallgemeinern, die zur Schätzung der Umsätze herangezogen werden können. Dies gilt

Online-Recherche
Marktforschung verlangt nach Sorgfalt und einem methodischen Ansatz. Bibliotheken eignen sich hervorragend als Ausgangspunkt. Neben dem Zugriff auf Bücher, Reports und Jahrbücher bieten sie die Möglichkeit zur Online-Recherche im Internet. Dabei können Sie Daten auf internationaler, nationaler und individueller Basis vergleichen.

FALLSTUDIE: Stetige steigende Umsätze

ANNA F. betreibt seit zwei Jahren sehr erfolgreich einen Laden für Outdoor-Bekleidung. Seit letztem Jahr verkauft sie außerdem Reisen der Agentur Asian Adventure Holidays. Obwohl sie fast gänzlich auf Werbung dafür verzichtete, konnte sie während der letzten sechs Monate 200 Abenteuerreisen verkaufen und erhielt daraus 80 000 Euro Nettoprovision. Dazu kam noch der Erlös aus vermittelten Versicherungen und anderen Serviceleistungen, deren Anzahl in Zukunft auch steigen könnte.

Für die Prognose Ihrer Verkäufe schätzte Anna die Quote, mit der sie bis dahin Anfragen nach Abenteuerreisen zum Vertragsabschluss bringen konnte, auf 33 Prozent. Zur Sicherheit rechnete

sie für die Vorhersage schließlich damit, dass nur 20 Prozent aller interessierten Kunden tatsächlich eine Reise buchen würden.

Sie geht davon aus, dass die Zahl der Kunden, die sich bei ihr nach Abenteuerreisen erkundigt, zunehmen wird. Die Zahl der aus Werbung resultierenden Anfragen sollte ebenfalls wachsen und Schritt für Schritt die Zahl der Kunden aus den Bekleidungsladen übertreffen. Dieser Trend wird ihrer Meinung nach anhalten. Aufgrund der unten stehenden Hochrechnung rechnet sie damit, im nächsten Jahr 660 Reisen zum Durchschnittspreis von 4250 Euro verkaufen zu können. Zusammen mit vermittelten Versicherungen und anderen Leistungen erwartet sie zum Jahresende einen Umsatz von 321 896 Euro auf diesem Sektor.

UMSATZPROGNOSE					
	I. QUARTAL	II. QUARTAL	III. QUARTAL	IV. QUARTAL	JAHR GESAMT
ANFRAGEN AUFGRUND VON WERBUNG	200	425	425	750	1 800
ANFRAGEN AUS DEM LADEN	300	300	450	450	1 500
SUMME DER ANFRAGEN	500	725	875	1 200	3 300
VERKAUFTE REISEN	100	145	175	240	660
DURCHSCHNITTSPREIS PRO REISE	€ 4 000	€ 4 000	€ 4 500	€ 4 500	€ 4 250
PROVISION (10–11 %)	€ 40 000	€ 58 000	€ 86 624	€ 118 272	€ 302 896
PROVISION AUS VERSICHERUNGEN UND ÄHNLICHEM (0,5–0,75 %)	€ 2 000	€ 4 000	€ 6 000	€ 7 000	€ 19 000
SUMME ALLER PROVISIONEN UND GEBÜHREN	€ 42 000	€ 62 000	€ 92 624	€ 125 272	€ 321 896

besonders für den Einzelhandel, wo Lage, Verkehrsaufkommen und Bevölkerungsdichte als Faktoren bekannt sind.

KUNDENDATEN ERHEBEN

Wie viele potenzielle Kunden kennen Sie, die bei Ihnen kaufen würden, und in welchem Umfang würden sie dies tun?

Sie könnten z. B. einen repräsentativen Querschnitt Ihrer zukünftigen Kunden interviewen, eine Pressemitteilung veröffentlichen oder Werbung schalten, um die Reaktionen abzuschätzen, und Ihr Produkt auf Messen ausstellen, um direkt mit Kunden in Kontakt zu treten.

SAISONALE SCHWANKUNGEN

Bei der Ausarbeitung Ihrer Verkaufsprognose sollten Sie saisonale Faktoren bedenken, die Ihre Verkäufe zu verschiedenen Zeiten des Jahres beeinflussen können. So werden 80 Prozent der Umsätze im Spielwarenfachhandel in nur drei Monaten gemacht. Derart gelagerte saisonale Schwankungen wirken sich ganz erheblich auf Ihre Cash-Flow-Prognosen aus.

IHR EINKOMMEN

Ihre Prognosen müssen auch Ihre persönlichen Bedürfnisse widerspiegeln. Natürlich können Sie die Meinung vertreten, dass eine Strategie nur die Aufgabe hat, bestimmte Prognosen zu erfüllen. Bei einem etablierten Betrieb mit anerkannten Produkten und gesichertem Markt wird dies auch eher akzeptiert als bei einem jungen Unternehmen. Die Frage, wie viel Sie verdienen wollen, muss in Ihrer Verkaufsprognose eine Rolle spielen.

GESCHÄFTSANBAHNUNG

Sie werden niemanden mit Ihren Verkaufszahlen überzeugen, wenn diese nicht gezielt auf entsprechende Vorgänge zurückzuführen sind.

Wenn in Ihrem Unternehmen etwa Vertreter mit potenziellen Kunden in Kontakt treten müssen, um Aufträge zu akquirieren, erweisen sich zweierlei Informationen für Ihre Verkaufsprognose als unabdingbar: Wie viele Telefongespräche sind nötig, um einen Auftrag zu erhalten, und welchen Umfang hat ein durchschnittlicher Auftrag?

BRAUCHEN SIE ZULASSUNGEN?

Falls Sie Zulassungen oder Eintragungen benötigen, um ein Produkt oder eine Dienstleistung anbieten zu dürfen, sollten Sie in Ihrer Cash-Flow-Prognose deutlich machen, dass diese Bedingungen auch tatsächlich erfüllt sind.

Berechnung des Umlaufkapitals

Wenn Sie die Umsatzprognose erstellt haben, können Sie damit Ihren Bedarf an Rohmaterial und den Umfang der Lagerhaltung berechnen (falls Sie im verarbeitenden Gewerbe oder als Subunternehmer tätig sind) sowie den Betrag des Geldes, das bei Ihren Kunden gebunden ist, falls Sie Ihre Ware auf Kredit verkaufen.

FALLSTUDIE: Die Faustregel für Restaurants

TIMO BRAUN eröffnete sein zweites Restaurant Alamo in Berlin mit Unterstützung privater Investoren und berücksichtigte dabei eine in der Gastronomie gängige Faustregel, um seinen Verkaufserlös zu prognostizieren. Nach den Erfahrungen mit seinem ersten Restaurant konnte er die Regel nur bestätigen, der zufolge sich ein Gastronomiebetrieb nach 25 000 Gästen ausreichend stabilisiert hat, um schließlich mit Gewinn weiterzuarbeiten.

In diesem Fall konnte Timo Braun nach den ersten acht Monaten 20 000 Gäste im Alamo verbuchen und war somit nahe genug an der Gewinnschwelle, um absehen zu können, dass sich seine Liquiditätsplanung bestätigt hat.

Diesen Betrag können Sie, teilweise, mit Ihrem Kredit bei Ihren Zulieferern verrechnen. Die Differenz (Betriebs- oder Umlaufkapital) jedoch müssen Sie selbst einbringen.

Das Diagramm zeigt den vollständigen Cash-Flow-Kreislauf, da es sämtliche Bewegungen des Geldes innerhalb des Umlaufkapitals verfolgt. Es soll die nötigen Informationen enthalten, um das Betriebsvermögen (und somit den Kapitalbedarf) Ihres Unternehmens zu ermitteln.

Ermittlung des nötigen Betriebsvermögens

Es reicht aus, die Umsatzprognosen auf vierteljährlicher Basis zu erstellen, die Cash-Flow-Prognose sollte jedoch für jeden Monat erstellt werden. Die Cash-Flow-Prognose bzw. Liquiditätsplanung auf den Seiten 30–31 soll Ihnen dieses Vorgehen näher erläutern.

DER CASH-FLOW-KREISLAUF

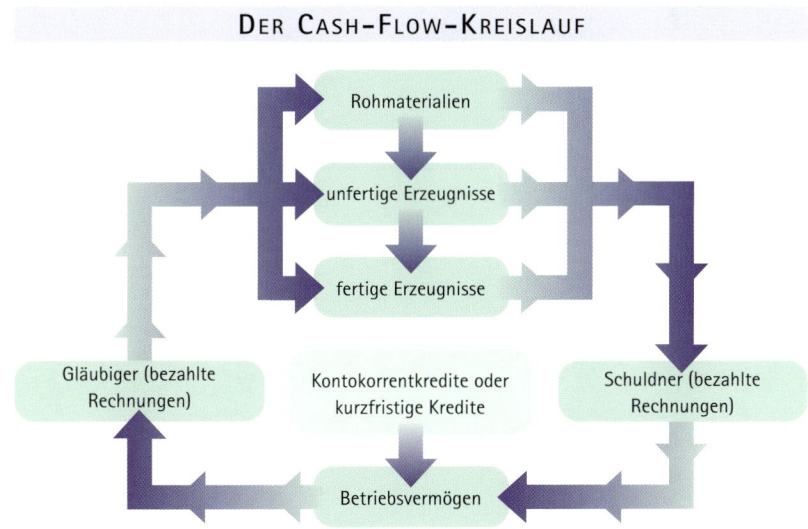

CASH-FLOW-ANALYSE
Im ersten Geschäftsjahr wird das Unternehmen auf Finanzspritzen in Höhe von wenigstens 92 000 Euro angewiesen sein. In unserem Beispiel entspricht dies dem Kapitalbedarf, der schon im Business-Plan ermittelt wurde.

Der Firmeninhaber beteiligt sich mit 20 000 Euro Eigenkapital an seinem Unternehmen.

Auch wenn im Monat 1 Umsätze erwartet werden, rechnet man besser nicht mit Zahlungseingängen aus Versicherungsprovisionen vor Monat 2 oder 3.

Die Zahlen über Einkünfte durch Verkäufe sind Schätzungen aus der Absatzprognose.

Feste Kosten wie Personalkosten und Leasing-Raten fallen monatlich an.

Die Investitionen in das Anlagevermögen wie etwa Installationen, Einbauten und Mobiliar sowie die Web-Site-Gestaltung werden in Monat 1 fällig.

LIQUIDITÄTSPLANUNG FÜ			
MONAT	**1**	**2**	**3**
EINZAHLUNGEN			
Kommissionsverkäufe Reisen		12 000	13 000
Kommissionsverkäufe Versicherungen usw.			300
Einzahlungen des Unternehmers	20 000		
SUMME EINZAHLUNGEN	**20 000**	**12 000**	**13 300**
AUSZAHLUNGEN			
Mieten und Raten	3 000	3 000	3 000
Heizung, Strom, Wasser			1 750
Telefonanlage (Leasing-Raten)	332	332	332
Computeranlage und Software (Leasing-Raten)	832	832	832
Marketing und Werbung	2 082	2 082	2 082
Porto und Bürobedarf	540	540	540
Telefon			1 786
Versicherungen und Beratungskosten	7 000		
Personalkosten (ohne Privatentnahmen)	6 000	6 000	6 000
Beratungskosten (Datenbank und Web Site)	20 000	20 000	
Mitgliedschaften und Abonnements	3 000		
Reisekosten	2 500		
Fortbildung und Personalentwicklung		4 000	
Installationen, Einbauten und Mobiliar	30 000		5 000
Bankgebühren und Kredittilgung			2 500
SUMME AUSZAHLUNGEN	**75 286**	**36 786**	**23 822**
CASH-FLOW (AUSZAHLUNGEN MINUS EINZAHLUNGEN)	(55 286)	(24 786)	(10 522)
KONTOSTAND MONATSANFANG	0	(55 286)	(80 072)
KONTOSTAND MONATSENDE	(55 286)	(80 072)	(90 594)

Mitgliedsbeiträge werden meist für ein Jahr erhoben.

Für Strom usw. werden hier quartalsweise Abschlagszahlungen fällig.

AS ERSTE GESCHÄFTSJAHR

4	5	6	7	8	9	10	11	12	GESAMT
15 000	17 000	19 000	22 000	26 000	29 000	31 624	34 500	39 600	258 724
500	600	600	700	900	900	1 200	1 200	1 400	8 300
10 000			10 000			10 000			50 000
25 500	17 600	19 600	32 700	26 900	29 900	42 824	35 700	41 000	317 024
3 000	3 000	3 000	3 000	3 000	3 000	3 000	3 000	3 000	36 000
		1 750			1 750			1 750	7 000
332	332	332	332	332	332	332	332	348	4 000
832	832	832	832	832	832	832	832	848	10 000
2 082	2 082	2 082	2 082	2 082	2 082	2 082	2 082	2 098	25 000
540	540	540	540	540	540	540	540	560	6 500
		1 786			1 786			1 792	7 150
									7 000
6 000	6 000	6 000	6 000	6 000	6 000	6 000	6 000	6 000	72 000
	10 000								50 000
									3 000
2 000			4 000						8 500
	4 000			4 000					12 000
									35 000
		2 500			2 500			2 500	10 000
14 786	26 786	18 822	16 786	16 786	18 822	12 786	12 786	18 896	293 150
10 714	(9 186)	778	15 914	10 114	11 078	30 038	22 914	22 104	23 874
(90 594)	(79 880)	(89 066)	(88 288)	(72 374)	(62 260)	(51 182)	(21 144)	1 770	
(79 880)	(89 066)	(88 288)	(72 374)	(62 260)	(51 182)	(21 144)	1 770	23 874	

Zusammenfassung des Kapitalbedarfs

S ie selbst haben sicher eine genaue Vorstellung davon, wofür Sie die finanziellen Mittel, die Sie beantragen, brauchen. Sie müssen jedoch damit rechnen, dass der Empfänger Ihres Business-Plans nicht unbedingt ein Kenner Ihres Gewerbes ist und daher nicht weiß, welche Produktionsmittel und Einlagen Sie zur Umsetzung Ihres Plans benötigen. Sie müssen also auflisten, wie Sie die Mittel verwenden wollen (siehe Beispiel rechts oben).

Die 200 000 Euro für Werkstatt und Ausrüstung werden bereits Wochen oder gar Monate vor Beginn der Geschäftstätigkeit benötigt, wogegen die 10 000 Euro für den Wagen sicherlich erst später fällig sein werden. Das Umlaufkapital von 150 000 Euro wird zu unterschiedlich hohen Beträgen während der ersten sechs Geschäftsmonate aufgebraucht werden. Ihr Finanzierungsantrag sollte unbedingt eine »Terminübersicht über den voraussichtlichen Finanzierungsbedarf« enthalten. Ein Beispiel dafür sehen Sie auf Seite 33. Die Übersicht erfasst den

KAPITALBEDARF (EURO)	
ANSCHAFFUNGEN:	
KRAFTFAHRZEUG	10 000
WERKSTATT UND AUSRÜSTUNG	200 000
EINLAGEN:	
UMLAUFKAPITAL FÜR SECHS MONATE	150 000
GESAMTBEDARF	**360 000**
INVESTITIONSABZUG (EIGENKAPITAL)	**60 000**
KAPITALBEDARF (NETTO)	**300 000**

KAPITALBEDARF EXAKT ERMITTELN
Das Ergebnis dieser Aufzählung macht deutlich, dass der Netto-Kapitalbedarf 300 000 Euro beträgt. Die Verwendung dieser Summe wird ebenfalls aufgeschlüsselt.

Zeitraum, in dem Sie auf Unterstützung angewiesen sind, und enthält folgende Informationen:

■ **BETEILIGUNGSINVESTITION** (200 000 Euro) Wird drei Monate vor Aufnahme der Geschäftstätigkeit eingebracht und verbleibt als mittelfristige Investion im Unternehmen.

■ **KONTOKORRENTKREDIT** (150 000 Euro) Auf ihn wird erstmals im dritten Monat zugegriffen, im fünften Monat wird der Kreditrah-

FALLSTUDIE: Rentabilität als Gründungskriterium

JANINE A. gründete ihre Töpferei 18 Monate nach ihrem Studienabschluss. Zuvor sah sie sich in vielen Töpfereien um. »Ihre Vasen gefielen mir alle nicht, also begann ich meine eigenen Formen zu entwerfen. Plötzlich war ich mir ganz sicher, dass es das war, was ich machen wollte.« Sie ließ Vasen nach ihren Entwürfen in Keramikfabriken brennen und reiste während der folgenden Monate über Land, um den Markt zu eruieren und günstige Produktionsstätten auszukundschaften. Parallel dazu brachte sie ihre Designs eigenhändig auf ihre Keramiken auf.

»Viele Leute standen meiner Idee zunächst skeptisch gegenüber, doch ich fand auch Unterstützung.« Dann kam die erste Bestellung eines großen Pariser Designfachgeschäfts im Wert von 1200 Euro und zwei Monate später entschied sich Janine A. ihre Töpferwaren auch auf einer Handelsmesse zu präsentieren.

Janine A. wollte das junge Unternehmen nur weiterführen, wenn sie im zweiten Geschäftsjahr wenigstens 80 000 Euro Gewinn erwarten konnte. Da sie mit einer Gewinnspanne von 40 Prozent kalkulierte, musste sie in ihrer Prognose einen Umsatz von mindestens 200 000 Euro erreichen. Durch ihre Marktforschung und die daraus entwickelte Strategie konnte sie sich und ihre Investoren davon überzeugen, dass dies ein durchaus realistisches Ziel war.

TERMINÜBERSICHT ÜBER DEN VORAUSSICHTLICHEN KAPITALBEDARF					
ZEITPUNKT	FINANZIERUNGS-BEDARF LAUT LIQUIDITÄTSPLAN (IN 1000 €)	INVESTITIONS-KREDIT (IN 1000 €)	EIGENMITTEL (IN 1000 €)	KONTOKORRENT-KREDIT (IN 1000 €)	RATENKAUF-VERTRAG (IN 1000 €)
VOR GESCHÄFTSERÖFFNUNG					
MONAT 1	200	200	60	–	–
MONAT 2	10		–	–	–
MONAT 3	140		–	90	10,00
AB GESCHÄFTSERÖFFNUNG					
MONAT 4	40		–	120	9,70
MONAT 5	20		–	140	9,40
MONAT 6	-10		–	130	9,10
MONAT 7	-40		–	90	8,80
MONAT 8	-42		–	48	8,50
MONAT 9	-50		–	–	8,20
MONAT 10	-40		–	–	7,90
MONAT 11	-20		–	–	7,60
MONAT 12	-20		–	–	7,30

men mit 140 000 Euro fast ausgeschöpft, bis er schließlich im neunten Monat ausgeglichen wird. Der Kreditrahmen von 150 000 Euro wird nie voll ausgeschöpft, es ist jedoch generell ratsam, ein wenig mehr als nötig auszuhandeln, um unvorhergesehene Ereignisse abfangen zu können.
■ EIN RATENKAUFVERTRAG (10 000 Euro) wird im dritten Monat abgeschlossen und in den nächsten drei Jahren zurückgezahlt.

Erwarten Sie das Unerwartete

Kapitalgeber reagieren beunruhigt, wenn ein Unternehmer kurz nach der ersten Finanzspritze wieder erscheint und um weitere Unterstützung bittet. Dies gilt vor allem, wenn dieser Kapitalbedarf bereits zu Beginn absehbar war. Sie sollten bei Ihren Prognosen also auch mit unvorhergesehenen Ereignissen rechnen, die den Cash-Flow aus dem Gleichgewicht bringen könnten. Für die häufigsten Fallstricke sollten Sie unbedingt Vorsorge treffen.

Man kann sich nicht wirklich gegen alle Widrigkeiten oder Unwägbarkeiten schützen. Einige Ereignisse, die Ihren Cash-Flow negativ beeinflussen können, sind jedoch wahrscheinlicher als andere und durch sorgfältige Planung ist es möglich, sich dagegen abzusichern. Nachfolgend werden Lösungsvorschläge zu häufigen Szenarien vorgestellt.

FEHLERHAFTE PRÄMISSEN

Die Vorhersage von Verkaufszahlen ist keine leichte Aufgabe. Die erste Fehlerquelle ist oft die Prämisse, auf der die gesamte Prognose beruht. Die Zahl der Gäste, die ein Restaurant als Laufkundschaft besuchen, die Zahl der Kunden, die auf ein Mailing reagieren, oder das Verhältnis von Besuchern einer Internet-Site zu zahlenden Kunden – für derlei Schätzungen müssen Leistungskennzahlen herangezogen werden. So können Sie zum Beispiel bei einem Katalog-Mailing an eine sorgfältig ausgewählte Zielgruppe erwarten, dass 0,5 bis drei Prozent aller Angeschriebenen reagieren. Wenn Sie in Ihrer Prognose nun mit drei Prozent rechnen, tatsächlich aber nur 0,5 Prozent erreichen, erhalten Sie am Ende nur knapp ein Sechstel des vorausgesagten Verkaufserlöses.

DIE VERKAUFSZAHLEN STEIGEN LANGSAMER ALS ERWARTET

Vielleicht werden sich Ihre Kunden für die Kaufentscheidung mehr Zeit lassen als erwartet. Sie gehen etwa davon aus, dass zwei Wochen nach einem Katalog-Mailing die ersten Bestellungen eintreffen, Ihre Kunden lassen sich jedoch mit den Bestellungen viel mehr Zeit. Selbst nach mehrjähriger Geschäftserfahrung können Sie sich plötzlich mit einem veränderten Bestellverhalten Ihrer Kunden konfrontiert sehen.

ZAHLUNGSRÜCKSTÄNDE

Während Sie zwar die Bedingungen festlegen, unter denen Sie Ihr Unternehmen führen, folgt das Verhalten Ihrer Kunden anderen Gesetzen. Kann ein Kunde eine Zahlung verzögern, wird er es meist tun. Einige Kunden werden immer später als üblich zahlen, es sei denn, Ihre Branche basiert auf Barzahlung. Wenn Sie über ein gut funktionierendes Abrechnungssystem verfügen, können Sie dieses Problem einigermaßen im Zaum halten. Zahlungsrückstände müssen Sie in die Cash-Flow-Prognose einbeziehen.

NICHT EINBRINGBARE AUSSENSTÄNDE

Einige Ihrer Kunden werden nie zahlen. Jährlich gehen tausende Firmen in Konkurs, weil Kunden bzw. Auftraggeber nicht bezahlen. In diesem Buch finden Sie Vorschläge, die dieses Risiko einzudämmen helfen, es lässt sich jedoch nicht ausschließen. Sie können versuchen den Prozentsatz unbezahlter Rechnungen in Ihrer Branche herauszufinden und dieses Verhältnis in Ihre Planungen einbeziehen. Allgemein gilt, dass das Baugewerbe und die Gastronomie mit relativ hohen Außenständen zu kämpfen haben, das Dienstleistungsgewerbe dagegen weniger stark davon betroffen ist.

Berücksichtigen Sie bei der Cash-Flow-Prognose unbedingt auch verspätete Zahlungseingänge.

FOLGEAUFTRÄGE KOMMEN NICHT SO SCHNELL WIE ERWARTET

Es ist nicht leicht zu schätzen, wie groß der Bedarf an Ihren Produkten oder Dienstleistungen tatsächlich ist. Die erste Lieferung kann einige Tage, Wochen oder gar Monate vorhalten. Manche Kunden beziehen ihren Bedarf aus strategischen Gründen auch bei mehreren Lieferanten. Hat eine Firma etwa drei Lieferanten und platziert jeden Monat eine Bestellung, dauert es einige Zeit, bis Ihr Unternehmen wieder an der Reihe ist. Wenn das Geschäft Ihres Kunden schlecht läuft oder saisonabhängig ist, kann es durchaus noch länger dauern, bis eine erneute Bestellung bei Ihnen getätigt wird.

DAS SPART ZEIT

Neukunden werden nicht selten begeistert von Ihrem Angebot sein und dennoch nicht sofort wieder bei Ihnen kaufen. Das kann am individuellen Bedarf liegen. Versuchen Sie während des Verkaufsgesprächs herauszufinden, wie viel der Kunde zu welchem Zeitpunkt benötigt.

ZU NIEDRIGE PREISE

Auch der Verkaufspreis stellt einen wichtigen Faktor bei der Berechnung Ihres Betriebsvermögens dar und wirkt sich so auf den Kapitalbedarf Ihres Unternehmens aus.

Häufig können kleine Firmen anfangs nur Kunden gewinnen, indem sie sich dem Preisniveau ihrer Konkurrenten anpassen. Dies mag zwar nicht der Preis sein, mit dem Sie gerechnet haben, es ist aber der Preis, zu dem Sie Ihre Ware verkaufen müssen. Ebenso kann die tatsächliche Zusammensetzung Ihres Angebots von Ihrer Planung abweichen und somit auch die Durchschnittspreise beeinflussen. So muss etwa ein Restaurantbesitzer abschätzen, welche Weine sich seine Gäste auf der Karte bevorzugt aussuchen werden.

ZU GROSSER LAGERBESTAND

Wenn Ihre Umsatzprognose zu optimistisch war, werden Sie weniger Geld als vorhergesehen erwirtschaften und höhere Ausgaben haben. Ihrer Prognose folgend haben Sie sich sicherlich mit ausreichend Material versorgt, um die erwartete Nachfrage stillen zu können. Wer aufgrund von Rabatten mehr einkauft, als laut Prognose nötig ist, kann schnell Überkapazitäten produzieren.

VERSPÄTETE LIEFERUNGEN

Wenn Lieferanten zu spät liefern, kann es zu Engpässen kommen, die wiederum bei Ihren Kunden zu Unzufriedenheit führt. Dieses Problem kann durch ein computergestütztes Bestellsystem auf ein Minimum reduziert werden, verspätete Lieferungen werden allerdings immer vorkommen. Eine großzügige Lagerhaltung ist ein Weg, mit Materialengpässen zurechtzukommen, aber auch diese Strategie wirkt sich ungünstig auf den Cash-Flow aus.

LIEFERANT GEWÄHRT KEINEN KREDIT

Nur wenige Lieferanten sind bereit, Neukunden Kredit einzuräumen. Bevor Sie bei der Prognose also von 30–90 Tagen Kredit ausgehen, sollten Sie sich unbedingt vergewissern, dass diese üblichen Praktiken auch für Sie gelten.

Vergessen Sie nicht, dass die Inanspruchnahme eines Lieferantenkredits zwar kurzfristig dem Cash-Flow auf die Sprünge hilft, die Beziehung zu Ihrem Lieferanten jedoch nicht unbedingt fördert. So ist denkbar, dass Sie als schlechter Zahler bei Lieferengpässen ans Ende der Prioritätenliste rutschen und Ihr Unternehmen selbst in Liefer- bzw. Terminschwierigkeiten kommt.

FALSCH BERECHNETE KOSTEN

Bei der Gründung oder Erweiterung eines Unternehmens kann es passieren, dass bestimmte Kosten bei der Aufstellung des Business-Plans übersehen werden. Dies betrifft häufig Versiche-

GOLDENE REGELN FÜR EINE PROFESSIONELLE PROGNOSE

✓ Sorgen Sie für Glaubwürdigkeit der Prognose.

✓ Gründen Sie Prognosen auf Fakten, nicht auf Mutmaßungen.

✓ Listen Sie die Argumente auf, die Ihre Prognose untermauern.

✓ Erläutern Sie, welche Faktoren die Ergebnisse negativ beeinflussen könnten.

✗ Verwenden Sie keine Daten zur Unterstützung Ihrer Prognose, ohne die Quellen anzugeben.

✗ Vergessen Sie nicht, saisonale Faktoren zu berücksichtigen.

✗ Treffen Sie keine Vorhersagen, ohne aufzuzeigen, wie Sie Ihre Ergebnisse erzielen wollen.

✗ Allgemeine Wirtschaftslage nicht vergessen.

rungen und gesetzliche Gebühren. Oft kommt es vor, dass ein Kostenpunkt zwar nicht vergessen, aber deutlich unterschätzt wird. Wenn Ihr Finanzierungsplan beispielsweise die Kosten für ein Patent enthält, sollten Sie sich über die tatsächliche Höhe beim Patentamt informieren, anstatt davon auszugehen, denselben Preis dafür zu bezahlen wie ein befreundeter Unternehmer.

BETRUG UND DIEBSTAHL

Einzelhändler behaupten, ihre Preise könnten um fünf Prozent tiefer liegen, wenn Sie die Verluste durch Diebstahl nicht weiter berechnen müssten. Noch gravierender wirkt sich Betrug auf ein Unternehmen aus, wenn Partner oder Mitarbeiter die Firma schädigen.

Erstellen Sie ein Worst-Case-Szenario

Selbst unerwartete Ereignisse kann man bei der Berechnung des Kapitalbedarfs einbeziehen. Eine Cash-Flow-Analyse kann Ihnen helfen, Worst-Case-Szenarien auzumachen, die Ihr Unternehmen aus der Bahn werfen könnten. Davon ausgehend erhalten Sie schließlich eine realistische Abschätzung des Kapitalbedarfs für Ihr Vorhaben. Die Tabelle auf Seite 37 zeigt die Auswirkungen einiger der möglichen Fehler bzw. Fehlentwicklungen.

BELASTUNGSTEST

Die nüchterne Liquiditätsplanung unter Berücksichtigung eventueller Engpässe ist für die Kapitalbedarfsermittlung eines Unternehmens von entscheidender Bedeutung.

Folgende Probleme können eventuell auftreten: Ausgaben, die Sie vermeiden wollten, müssen nun doch getätigt werden; die Umsätze steigen langsamer als vorhergesagt; der Gesamtumsatz bleibt hinter den Erwartungen zurück; Lieferanten erwarten Bezahlung bei Lieferung; Kunden zahlen nicht pünktlich; die Betriebskosten sind höher als erwartet.

Die Tabelle auf der gegenüberliegenden Seite zeigt, welche Effekte durch Planungsfehler und Unwägbarkeiten ausgelöst werden können.

Die Liquiditätsprognose in diesem Beispiel ergab einen Kapitalbedarf von 12 600 Euro. Doch baut man in dieses Modell einige durchaus realistische Stolpersteine ein, zeigt sich, dass das Unternehmen einen tatsächlichen Kapitalbedarf von 63 600 Euro hat. Eine deratige Kontrolle der Liquiditätsprognose sollte in Hinblick auf sämtliche Ereignisse durchgeführt werden, die das Unternehmen gefährden könnten. Ein Unternehmer, der von einem Kapitalbedarf von 12 600 Euro ausgeht, obwohl dieser tatsächlich 63 600 Euro beträgt, kann existenzielle Probleme bekommen. Eine Situation, die durch einen Belastungstest vermieden werden kann.

FALLSTUDIE: Betrug und seine Folgen

ASTRID E. entdeckte die Unterschlagungen ihres Gründungspartners erst, als sie sich entschloss, Ihren Mitarbeitern Firmenanteile anzubieten. Für die Bewertung des Unternehmens benötigte sie die geprüften Bilanzen, die jedoch noch nicht fertig waren. Ihr Buchhalter – und Gründungspartner – behauptete, die Wirtschaftsprüfer würden die Bilanzen wegen kleinerer technischer Fragen zurückhalten. Als Frau E. bei den Prüfern nachfragte, erfuhr sie, dass sie die Bücher noch nicht einmal gesehen hatten! Schließlich kam heraus, dass ihr Partner gut ein Viertel des Geschäftsvermögens für eigene Zwecke unterschlagen hatte.

Zwar wurde der ehemalige Partner rechtmäßig verurteilt, der materielle Schaden konnte jedoch nicht ausgeglichen werden. Auch der Plan, Aktien an die Mitarbeiter auszugeben, musste aufgeschoben werden, woraufhin zwei Angestellte sich selbstständig machten. Das Unternehmen hat sich lang nicht von diesem Rückschlag erholt.

Lieferanten gewährten keine Kredite.

Diese Kosten wurden bei der Planung vergessen.

Langsamere Entwicklung und verspätete Zahlungseingänge

LIQUIDITÄT: PLANUNG UND KONTROLLE

	LIQUIDITÄTSPROGNOSE			ÜBERARBEITETE PROGNOSE		
	MONAT 1 (€)	MONAT 2 (€)	MONAT 3 (€)	MONAT 1 (€)	MONAT 2 (€)	MONAT 3 (€)
ZAHLUNGSEINGÄNGE						
Umsatz		20 000	30 000			20 000
Sonst. Einzahlungen	8 000			8 000		
SUMME LIQUIDITÄTSZUGANG	8 000	20 000	30 000	8 000		20 000
ZAHLUNGSAUSGÄNGE						
Lagerware/Büromaterial		10 000	15 000	10 000	15 000	20 000
Werbung	400	600	1 000	400	600	1 000
Versicherungen				1 000		
Heizung, Strom, Wasser			600			600
Telefon, Fax, Internet			2 000			2 000
Buchführung, Beratung	1 000			1 000		
Kraftfahrzeugkosten	400	400	400	400	400	400
Reisekosten	1 000	1 000	1 000	1 000	1 000	1 000
Mieten und Raten	2 400	2 400	2 400	2 400	2 400	2 400
Personalkosten	2 200	2 200	2 200	2 200	2 200	2 200
Investitionsausgaben	0	16 000	6 000	16 000	6 000	
SUMME LIQUIDITÄTSABGANG	7 400	32 600	30 600	34 400	27 600	29 600
NETTO-CASH-FLOW	600	-12 600	-600	-26 400	-27 600	-9 600
NETTO-CASH-FLOW (KUMUL.)	600	-12 000	-12 600	-26 400	-54 000	-63 600

Differenz zwischen Zahlungseingängen und Zahlungsausgängen

Tatsächlicher Kapitalbedarf des Unternehmens

KAPITAL
beschaffen

Auch kleinen Firmen stehen vielfältige Finanzierungsmöglichkeiten und -hilfen zur Verfügung. Nicht alle sind jedoch für jeden Betrieb gleichermaßen geeignet, und nicht jedes Finanzierungsmodell steht allen Unternehmensarten offen. So kann bereits die Rechtsform Ihres Unternehmens die Auswahl der verfügbaren Geldquellen beeinflussen. Die Finanzierungsarten bringen jeweils andere Verpflichtungen, Verantwortlichkeiten und Risiken mit sich. Die wichtigsten Rechtsformen und Möglichkeiten der Kapitalbeschaffung werden Ihnen hier vorgestellt.

RECHTSFORMEN UND KOOPERATIONEN

Die Rechtsform ist mehr als nur reine Formsache. Grob unterscheidet man Personenunternehmen und Kapitalgesellschaften. Außerdem werden in diesem Abschnitt Allianzen wie Kooperationen, Genossenschaften und Franchise-Firmen vorgestellt. Generell gilt: Bevor Sie sich für eine Rechtsform entscheiden, sollten Sie sich eingehend bei den Kammern, Wirtschaftsprüfern, Steuerberatern oder Fachanwälten beraten lassen.

Jede Unternehmensform hat ihre Vor- und Nachteile und bringt unterschiedliche Verantwortlichkeiten, Verpflichtungen und Chancen mit sich. Je größer der Finanzierungsbedarf und je riskanter das Vorhaben ist, desto eher wird wahrscheinlich die Gesellschaft mit beschränkter Haftung (GmbH) die geeignete Rechtsform für Ihr neues Unternehmen darstellen. In vielen Betrieben ändern sich die Eigentumsverhältnisse aber auch im Lauf ihrer Entwicklung.

Im Folgenden werden nur die finanziellen Aspekte behandelt, obgleich natürlich auch andere Bereiche von der Rechtsform berührt werden. So hat eine Kapitalgesellschaft meist ein solideres Image als etwa eine Personengesellschaft.

Als Einzelunternehmer sind Sie unabhängig, tragen aber auch das volle finanzielle Risiko.

Volle Haftung – Einzelunternehmen

Ein Einzelunternehmen entsteht automatisch, wenn Sie allein ein Geschäft eröffnen. Es gibt hier nur einen Betriebsinhaber. Diese Form hat den Vorteil, mit relativ wenigen Formalitäten verbunden zu sein, außerdem gibt es kaum Vorschriften bezüglich der Aufzeichnungs- und Buchhaltungspflichten. Das heißt, Ihre Umsätze und Ihr Geschäftsverkehr erfordern keine vollkaufmännische Einrichtung, wie etwa Buchhaltung.

Allerdings haftet der Einzelunternehmer mit seinem Privatvermögen, also auch mit seinem Privathaus, seinem Privatauto und seinem Privatkonto. Im Falle eines Fehlschlags haben Ihre Gläubiger

---

FALLSTUDIE: Persönliche Haftung bei Schulden

J. DIETRICH ist der Alleininhaber eines kleinen Handwerksbetriebs. Die Geschäftsaussichten sind gut, also kauft er das Material für seine Produkte auf Vorrat ein. Nun sinkt die Nachfrage plötzlich, und er kann die bereits hergestellte Ware nicht mehr verkaufen, zudem liegt noch zu viel Material auf Lager. Die Rechnungen seines Lieferanten kann er in dieser Situation nicht mehr bezahlen.

Als Einzelunternehmer haftet Herr Dietrich persönlich für alle geschäftlichen Verpflichtungen. Ein Gläubiger kann zum Schuldenausgleich nicht nur das Firmenvermögen, sondern auch seinen persönlichen Besitz verlangen. Dazu gehören etwa sein Haus, sein Auto und sein Privatkonto.

Vor- und Nachteile der wichtigsten Rechtsformen

Rechtsform	Vorteile	Nachteile
Einzelunternehmen	■ Einfach zu führen; kaum Gründungskosten ■ Keine vollkaufmännische Einrichtung erforderlich ■ Einzelunternehmer meldet Gewinn oder Verlust in der Steuererklärung an. ■ Mindestkapital ist nicht vorgeschrieben.	■ Inhaber haftet grundsätzlich mit seinem Privatvermögen. ■ Lebensdauer des Betriebs auf Lebenszeit des Inhabers begrenzt ■ Begrenztes Wertschöpfungspotenzial
Gesellschaft bürgerlichen Rechts (GbR)	■ Besondere Formalitäten sind nicht erforderlich; mündliche Vereinbarung reicht ■ Da Minderkaufleute keine Handelsgesellschaften gründen dürfen, bietet sich die GbR als Rechtsform an. ■ Mindestkapital ist nicht vorgeschrieben.	■ Die Gesellschafter werden nach außen wie Einzelunternehmer behandelt. ■ Die Teilhaber haften grundsätzlich mit ihrem Privatvermögen.
Offene Handelsgesellschaft (OHG)	■ Wegen der Bereitschaft zur persönlichen Haftung steht eine OHG bei Kreditinstituten und Geschäftspartnern in höherem Ansehen als etwa eine GmbH. ■ Gewisses Wertschöpfungspotenzial ■ Mindestkapital ist nicht vorgeschrieben.	■ Für Verbindlichkeiten haften die Gesellschafter neben ihrem Gesellschaftsvermögen auch mit ihrem Privatvermögen. ■ Kleingewerbetreibende können diese Rechtsform nicht wählen; sie ist nur etwas für Vollkaufleute.
Kommanditgesellschaft (KG)	■ Die KG besteht aus dem Komplementär und den Kommanditisten (Partnern); der Komplementär führt die Geschäfte allein. ■ Als Komplementär behalten Sie in der Regel alleiniges Entscheidungsrecht; die Partner haben kein Mitspracherecht. ■ Leichter als auf dem Kreditweg können Sie an Startkapital kommen, wenn sich Partner (Kommanditisten) finanziell an Ihrem Unternehmen beteilgen.	■ Der Komplementär (der vollhaftende Gesellschafter) haftet mit seinem gesamten Privatvermögen. ■ Die Kommanditisten haften nur in der Höhe ihrer Einlagen.
Gesellschaft mit beschränkter Haftung (GmbH)	■ Die Haftung der Gesellschaft entspricht der Höhe der Kapitaleinlagen, die ihre Gesellschafter insgesamt geleistet haben, mindestens 25 000 Euro (auch Sachwerte). ■ Keiner der Gesellschafter haftet mit seinem Privatvermögen.	■ Aber: Kreditgeber achten meist darauf, dass ihnen bei der Aufnahme von Krediten private Sicherheiten angeboten werden. Auch müssen sich die Gesellschafter häufig für die Rückzahlungen der Kredite der GmbH verbürgen.
Ein-Personen-GmbH	■ Sie haften nur in Höhe des Gesellschaftsvermögens und nicht mit Ihrem Privatbesitz.	■ Die Gründungsformalitäten sind ebenso aufwändig wie bei der GmbH.

das Recht, ihre Forderungen nicht nur mit Ihrem Betriebs-, sondern auch mit Ihrem Privatvermögen zu begleichen. Dies wird durch das Insolvenzrecht geregelt, wonach dem Schuldner nur noch das gesetzlich vorgeschriebene Existenzminimum zugestanden werden muss. Eine Vermögensübertragung kann die Härte der Insolvenz mildern (siehe S. 152).

Vorteile: Kein Partner schreibt Ihnen vor, wie viel Startkapital Sie mitbringen müssen. Niemand redet Ihnen in Ihre Pläne und Geschäfte rein. Gewinn oder Verlust müssen Sie nur in der Steuererklärung anmelden. Gleichzeitig steht es Ihnen frei, sich auch als Kleingewerbetreibender ins Handelsregister eintragen zu lassen. So übernehmen Sie alle Rechten und Pflichten eines Kaufmanns.

Lassen Sie sich fachlich beraten, bevor Sie ein Einzelunternehmen gründen.

Der Betrieb als Personengesellschaft

Personengesellschaften (Partnerschaftsgesellschaften, GbR, OHG und KG) bestehen aus mehreren Unternehmern bzw. Gesellschaftern.

Die Gründung einer Gesellschaft mit einem oder mehreren Partnern unterliegt nur geringen Einschränkungen und bringt einige Vorteile mit sich. Gemeinsam mit Ihrem Teilhaber können Sie mehr Kapital aufbringen, die Firma profitiert im Idealfall von den unterschiedlichen Fähigkeiten der Partner, und im Krankheitsfall kommt das Geschäft nicht zum Erliegen.

Der Gesetzgeber geht bei Personengesellschaften davon aus, dass qualifizierte Geschäftsleute wissen sollten, was sie tun. Er gibt lediglich Rahmenbedingungen vor für den Fall, dass keine anders lautenden Verträge geschlossen werden. So kommt es, dass viele Gesellschaften ohne besondere Formalitäten gegründet werden, manchmal sind sich die Beteiligten dessen nicht einmal bewusst. Allein ihr Auftreten als geschäftliche Gemeinschaft genügt, um eine »implizierte Gesellschaft« zu bilden. Falls nichts anderes vereinbart wurde, gelten für Personengesellschaften folgende Bestimmungen:

■ Alle Teilhaber bringen zu gleichen Teilen Kapital ein.
■ Alle Teilhaber sind zu gleichen Teilen an Gewinn und Verlust beteiligt.
■ Kein Teilhaber hat Anspruch auf Zinsen für sein Kapital.
■ Keinem Teilhaber wird ein Gehalt bezahlt.
■ Alle Teilhaber sind zu gleichen Teilen an der Geschäftsführung beteiligt.

Da Ihnen wohl nicht jede dieser Bestimmungen zusagen wird, sollten Sie unbedingt einen Gesellschaftsvertrag ausarbeiten.

Finanzielle Nachteile

Personengesellschaften sind mit den drei nachfolgenden finanziellen Nachteilen verbunden:

FALLSTUDIE: Persönliche Haftung bei Unfällen

A. Seifert ist Alleininhaberin eines Blumenfachgeschäfts. Eines Tages verursacht der angestellte Fahrer A. Pölitz mit dem firmeneigenen Lieferwagen einen Unfall, bei dem ein Fußgänger verletzt wird. Es kommt zu einer Klage, in der dem Fahrer vorgeworfen wird, den Unfall fahrlässig verschuldet zu haben. In der Anklageschrift wird Frau Seifert, der der Lieferwagen gehört und in deren Auftrag der Fahrer unterwegs war, als Nebenbeklagte genannt. Das Gericht befindet, dass Herr Pölitz den Unfall verschuldet hat, eine Teilschuld fällt auch auf Frau Seifert. Dies bedeutet, dass sie mit ihrem Privat- und Geschäftsvermögen haftet, falls ihre Versicherung nicht für den Schaden aufkommt.

FALLSTUDIE: Gründerunternehmen als Personengesellschaft

DIE DREI BIBLIOTHEKARINNEN Eva B., Stefanie M. und Sabine B. wollten einen Online-Recherchedienst gründen, dessen Schwerpunkt auf frauenspezifischen Informationen liegt. Sie kamen überein, während der Gründungsphase ihre Vollzeitjobs zu behalten, bis das junge Unternehmen alle drei unterhalten könnte.

Bei einem Meeting, das die erforderliche Computerausstattung betraf, führte Eva aus, sie wolle das Unternehmen so professionell wie möglich führen, womit sie vor allem den rechtlichen Status meinte. Das Gespräch über die Ausstattung wurde abgebrochen, um die Rechtsform des Unternehmens zu diskutieren. Aufgrund der Komplexität dieses Themas wurde beschlossen, zunächst ausreichendes Informationsmaterial über die Rechtsformen und ihre finanziellen, steuerlichen und rechtlichen Folgen einzuholen.

Vor dem nächsten Treffen unterhielt Eva sich mit einer Beraterin für Kleinunternehmer, die ihr riet, sich lieber wieder der Computerausrüstung zuzuwenden und die Rechtsform vorerst so einfach wie möglich zu halten. Sie schlug vor, dazu einen Vertrag zur Gründung einer Personengesellschaft aufzusetzen. Jede Teilhaberin sollte sich zu gleichen Teilen am Kauf der Ausrüstung und am Arbeitsaufkommen beteiligen. Der Gewinn sollte ebenfalls gerecht geteilt werden.

Erst später, so ihr Vorschlag, wenn die Gründung sich als Erfolg erwiesen haben sollte, sei es sinnvoll, Belange der privaten Absicherung wie etwa private Rentenversicherungen in Angriff zu nehmen. In der Gründungsphase zeigt sich wahre Professionalität darin, das Geschäft in Gang zu bringen, ohne Zeit und Geld auf die Bildung einer aufwändigen Rechtsform zu verschwenden.

TEIL EINES TEAMS
Von Anfang an trafen sich die drei Teilhaberinnen regelmäßig, um die verschiedenen Aspekte ihrer unternehmerischen Tätigkeit zu klären.

Zum Ersten müssen alle Teilhaber Fehlentscheidungen eines Partners gemeinsam tragen, dies gilt auch für schlechte, das Unternehmen schädigende Verträge, die ohne Wissen oder Zustimmung der anderen geschlossen werden. Das kann dazu führen, dass diese mit ihrem Privatvermögen haften müssen, selbst wenn sie an der Fehlhandlung nicht beteiligt waren.

Zum Zweiten können Gläubiger im Falle des privaten Bankrotts eines Teilhabers dessen Anteil am Betriebsvermögen pfänden. Sie haften als Privatperson zwar nicht für die privaten Schulden eines Teilhabers, doch kurzfristig den Firmenanteil eines Partners auszahlen zu müssen kann sowohl Sie als auch den Betrieb in finanzielle Schwierigkeiten bringen.

rer Daten leicht unterbewertet, es sei denn, man verwendet einen hohen Multiplikator. Durch den können die Geschäftsaussichten allerdings auch oft überbewertet werden, wodurch der Ausscheidende bevorteilt würde.

Auch kann ein Teilhaber die anderen Anteile zu einem von ihm bestimmten Preis aufkaufen. Akzeptieren die verbliebenen Teilhaber das Angebot nicht, müssen sie den Anteil des Scheidenden zu diesem Preis kaufen. Dies stellt, wenigstens theoretisch, die beste Lösung dar

Selbst der Tod eines Teilhabers entbindet Sie nicht von Ihren Pflichten in Bezug auf die Gesellschaft. Solange Sie nicht Ihre Geschäftskontakte von der Auflösung in Kenntnis setzen und die Geschäftätigkeit nicht nach Recht und Gesetz beenden, können Sie jederzeit mit allen Konsequenzen haftbar gemacht werden.

Zum Dritten kann es Probleme bei der Auflösung der Personengesellschaft geben. Die Teilhaber, die das Geschäft weiterführen möchten, wollen die volle Kontrolle über die Firma, stille Teilhaber wollen ihre Anteile zurückkaufen, und wer die Gesellschaft verlässt, verlangt nach einem realistischen Preis für seinen Anteil. Der Gründungsvertrag sollte daher auch das Auflösungsverfahren genau regeln

DER AUFLÖSUNGSVERTRAG

Der traditionelle Weg, den Betriebsanteil eines ausscheidenden Teilhabers zu finden, besteht darin, einen unabhängigen Buchhalter zu beauftragen. Doch die Bewertung ist sehr kostspielig und meist nicht eindeutig.

Die Einigung auf eine Berechnungsformel ist eine Möglichkeit (z. B. das Achtfache des zuletzt geprüften Gewinns vor Abzug der Steuern). Dieser Ansatz ist aber selten gerecht. So wird eine schnell wachsende Firma auf der Basis älte-

KOMMANDITGESELLSCHAFTEN

Eine Möglichkeit, die Risiken einer Personengesellschaft abzuschwächen, besteht darin, die geschäftliche Gemeinschaft als Kommanditgesellschaft zu registrieren, die sich stark von einer Personengesellschaft unterscheidet. Diese Rechtsform vereint, unter gewissen Umständen, die besten Eigenschaften einer Personengesellschaft und mit einer Aktiengesellschaft.

Eine Kommanditgesellschaft setzt sich wie folgt zusammen: Es gibt mindestens einen Vollgesellschafter (Komplementär) mit denselben Rechten und Pflichten (inklusive Haftung) wie bei einer Personengesellschaft

FALLSTUDIE: Die Gründung einer Kommanditgesellschaft

J. UND T. SOMMER besitzen ein kleines Rahmengeschäft. Aufgrund des wachsenden Erfolgs wollen sie nun in einen größeren Laden in besserer Lage umziehen, wo sie eine breitere Auswahl an Kunstdrucken und Rahmen lagern können. Um das benötig-te Kapital zu beschaffen, gründen sie eine Kommanditgesellschaft und vereinbaren mit jedem Investor neben der Rückzahlung der Investition (60 000 Euro) nach drei Jahren eine zehnprozentige Beteiligung am Reingewinn. Sie verkaufen vier Gesellschaftsanteile in Höhe von 60 000 Euro und bringen so 240 000 Euro auf, womit sie ihre Pläne in die Tat umsetzen können. Drei Jahre später werden sie allen Investoren ihr Geld zuzüglich Gewinnbeteiligung zurückzahlen.

sowie mindestens einen stillen Teilhaber (Kommanditist), gewöhnlich ein passiver Investor. Im Gegensatz zum Komplementär haftet der Kommanditist nicht mit seinem persönlichen Vermögen für Firmenschulden. Der Kommanditist kann nur verlieren, was er

■ als Einlage in die Firmenkasse gezahlt hat, oder

■ nach einem Insolvenzverfahren als Erlös aus der Gesellschaft erhält.

Da ein Kommanditist nur beschränkt haftet, wird er bis auf wenige Ausnahmen auch nicht an der Führung des Unternehmens beteiligt. Ein Kommanditist, der aktiv an der Geschäftsführung teilnimmt, läuft Gefahr, seine Immunität zu verlieren und denselben rechtlichen Konsequenzen ausgesetzt zu sein wie ein Komplementär.

Für die Inhaber liegt der Vorteil einer Kommanditgesellschaft in der Möglichkeit, über die stillen Teilhaber relativ einfach Kapital beschaffen zu können, ohne weitere Gesellschafter aufnehmen zu müssen – die dann an der Führung des Unternehmens beteiligt wären – oder eine GmbH gründen zu müssen. Außerdem können Personengesellschaften in Kommanditgesellschaften umgewandelt werden, um eine Geschäftserweiterung zu finanzieren.

Wer die persönliche Haftung verringern will, sollte eine Kommanditgesellschaft gründen.

Gesellschaft mit beschränkter Haftung

Das Instrument der beschränkten Haftung – bei dem die Anteilseigner nicht persönlich haften – war schon den Römern bekannt. Sie wurde, allerdings selten, als Gefälligkeit der Machthaber gegenüber ihren Günstlingen gewährt. Zwei Jahrtausende später wurde diese Idee wieder belebt, als im US-Staat New York im Jahre 1811 ein Gesetz über die beschränkte Haftung von Fabrikationsbetrieben erlassen wurde. Nachdem die meisten anderen Bundesstaaten diesem Beispiel folgten, übernahm 1854 auch Großbritannien dieses Gesetz. Heute existiert in fast allen Staaten der Welt eine Unternehmensform mit beschränkter Haftung.

Eine GmbH ist eine eigenständige juristische Person, die durch die Eintragung ins Handelsregister entsteht. Die Haftung der Gesellschaft entspricht der Höhe der Kapitaleinlagen, die ihre Gesellschafter insgesamt geleistet haben, mindestens 25 000 Euro (auch Sachwerte). Wenn diese Einlage geleistet ist, haftet kein Gesellschafter mehr mit seinem Privatvermögen. Dies gilt auch für jene Anteilseigner, die als Direktoren aktiv an der Geschäftsführung beteiligt sind. Daher achten Kreditgeber in der Regel darauf, dass ihnen bei der Aufnahme von Krediten private Sicherheiten angeboten werden. Auch müssen sich die Gesellschafter häufig für die Rückzahlung der von der GmbH aufgenommenen Kredite verbürgen und haften insoweit mit ihrem Privatvermögen.

Durch den Verkauf von Anteilen kann sich die GmbH Kapital beschaffen. Die GmbH muss Bilanzen erstellen, und ab einer gewissen Größe kommt noch die Prüfungspflicht hinzu. Die Bilanzen werden öffentlich hinterlegt.

Eine GmbH kann einen oder mehrere Gesellschafter haben, von denen einer oder mehrere als Geschäftsführer ausgewiesen sind, aber auch ein angestellter Geschäftsführer ist möglich.

INSIDER-TIPP

Eine GmbH ist ein Unternehmen von Gesellschaftern, die sich an der täglichen Geschäftsführung beteiligen können, aber nicht müssen. Gesellschafter sind Anteilseigner mit beschränkter persönlicher Haftung für Schulden des Unternehmens, das als eigenständige juristische Person auftritt. Die Geschäftsführer können Gesellschafter sein; auch angestellte Geschäftsführer sind möglich.

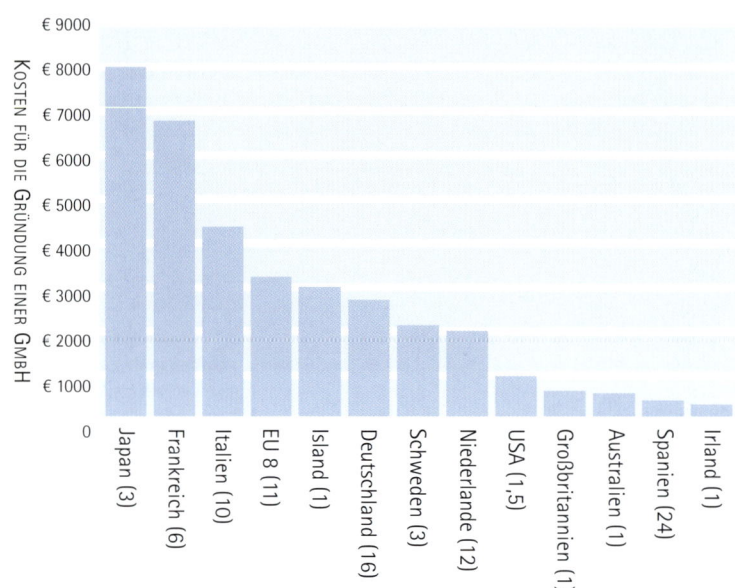

KOSTEN FÜR DIE GRÜNDUNG EINER GMBH

€ 9000
€ 8000
€ 7000
€ 6000
€ 5000
€ 4000
€ 3000
€ 2000
€ 1000
0

Japan (3)
Frankreich (6)
Italien (10)
EU 8 (11)
Island (1)
Deutschland (16)
Schweden (3)
Niederlande (12)
USA (1,5)
Großbritannien (1)
Australien (1)
Spanien (24)
Irland (1)

KOSTENBEURTEILUNG
Diese Tabelle zeigt, mit welchem Zeit- und Kostenaufwand bei der Gründung einer GmbH zu rechnen ist. Der Zeitaufwand in Wochen ist in Klammern hinter dem jeweiligen Land angegeben. Die von Land zu Land sehr unterschiedlichen Bestimmungen führen dazu, dass die Gründung einer GmbH von wenigen 100 bis zu mehreren 1000 Euro kosten kann. Auch der Zeitaufwand variiert von einer Woche bis zu vier Monaten.

Der schnellste Weg zu einer GmbH führt über die Übernahme eines bestehenden Unternehmens und dessen Neustrukturierung. Dazu gehören etwa die Änderung des Namens, eine neue Zusammensetzung der Anteilseigner und Änderungen in den Verträgen. Dieser Vorgang dauert bis zum endgültigen Abschluss einige Wochen und erfordert neben etlichen Behördengängen auch die Zahlung einiger Gebühren.

Eine Alternative ist die Neugründung einer GmbH, deren Namen und Bedingungen Sie mit Ihren Gesellschaftern frei bestimmen können. Die Gründungsformalitäten sind aufwändig, ein Eintrag im Handelsregister ist Voraussetzung.

FALLSTUDIE: Die Gründung einer Genossenschaft

VOR EINIGEN JAHREN besuchte Barbara S. einen Kursus an der Volkshochschule, der sich mit der Herstellung von Dekorationen aller Art beschäftigte. Obwohl der Volkshochschulkurs nur wenige Wochen dauerte, stellte Frau S. bald fest, dass sie für diese Tätigkeit einiges Talent besaß. Ihre Fähigkeiten lagen weit über dem Durchschnitt, was ihr auch von Freunden und anderen Kursteilnehmern bestätigt wurde. Eine Bekannte, die ein Brautmodengeschäft leitete, bat sie eines Tages, eine Hochzeitstorte für die Schaufensterdekoration anzufertigen. Es folgten einige Folgeaufträge durch den Konditor in derselben Ladenpassage. Barbara S. betrachtete ihr Engagement bis dahin mehr als Hobby denn als Geschäft.

Die Idee, daraus ein Geschäft zu machen, entstand, als sie Petra F. kennen lernte. Frau F. war Dekorateurin und wollte sich gemeinsam mit ihrer Freundin Sylvia H. selbstständig machen. Die drei Frauen entschieden, gemeinsam ein Unternehmen zu gründen. Das ursprüngliche Ziel war nicht, reich zu werden, sondern eine Tätigkeit auszuüben, die in erster Linie Freude bereiten sollte.

Alle drei hatten Bekannte, die gelegentlich aushalfen und schließlich dauerhaft in den Betrieb

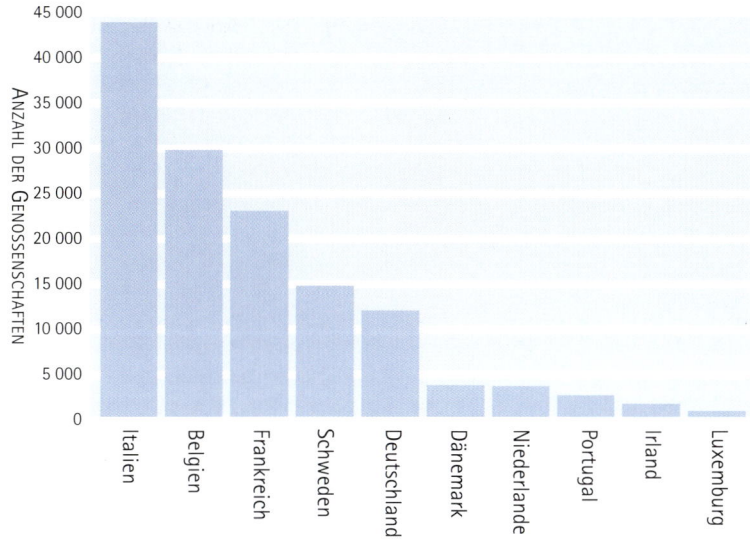

ANZAHL DER GENOSSENSCHAFTEN

45 000
40 000
35 000
30 000
25 000
20 000
15 000
10 000
5 000
0

Italien · Belgien · Frankreich · Schweden · Deutschland · Dänemark · Niederlande · Portugal · Irland · Luxemburg

GENOSSENSCHAFTEN
IN EUROPA
Das Revival, das Genossenschaften und Kooperationen heute in Europa erleben, spiegelt das Bedürfnis der Menschen wider, in einem demokratisch geführten Unternehmen zusammenzuarbeiten. Die Zahl der genossenschaftlich geführten Betriebe variiert innerhalb Europas von nur wenigen in Luxemburg bis zu etwa 44 000 in Italien.

Kooperationen und Genossenschaften

Mehr Know-how, das Teilen von Verantwortung und Risiko sowie höheres Eigenkapital sind einige Vorteile, die die Zusammenarbeit

einsteigen wollten. Bei den Überlegungen über die Rechtsform des Betriebes stellte sich heraus, dass eine Genossenschaft den Anforderungen am besten gerecht würde. Jedes Mitglied hat durch sein Stimmrecht die gleiche Kontrolle, und neue Mitglieder können bei geeigneter Qualifikation jederzeit aufgenommen werden.

Bereits drei Monat nach der Gründung der Dekorationen & mehr eG erhielt das Unternehmen drei bis vier Anfragen täglich, wovon die meisten auch zu tatsächlichen Aufträgen wurden. Über die Web Site der Firma gingen etliche große Anfragen von Unternehmen ein, die unter anderem auch zu einem Großauftrag für einen führenden Kaufhauskonzern im Bereich Schaufensterdekoration führten.

mit Partnern in einer Kooperation bietet. Kleinere und mittlere Unternehmen können Kooperationen mit Marktführern, konkurrierenden Unternehmen der gleichen Branche, überregionalen Partnern, Partnern im Ausland und Forschungseinrichtungen eingehen.

Einer gut geplanten Kooperation liegen folgende Prinzipien zu Grunde: Die Zusammenarbeit der kooperierenden Unternehmen geschieht freiwillig, die Partner sind und bleiben während der Kooperation rechtlich und wirtschaftlich selbstständig, und außerhalb der vereinbarten Kooperation sind sie voneinander unabhängig.

Eine Genossenschaft ist ein Verein mit unbegrenzter Mitgliederzahl, der die wirtschaftliche Förderung seiner Mitglieder durch den gemeinschaftlichen Geschäftsbetrieb bezweckt, und wird einer Handelsgesellschaft gleichgestellt. Entsprechend ihrem Zweck unterscheidet man z. B. Bau-Genossenschaften, Produktions-Genossenschaften und Genossenschaftsbanken. Die Genossenschaft entsteht durch Eintragung in das beim Amtsgericht geführte Genossenschaftsregister. Die Firma (der Handelsname) der Genossenschaft muss den Zusatz »eingetragene Genossenschaft« (eG) im Namen führen.

Selbstständig durch Franchising

Franchising ist keine Rechtsform im engeren Sinne, sondern eine moderne Form der Existenzgründung bzw. der Expansion. Beim Franchising, also dem Kauf eines fertigen Konzepts, haben Sie den Vorteil, auf selbstständiger Basis ein bekanntes Produkt anbieten zu können, ohne dabei auf sich allein gestellt zu sein und auf Unterstützung verzichten zu müssen. Neben einem eingeführten Namen bieten seriöse Franchise-Geber drei Vorteile:

1 BEWÄHRTE METHODEN

Ihr Franchise-Geber (die Firma, die Ihnen die Lizenz verkauft) übergibt Ihnen das komplette Unternehmenskonzept in Form eines Handbuchs. Dies ist besonders günstig,

wenn Sie kaum über betriebswirtschaftliche und Branchenerfahrung verfügen. Er wird Ihnen außerdem Systeme für Buchhaltung und Finanzkontrolle zur Verfügung stellen.

2 UNTERSTÜTZUNG DURCH DEN FRANCHISE-GEBER

Seriöse Franchise-Geber beraten Sie in Fragen des Marketing, der Personalpolitik sowie der Buch- und Geschäftsführung. In einem gut organisierten System haben Sie so jederzeit Zugang zu professioneller Beratung, ohne dafür viel ausgeben zu müssen.

3 FINANZIERUNGSMÖGLICHKEITEN

Franchising gilt als bewährtes Geschäftsmodell, daher sind Banken eher bereit, Ihnen finanzielle Unterstützung zu gewähren. Allerdings werden Existenzgründungen per Franchising nicht in jedem Fall öffentlich gefördert. Erkundigen Sie sich rechtzeitig vor Abschluss eines Franchising-Vertrags (z. B. bei der Deutschen Ausgleichsbank). Es gibt viele seriöse und ausgereifte Franchise-

ERFOLGREICHE FRANCHISE-GEBER
Fastfood-Ketten ebneten dem Franchise-System den Weg. McDonald's gehört zu den weltweit bekanntesten Franchise-Unternehmen.

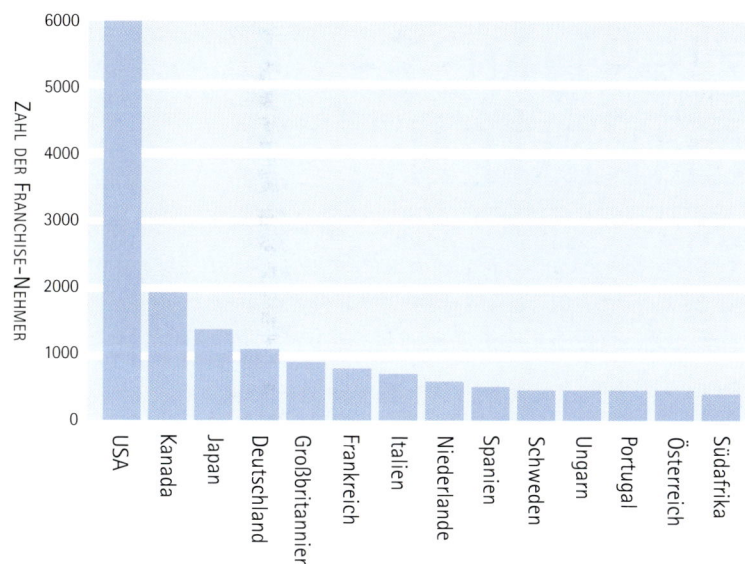

ZAHL DER FRANCHISE-NEHMER

USA · Kanada · Japan · Deutschland · Großbritannien · Frankreich · Italien · Niederlande · Spanien · Schweden · Ungarn · Portugal · Österreich · Südafrika

FRANCHISING WELTWEIT
Wie dieses Diagramm zeigt, gibt es in den USA die weitaus meisten Franchise-Nehmer, darunter viele, die zu Fastfood-Ketten gehören.

Konzepte, aber auch einige »schwarze Schafe« auf dem Markt. Der erstbeste Franchise-Geber muss bei weitem nicht der für Sie günstigste sein.

WERDEN SIE FRANCHISE-GEBER

Durch Franchising kann Ihr Unternehmen mithilfe des Kapitals anderer auch expandieren. Jeder neue Franchise-Nehmer muss sich durch eine Beteiligung an den laufenden Kosten in das Netzwerk einkaufen und eine nach dem Umsatz berechnete Gebühr zahlen. So erhält jeder Franchise-Geber Zugang zu neuem, risikofreiem Kapital für die Geschäftserweiterung. Fast alle Fastfood-Ketten, wie McDonald's und Burger King, sind Franchise-Unternehmen. Das System existiert aber auch in anderen Branchen, etwa bei Autovermietungen, Büro- und Geschäftsdienstleistungen, Bekleidung, Gesundheitsvorsorge und Reinigungsfirmen.

Franchise-Geber sollten ihre Lizenznehmer nicht als schnellen Weg ansehen, mit einer Geschäftsidee zu expandieren. Es bedarf vielmehr einer geduldigen und talentierten Geschäftsführung sowie einiger Erfahrung, um Franchise-Nehmer davon zu überzeugen, sich an dem System zu beteiligen. Sie sollten mindestens ein Jahr lang mehrere Pilot-Filialen unterhalten, um die Tauglichkeit Ihres Konzepts zu beweisen und Fehlerquellen ausfindig zu machen. Des Weiteren benötigen Sie ein sorgfältig erstelltes Handbuch für Lizenznehmer und einen Rechnungsprüfer. Sie sollten sich auch mit der Franchise-Abteilung Ihrer Bank in Verbindung setzen, um dort Unterstützung zu erhalten.

Auf dem deutschen Markt gibt es derzeit über 600 Franchise-Systeme. Etwa 75 Prozent aller Franchise-Anbieter hierzulande sind Mitglieder im Deutschen Franchise-Verband. Dieser arbeitet mit eigenen Aufnahmrichtlinien und versucht so, seriöse von weniger seriösen Anbietern zu trennen. Denn Vorsicht: Manche Franchise-Geber liefern ihren Franchise-Partnern nicht mehr als die unbedingt notwendige Ware.

FINANZIERUNGS-MÖGLICHKEITEN

Die verschiedenen Finanzierungsmöglichkeiten sind an unterschiedliche Bedingungen geknüpft. Einige Investoren verlangen eine Geschäftsbeteiligung, andere zögern lange, bis sie Geld bereitstellen. Manche Kredite sind teuer oder erfordern umfangreiche persönliche Haftung. Die günstigsten Darlehen in Deutschland bietet die staatliche Wirtschaftsförderung für den Mittelstand (ERP-Programme).

Wenn Sie Ihre Projekte aus eigener Tasche finanzieren können, hat das einige Vorteile. Nur so kommt der Geschäftserfolg ausschließlich Ihnen zugute. Sobald Sie fremde Geldquellen ins Spiel bringen, werden Sie einen Teil Ihres Ertrags abführen müssen, sei es in Form von Zinsen, Gewinnanteile oder Dividenden. Durch Vertragsklauseln und Kreditlimits kann Ihr unternehmerischer Spielraum zudem eingeschränkt werden. So können externe Geldquellen nicht nur Ihren Gewinn schmälern, sondern eventuell sogar die Ertragsmöglichkeiten beeinträchtigen.

Die meisten Unternehmen sind jedoch auf Fremdkapital angewiesen, um ihre Möglichkeiten voll zu entfalten – wenn nicht bei der Gründung, so doch spätestens bei einer Erweiterung.

Seien Sie darauf vorbereitet, eigenes Vermögen in Ihr Geschäft zu investieren.

Die meisten kleinen Firmen beschränken ihre Finanzstrategie auf lang- und kurzfristige Bankkredite, in der Annahme, andere Methoden wären zu komplex oder zu riskant.

Tatsächlich ist in vielerlei Hinsicht genau das Gegenteil richtig. Abgesehen von Banken übernehmen fast alle Geldgeber einen Teil des Risikos.

Der Vorteil eines Bankkredits liegt im Tempo, mit dem das Geld zur Verfügung gestellt wird. Da gerade Kleinunternehmer häufig sehr flexibel auf Veränderungen reagieren müssen, tritt der Bedarf an externen Mitteln – etwa wegen einer Geschäftserweiterung oder einer Marketing-Offensive – meist sehr spontan auf. Wer ad hoc Geld braucht, dem scheinen Bankkredite meist verlockend. Ohne vorausschauende Business-Planung kann man schnell gezwungen sein teure Bankkredite aufzunehmen, deren Kosten einen später schmerzen.

Welche Möglichkeiten gibt es?

Kleinen Betrieben stehen viele Wege der Finanzierung offen, doch nicht alle sind gleichermaßen gut geeignet. Jede Finanzierung bringt jeweils unterschiedliche Verpflichtungen und Verantwortlichkeiten mit sich. Diese Unterschiede sollten Sie gut kennen, bevor Sie eine Entscheidung treffen.

Kreditgeber und Investoren

An einem Ende des Finanzierungsspektrums liegen private Investoren bzw. Risikokapitalgeber. Sie teilen die Risiken mit dem Gründer und erwarten einen ebenbürtigen Anteil, sobald das Unternehmen erfolgreich arbeitet.

ERWARTUNGEN VON KREDITGEBERN UND INVESTOREN

KREDITGGEBER – RISIKOSCHEU	INVESTOREN – RISIKOFREUDIG
Kredit wird verzinst.	Keine Zinsen, solange kein ausreichender Gewinn erwirtschaftet wird
Kapital muss bei Vertragsende getilgt sein, bei Problemen eventuell früher.	Kapital wird bei Wachstum durch neue Anteilseigner eingebracht.
Vermögenswerte oder persönliche Haftung als Sicherheit	Vertrauen in Menschen und Ideen genügt als Sicherheit.

RISIKOABSCHÄTZUNG
Kreditgeber wie Banken erwarten Sicherheiten, um kein Risiko einzugehen. Im Gegensatz dazu halten Investoren wie Risikokapitalgeber oder Privatinvestoren nach innovativen und daher eher riskanten Vorhaben Ausschau, deren Gewinne langfristig zu wachsen versprechen.

Dividenden kümmern sie wenig – kleine Firmen werfen meist sowieso keine ab –, stattdessen sind sie an einer Wertsteigerung ihrer Investition interessiert. Anstatt vom Firmeninhaber lassen sie sich diese Wertsteigerung von nachfolgenden Investoren auszahlen, die am nächsten Wachstumszyklus des Unternehmens teilhaben wollen. Solche Investoren achten nicht so sehr auf Sicherheiten in Form von Vermögenswerten, sondern auf die Vision des Unternehmers und die Fähigkeit des Managements, diese erfolgreich umzusetzen.

Am anderen Ende des Spektrums stehen die Banken. Sie sind darauf bedacht, kein Risiko einzugehen, sondern erwarten einen Gewinn, ungeachtet des Erfolgs eines Unternehmens. Sie berechnen Zinsen für ihre Kredite, und zwar vom ersten Tag an. Banken bauen zwar auch auf die Kompetenz der Unternehmensführung, sichern ihr Risiko aber durch Sicherheiten aus dem Vermögen des Inhabers (oder der Inhaber) ab, etwa in Form von persönlichen Bürgschaften. Sie verlangen zusätzlich zu den Zinsen für die Tilgung des Kredits Gebühren. Die Zinsen werden nach einem strengen Tilgungsplan fällig. Bekommt die Bank Bedenken, die die künftige Rückzahlung des Kredits betreffen, kann sie den gesamten Kredit vorzeitig zurückverlangen. Bankkredite sind also eher eine Möglichkeit, gebundenes Vermögen wie etwa Immobilien in flüssiges Kapital umzuwandeln – allerdings zu einem hohen Preis.

DER GROSSE UNTERSCHIED

Bevor Sie sich für eine Finanzierung entscheiden, sollten Sie folgenden Unterschied kennen: Kreditgebern gegenüber haben Sie Verbindlichkeiten, Investoren stellen Ihnen Eigen- oder Anteilkapital zur Verfügung. Dies gehört zum Basiswissen des Finanzmanagements. Zwischen diesen Faktoren – Banken und Anteilseigner – liegen unzählige Mischformen der Finanzierung, die jeweils mehr einem Kredit oder mehr einer Investition zuzurechnen sind.

Ein Unternehmen muss seine Finanzen ständig überprüfen, um je nach geplantem Risiko und der Entwicklung der wirtschaftlichen Situation die passende Strategie wählen zu können. Je riskanter das Unternehmen scheint, desto mehr sollte man auf Risikokapital setzen. Ist der Markt stabil und sind die Zinsen niedrig, sind hohe Kredite sowohl für den Schuldner als auch für den Gläubiger eher zu akzeptieren.

Alles über Bankkredite

Neun von zehn Gründern finanzieren ihr Unternehmen hauptsächlich über Bankkredite. Banken lassen sich ihre Kredit durch Vermögenswerte absichern, um die Wahrscheinlichkeit, das Geld wiederzubekommen, zu erhöhen. Sie sind nicht bereit finanzielle Risiken aufzunehmen. Keine Bank wird es riskieren,

FRAGEN AN IHRE BANK

1 Wie schnell können Sie über einen Kredit entscheiden?

2 Besuchen Sie Ihre Kunden, um deren Unternehmen kennen zu lernen?

3 Wie hoch ist der Zinssatz?

4 Wie wird dieser Zinssatz errechnet?

5 Gibt es noch weitere Belastungen?

6 Unter welchen Umständen verlangen Sie persönliche Bürgschaften?

7 Welche Unterstützung und Beratung können Sie mir anbieten?

8 Warum sollte ich Ihre Dienstleistungen jenen einer anderen Bank vorziehen?

9 Wie lange wird mir mein Kundenbetreuer zur Verfügung stehen, bevor er befördert wird?

10 Unter welchen Umständen würden Sie eine frühzeitige Rückzahlung des Kredits verlangen?

Ihrem Unternehmen Geld zu leihen, wenn Sie nicht selbst bereit sind Eigenkapital einzubringen. Der Zinssatz wird sowohl die allgemeine Wirtschaftslage, als auch die Einschätzung des Risikos Ihres Kreditantrags reflektieren.

Ein Banker wird bei der Analyse Ihres Kreditantrags die folgenden fünf Punkte betrachten:

1 CHARAKTER Banken verleihen ihr Geld nur an ehrlich wirkende Personen mit positiver Bonität. Bevor Sie einen Kredit beantragen, sollten Sie potenzielle Probleme bereinigen. Die Bank wird sich mit Sicherheit eine Schufa-Auskunft über Sie einholen.

2 SOLVENZ Hierbei wird das Vermögen des Kreditnehmers eingeschätzt, den Kredit zurückzuzahlen. Bei einem Firmengründer wird dazu der Business-Plan herangezogen,

bei einem bereits bestehenden Unternehmen werden etwa Bilanzen berücksichtigt.

3 PFAND Banken belasten grundsätzlich einen Sachwert aus dem Vermögen des Kreditnehmers, der im Notfall verkauft werden kann, um den Kredit zu tilgen.

4 REINVERMÖGEN Die Nettoleistung des Kreditnehmers wird überprüft, also der Betrag, um den das Vermögen die Verbindlichkeiten übersteigt.

5 UMSTÄNDE Die Entscheidung über einen Kredit wird auch von der allgemeinen Wirtschaftslage und seiner Höhe beeinflusst.

Über all diese Dinge werden Sie sprechen müssen, wenn Sie einen Kredit beantragen.

KRITERIEN DER BANKEN

Es folgt eine Zusammenfassung der Kriterien, nach welchen Banken über die Kreditvergabe entscheiden. Sie sind verhandelbar. Je besser Sie vorbereitet sind, desto besser werden die Kreditkonditionen am Ende für Sie aussehen.

HÖHE DES KREDITS

Wie viel Geld Ihnen Ihre Bank geben wird, hängt von mehreren Faktoren ab. Zuerst wird sie sich dafür interessieren, wie viel Geld Sie und andere Anteilseigner in das Unternehmen einbringen. Idealerweise entspricht dieser Betrag in etwa der Höhe des beantragten Kredits. Wenn der Kreditanteil am Startkapital zu groß wird, gehört das Unternehmen am Ende der Bank. Unter diesen Umständen entsteht bei der Bank der Eindruck, der Gründer wäre nicht motiviert sein Bestes zu geben und ist vielleicht sogar nur halbherzig bei der Sache.

Die Bank wird auch überprüfen, auf welchem Niveau sich der Gewinn, beziehungsweise der im Geschäftsplan vorausgesagte Gewinn, bewegt. Nicht etwa, weil sie daran teilhaben wollte, sondern um sicherzustellen, dass das Unternehmen die Kosten für die Zinsen aufbringen kann. Kreditgeber, wie etwa Banken, sind weniger an schnellem Wachstum und dem damit verbundenen Kapitalertrag interessiert, als an einem stetigen Einkommen von Beginn an.

SICHERHEITEN

Als Bürgschaft können Sie Ihr Haus oder andere Vermögenswerte anbieten. Sie sollten sich jedoch genau überlegen, ob Sie tatsächlich die eignen vier Wände riskieren wollen.

SICHERHEITEN

Jede Bank verlangt nach Sicherheiten, um einen Kredit zu decken. Die Jahresabschlüsse und Bilanzen einer Firma helfen ihr dabei, unbelastete Vermögenswerte im Unternehmen zu finden. Dabei ist unbelasteter Grundbesitz am beliebtesten, aber auch Schuldner (die sicher zahlen werden), Aktien oder unfertige Erzeugnisse (die gut verkauft werden können) sind gern gesehen. Immaterielle Vermögenswerte wie Patente, Urheberrechte und anderes geistiges Eigentum mögen zwar zum wertvollsten Besitz eines Unternehmens zählen, werden meist aber nicht als Sicherheit akzeptiert, da sie sich für die Banken nur sehr schwer zu Geld machen lassen.

FALLSTUDIE: Immaterielle Vermögenswerte

DER VERLAG VON Richard Schneider, Schneider Medien, gibt eine Reihe regionaler Wirtschaftsmagazine heraus. Herr Schneider gründete das Unternehmen vor 15 Jahren nach einer erfolgreichen Karriere als Herausgeber einer überregionalen Tageszeitung. Er begann mit einem regionalen Schwarzweißmagazin und baute die Produktion auf zwölf Magazine im Vierfarbdruck aus, die alle maßgeblichen Wirtschaftsregionen des Lands abdecken. Jedes neue Magazin benötigte vier Jahre Anlaufzeit, um Gewinn abzuwerfen, und erforderte Investitionen in Höhe von 500 000 Euro. Einmal am Markt etabliert stehen einem Magazin wenigstens sieben Gewinn bringende Jahre bevor.

Herr Schneider vereinbarte mit seinen Rechnungsprüfern die Investitionen in neue Magazine als immaterielle Vermögenswerte zu führen. Wenn das Verlagsgebäude und die Maschinen als Kapitalanlage behandelt werden, warum sollte dies mit den ebenso beträchtlichen Investitionen in die Produkte selbst nicht auch möglich sein?

Als Herr Schneider vier Neuerscheinungen in einem Jahr plante, bot er seiner Bank über vier Millionen Euro Betriebsvermögen als Sicherheit für einen Kredit. Die Bank lehnte die immateriellen Vermögenswerte in Höhe von 3,5 Millionen Euro als Sicherheit ab und akzeptierte lediglich eine Teilhypothek in Höhe von 500 000 Euro. Das restliche Geld wurde schließlich von einem Risikokapitalgeber zur Verfügung gestellt.

Wenn das Unternehmen nach Ansicht der Bank keine ausreichenden Sicherheiten zu bieten hat, wird sie nach persönlichen Bürgschaften fragen. Die ersten Kandidaten sind immer der oder die Inhaber und deren Familien oder andere Unternehmensangehörige. Bei ihnen wird die Bank versuchen geldwertes Vermögen zu belasten, etwa pivaten Besitz oder Aktien.

Der wesentliche Nachteil einer persönlichen Bürgschaft besteht im Falle einer GmbH darin, dass das Prinzip der beschränkten Haftung dadurch aufgehoben wird. Ein weiterer Nachteil ist, dass Sie eine persönliche Bürgschaft nur schwer wieder zurücknehmen können. Banken sind bestrebt an persönlichen Bürgschaften festzuhalten, auch wenn das Geschäftsvermögen ausreichend gewachsen ist, um jede denkbare Verbindlichkeit zu decken. Man kann den Standpunkt der Bank zwar verstehen – die Bürgschaft garantiert die Deckung –, der Geschäftsinhaber und seine Familie sehen sich dabei allerdings lebenslang von einem Damoklesschwert bedroht.

KREDITNEBENKOSTEN

Banken verlangen für einen Kredit in der Regel mindestens zweimal Gebühren. Zuerst müssen Sie eine Grundgebühr bezahlen, damit das Arrangement überhaupt in Kraft tritt. Oft versucht eine Bank sie dazu zu verpflichten, diese Gebühr jedes Jahr zu zahlen, auch wenn an dem Kreditvertrag nichts geändert wurde. Hier sollten Sie widersprechen. Zum Zweiten wird eine Zinsgebühr erhoben. Hierbei sind zwei bis fünf Prozent vom Zinssatz normal – je höher das Risiko Ihres Unternehmens, desto höher wird jedoch auch diese Prozentzahl sein.

Daher sollten Sie bei Ihrem Kreditantrag versuchen Ihr Vorhaben wenig riskant erscheinen zu lassen, um bei den Verhandlungen einen möglichst günstigen Zinssatz herauszuholen. Dabei kann Ihnen ein guter Business-Plan nur

Wer der Bank eine persönliche Bürgschaft gibt, bekommt sie nur schwer zurück.

von Nutzen sein, ebenso wie jeder Nachweis darüber, wie Sie Ihren finanziellen Verpflichtungen bisher nachgekommen sind. Erwarten Sie nicht, dass Ihre Bank sich erinnert, wie souverän Sie mit der Rückzahlung anderer Verbindlichkeiten umgegangen sind, etwa einer Hypothek. Sie müssen darauf hinweisen.

Verschiedene Bankkredite

Es gibt die unterschiedlichsten Arten von Krediten, und der eine kann sich für Ihr Vorhaben besser eignen als der andere. Vergegenwärtigen Sie sich, wie viel Geld Sie tatsächlich brauchen und wollen, bevor Sie mit Ihrem Kundenbetreuer sprechen.

ÜBERZIEHUNGSKREDIT

Der kurzfristigste Kredit ist der Überziehungs- oder Kontokorrentkredit, der durch eine Belastung des Firmenvermögens gesichert wird. Er wurde ursprünglich eingeführt, um die Zeit zwischen der Bestellung des Rohmaterials und dem Verkauf der fertigen Ware zu überbrücken.

Wenn Sie als Subunternehmer eine Reinigungsfirma gründen, brauchen Sie Geld, um die Maschinen kaufen zu können. Angenommen Sie können diese Summe in drei Monaten erwirtschaften, dann wäre ein Kredit mit fünfjähriger Laufzeit sinnlos. Nach einem Jahr hätten Sie ausreichend Kapital, müssten aber eine Gebühr für die frühzeitige Tilgung des Kredits zahlen. Hier ist ein Überziehungskredit besser geeignet.

Wenn aber Ihr Konto während eines Jahrs nicht mehr aus den roten Zahlen herauskommt, sollten Sie einen Kredit mit fester Laufzeit in Betracht ziehen. Nur zu oft nutzen Firmen ihren Überziehungskredit zur Beschaffung länger genutzter Sachanlagen. Dieses Minus lässt sich dann nur sehr selten wieder ausgleichen und schränkt den Profit und das Wachstum Ihres Unternehmens ein.

FALLSTUDIE: Überziehungskredite sind riskant

DIE DRUCKEREI von Hans Meier erlebte eine Phase finanzieller Schwierigkeiten. Nach 20 Geschäftsjahren veränderten sich die Branchenbedingungen plötzlich sehr schnell. Neue Technologien spielten eine Schlüsselrolle, und Herr Meier investierte aus dem Cash-Flow 400 000 Euro in die neueste Hard- und Software. Das Problem war nun, dass sich diese Anschaffungen langsamer als erwartet bezahlt machten. Er hatte zwar mit massiven Schwierigkeiten gerechnet, der Verlust des Netzwerktechnikers wenige Wochen nach Ankunft der neuen Ausrüstung stellte allerdings einen herben Rückschlag dar. Zu allem Überfluss trat das Unternehmen jetzt auch noch in seine alljährliche umsatzschwache Phase ein.

Als der Überziehungskredit von 550 000 Euro ausgeschöpft war, begann Herr Meier seine Lieferanten hinzuhalten, bis seine Kunden gezahlt hatten. Diese Praxis wurde unhaltbar, als wichtiges Arbeitsmaterial knapp wurde. Es musste daher eine schnelle Lösung gefunden werden.

Die Firmenleitung erarbeitete einen Plan, um die Betriebskosten ad hoc zu senken. Er sah zwar Entlassungen vor und würde kurzfristig mehr Geld erfordern, als zur Zeit benötigt wurde, war aber der einzig gangbare Weg, um die Druckerei über diesen Tiefpunkt zu retten und das Konto wieder auszugleichen.

Herr Meier arrangierte ein Gespräch mit seinem Bankmanager. Das Treffen verlief nicht besonders positiv, da die Bank selbst gerade von einem Übernahmeversuch betroffen und nicht in der Lage war, den Überziehungskredit zu erhöhen.

Damit hatte das Unternehmen drei harte Monate vor sich, bis der saisonale Aufschwung kommen würde. Worauf man nicht vorbereitet war, war die neue Strategie der Bank. Jedes Mal, wenn ein Kunde zahlte, kürzte die Bank den Überziehungskredit um diesen Betrag. Binnen weniger Tage wurde er um 50 000 Euro, dann um 100 000 Euro und schließlich um weitere 60 000 Euro gekappt. Innerhalb von zehn Tagen hatte die Bank das Limit von 500 000 Euro auf nur 150 000 Euro gedrückt. Dieser verbleibende Betrag war durch persönliche Bürgschaften gedeckt. So hatte die Bank auf Kosten der Druckerei effektiv ihr Risiko so gut wie ausgeschaltet.

Herr Meier musste die Druckerei schließlich an die Konkurrenz verkaufen. Es war ein Handel zu miserablen Konditionen, der den Firmenanteil von Herrn Meier von einigen Millionen Euro auf nur noch 50 000 Euro reduziert hat.

DIE MASCHINEN STEHEN STILL

Da die Bank den Überziehungskredit in einer schwierigen Phase des Unternehmens kürzte, musste Herr Meier den Betrieb zu schlechten Konditionen verkaufen.

Das Reizvolle am Überziehungskredit ist die Einfachheit und die Schnelligkeit, mit der er sich arrangieren lässt. Da liegt allerdings auch seine größte Schwäche: Die entscheidende Formulierung in den Vertragsbedingungen von Kontokorrentkrediten lautet »auf Verlangen rückzahlbar«, wodurch die Bank die Spielregeln ohne Rücksicht auf Ihre finanzielle Situation festlegen und

jederzeit ändern kann. Bei anderen Kreditformen gehört das geliehene Geld Ihnen, solange Sie sich an die Vertragsbedingungen halten.

TILGUNGSKREDITE

Wenn Sie einen Produktionsbetrieb gründen, brauchen Sie Werkzeuge und Maschinen, die etwa fünf Jahre halten sollen, und Bürobedarf.

Sie müssen eventuell Kautionen zahlen, ein Fahrzeug kaufen und Mittel investieren, um einen Langzeitauftrag zu erhalten. Da die Gewinne daraus über mehrere Jahre hinweg eintreten werden, muss alles auch über diesen Zeitraum hinweg finanziert werden, entweder über einen Bankkredit oder über den Verkauf von Anteilen – in jedem Fall durch eine langfristige Verpflichtung.

Tilgungskredite, wie langfristige Kredite auch heißen, werden von Banken über mehrere Jahre hinweg gewährt. Der Zinssatz kann sich entweder dem Leitzins anpassen oder mehrere Jahre im Voraus festgesetzt werden. In bestimmten Fällen ist es nützlich, in gewissen Abständen zwischen dynamischen und festen Zinsen zu wechseln. Manchmal ist es sogar möglich, die Zinszahlungen für eine kurze Zeit auszusetzen, um dem Unternehmen eine Atempause zu gönnen. Sofern Sie die Konditionen hinsichtlich der Rückzahlung, der Zinsen und der Sicherheiten einhalten, steht Ihnen das Geld über die gesamte Laufzeit des Kredits zur Verfügung. Anders als beim Überziehungskredit kann Ihnen die Bank bei einem Tilgungskredit nicht plötzlich den Boden unter den Füßen wegziehen, wenn sich die Umstände ändern oder der Filialleiter wechselt.

> Wenn Sie langfristig Geld brauchen, sollten Sie einen Tilgungskredit erwägen.

STAATLICHE FÖRDERUNG

Die Europäische Union, der Bund und die Länder stellen jedes Jahr 200 Milliarden Mark für die Förderprogramme zur Unterstützung von Existenzgründungen sowie kleine und mittlere Unternehmen zur Verfügung. Mithilfe weniger Programme können Gründer und Jungunternehmer ihre Investitionen finanzieren.

Zu den öffentlichen Förderhilfen gehören: ERP-Eigenkapitalhilfe-Programm, ERP-Existenzgründungsprogramm, DtA-Existenzgründungsprogramm, DtA-Startgeld und KfW-Mittelstandsprogramm (siehe S. 65–66).

Sämtliche Förderkredite müssen Sie bei Ihrer Hausbank beantragen. Achten Sie darauf, dass Sie Ihr Investitionsvorhaben auf keinen Fall beginnen dürfen, bevor Sie die öffentlichen Darlehen beantragt haben.

Eine Förderung über öffentliche Finanzierungshilfen setzt voraus, dass Sie eine ausreichende fachliche und kaufmännische Qualifikation nachweisen können, soweit diese für die Ausübung Ihres angestrebten Berufs verlangt wird.

WAS BANKEN SONST NOCH TUN

Banken sind im Allgemeinen seriöse Partner für die Finanzierung über Verbindlichkeiten. Wenn Sie Rohstoffe importieren, können Sie sich hier ein Akkreditiv besorgen. Falls Ihre Lieferanten im Ausland Zahlungen in ihrer Landeswährung bevorzugen, benötigen Sie dafür einen Partner zur Abwicklung von Devisengeschäften. Auch hier kann Ihnen Ihre Bank behilflich sein. Dies gilt ebenso für viele der nachfolgend beschriebenen Finanzierungswege, die auf dem Cash-Flow oder der Sicherung über das Betriebsvermögen basieren, wenn eine Bank hierfür auch oft nicht der einzige bzw. idealste Partner ist.

KREDITGENOSSENSCHAFTEN

Falls Ihnen die Kreditangebote der Großbanken nicht zusagen, könnten Sie sich überlegen Ihre eigene Bank zu gründen. Diese Idee ist nicht so verrückt, wie sie klingt. Seit langer Zeit schon gibt es beiderseits des Atlantiks Kreditgenossenschaften in Besitz von Kleinunternehmern, die entweder schon im Geschäft oder noch in der

DAS SPART GELD

Tilgungskredite sind wegen der garantierten Laufzeit die sichersten Geldmittel, die eine Bank bietet. Eine Cash-Flow-Prognose hilft Ihnen zu bestimmen, wie lange Sie das Geld brauchen werden. So können Sie planen, um nur Zinsen für Geld zu zahlen, das Sie tatsächlich brauchen.

Planungsphase sind. Da sie eine preiswerte und angenehme Alternative zu den Banken darstellen, sind Kreditgenossenschaften besonders für einkommensschwache Gründer attraktiv. Auch Freiberufler, wie etwa Taxifahrer, bilden häufig Kreditgenossenschaften. Auf diese Weise können Sie Gemeinschaftskredite beantragen, um die Kosten für Reparaturen, Wartungen und Aufrüstung zu decken.

Durchschnittlich liegt der jährliche Zinssatz der Kredite von Kreditgenossenschaften um drei Prozent niedriger als der von herkömmlichen Bankkrediten. Um einen Kredit zu erhalten, müssen die Mitglieder einer Kreditgenossenschaft regelmäßig einzahlen, wobei es jedoch keinen Mindestbetrag gibt. »Spendierfreudige« Mitglieder können bereits nach zehn Wochen das Fünffache des eingezahlten Betrags ausleihen, sie müssen allerdings neben der Rückzahlung weiterhin ihren Beitrag einzahlen. Der Zinssatz ist nicht generell festgelegt, es werden jedoch von jedem Überschuss Dividenden ausgeschüttet, üblicherweise zu einem Satz von fünf Prozent jährlich. Auch hier können es Kreditgenossenschaften mit einem verzinsten Sparkonto bei einer Bank aufnehmen.

Geld von Verwandten und Freunden

Vielleicht können Ihnen Freunde, Bekannte oder Verwandte Geld leihen oder in Ihr Unternehmen investieren. Dabei umgehen Sie das Problem, bei Fremden als Bittsteller auftreten zu müssen, und viele bürokratische Hürden. Die Hilfe von Freunden, Verwandten und Geschäftspartnern ist besonders wertvoll, wenn Sie nach einem Konkurs oder anderen Kreditproblemen Schwierigkeiten mit Banken haben.

Viele spezialisierte Betriebe wie Biolandwirte oder Fachbuchhandlungen haben eine loyale Kundschaft, der das Geschäft ebenso am Herzen liegt wie dem Inhaber. Hier ist die Entscheidung, Geld zu verleihen, eher von Idealismus denn von Gewinnstreben geleitet. Solche Beteiligungen bergen eine ganze Reihe zusätzlicher Vorteile, Kosten und Risiken, die es bei den anderen Finanzierungsformen meist nicht gibt. Bevor Sie ein derartiges Darlehen annehmen, müssen Sie sich überlegen, ob Sie diese Umstände akzeptieren können.

Zu den Vorteilen eines Darlehens von Leuten, die Sie gut kennen, gehören der wahrscheinlich niedrigere Zinssatz, die Möglichkeit, die Rückzahlung aufzuschieben, bis der Betrieb wirklich gut läuft, und eine größere Flexibilität bei Engpässen. Sobald die Kreditbedingungen jedoch unterzeichnet sind, unterliegen Sie denselben

---

WER SICH GELD VON FREUNDEN LEIHT, SOLLTE FOLGENDES BEACHTEN:

✓ Legen Sie die Bedingungen fest.

✓ Setzen Sie einen schriftlichen Vertrag auf; handelt es sich um eine KG, eine Anteilsübertragung oder eine Bürgschaft, sollten Sie einen Notar hinzuziehen.

✓ Erklären Sie den Beteiligten die Risiken und die möglichen finanziellen Folgen genau.

✓ Kümmern Sie sich um einen Ausgleich für Ihre Geschwister, falls Sie sich Geld von Ihren Eltern leihen, möglicherweise über ein Testament.

✓ Vergewissern Sie sich, ob Sie tatsächlich Ihre Familie beteiligen wollen, bevor Sie sich Geld von ihr leihen. Ein Familienunternehmen ist nicht dasselbe wie Ihr eigenes Unternehmen.

✗ Leihen Sie sich kein Geld von Personen mit kleinem, festem Einkommen oder solchen, die sich einen Verlust nicht leisten können.

✗ Reden Sie den möglichen Ertrag nicht schöner, als Sie dies bei einer Bank tun würden.

✗ Bieten Sie niemandem, der Ihnen Geld leiht, eine Stelle in Ihrer Firma an, es sei denn, er ist der Beste für den Job.

✗ Ändern Sie Ihr Verhalten gegenüber Ihrer Familie oder Ihren Freunden nicht, nachdem Sie das Geld erhalten haben.

rechtlichen Verpflichtungen wie gegenüber einer Bank oder jeder anderen Institution.

Außerdem beinhalten Darlehen von Freunden oder Verwandten Risiken ganz eigener Art. Wenn Ihr Geschäft nicht gut läuft und Sie das geliehene Geld verlieren, könnten wichtige persönliche Beziehungen in Gefahr geraten. Mit Ihnen nahe stehenden Menschen müssen Sie die Konditionen also besonders sorgfältig durchsprechen und schriftlich fixieren. Auch sollten Sie die Risiken genau erläutern und sich niemals Geld von Menschen leihen, die sich einen finanziellen Verlust nicht leisten können. Kurz: Leihen Sie sich nur dann Geld von Freunden oder Verwandten, wenn diese nicht darunter leiden müssen, falls Sie Ihren finanziellen Ver-

pflichtungen nicht nachkommen können. Nach einem geschäftlichen Misserfolg könnten Sie sonst auch noch persönliche Verluste erleiden.

Cash-Flow-Finanzierung durch Factoring

Einige Kunden lassen sich zur Zahlung gerne sehr viel Zeit. Sie selbst müssen aber Ihre Mitarbeiter und Lieferanten pünktlich bezahlen. Je größer Ihr Unternehmen wird, desto mehr Geldmittel benötigen Sie. Eine Lösung hierfür besteht darin, die Forderungen an Ihre Kunden an eine Bank oder eine ähnliche Institution zu »verkaufen«. So bekommen Sie Ihre Kosten schnell wieder herein, beschleunigen den Cash-Flow und haben mehr Mittel zur Verfügung.

WIE FUNKTIONIERT FACTORING?

Factoring steht generell nur Unternehmen zur Verfügung, die Rechnungen an andere Unternehmen im Heimatland oder im Ausland stellen. Es wird auch von jungen Unternehmen in der Gründungsphase genutzt, obwohl es vor allem für Betriebe sinnvoll ist, die sich am Beginn einer Expansionsphase befinden. Durch das Factoring können sie bis zu 80 Prozent der Außenstände weit vor dem Termin erhalten, zu dem die Kunden normalerweise zahlen würden.

FALLSTUDIE: Wachstumsfinanzierung durch Factoring

M. UND A. PETERSEN gründeten ein Unternehmen für Luxuswäsche, das in den ersten drei Jahren einen Umsatz von einer Million Euro machte. Der Business-Plan prognostiziert einen Umsatz in Höhe von zehn Millionen Euro nach weiteren zwei Jahren. Grund war der prosperierende Absatzmarkt in Europa und den USA.

Das Firmenwachstum wurde über den Verkauf der Außenstände finanziert. Dieses so genannte Factoring birgt nicht die Gefahren von Risikoka-

pital, ebenso wenig erfordert es das besondere Verhandlungsgeschick, das für Bankkredite nötig ist. Mittlerweile ist dieses Verfahren, bei dem die Bank Geld gegen Forderungen eines Unternehmens verleiht, zum bevorzugten Finanzierungsmodell der Firma Petersen geworden.

Früher dachten die Petersens, Factoring wäre nur etwas für Firmen, die in Zahlungsschwierigkeiten stecken. Die Erfahrung zeigte ihnen aber, dass dieses Finanzierungsmodell genau richtig für sie war. Ohne dafür Verbindlichkeiten einzugehen, verfügt das Unternehmen nun über ausreichendes Kapital für die Produktentwicklung.

Der Factoring-Agent kauft Ihre Außenstände und bietet den Schuldnern einen Verrechnungs- und Bearbeitungsservice. Er übernimmt also die Rechnungsstellung und das Mahnwesen. Gerade diese Dienstleistung kann sich für kleine, expandierende Unternehmen als hilfreich erweisen. So hat die Unternehmensleitung den Rücken frei und kann sich auf professionelle Kreditregulierung und verbesserten Cash-Flow verlassen.

Natürlich müssen Sie für diese Dienstleistung auch etwas bezahlen. Der Vorteil, das Geld zu haben, bevor der Kunde zahlt, kostet Sie etwas mehr als die üblichen Überziehungszinsen. Sie werden zwischen 0,5 und 3,5 Prozent des Umsatzes abgeben müssen, je nach Aufwand, Anzahl der Schuldner, durchschnittlichem Rechnungsbetrag usw. Sie können bis zu 80 Prozent des Rechnungsbetrags sofort erhalten, der Rest wird Ihnen nach Abzug der genannten Gebühren ausbezahlt, wenn der Kunde die Rechnung schließlich beglichen hat.

Factoring eignet sich nicht für Unternehmen, die sich mit ihren Produkten direkt an Endabnehmer richten, komplexes und teures Sachkapital verkaufen oder stückweise Zahlungen bei Langzeitprojekten erwarten. Wenn Ihr Unternehmen allerdings schneller wächst, als andere Finanzierungsmöglichkeiten dies zulassen, kann dieses Instrument Ihnen helfen Ihre Geschäfte zu stabilisieren.

DAS SPART ZEIT

Cash-Flow-Finanzierung über einen Agenten gibt es nur im Business-to-Business-Handel. Der Handel darf keinen Interpretationsspielraum lassen, und Ihre Kunden müssen kreditwürdig sein. Entfernen Sie Anmerkungen, die daran zweifeln lassen könnten, aus Ihren Unterlagen, bevor Sie mit einem Agenten verhandeln.

Finanzierung über Leasing

Vermögenswerte wie Autos, Lieferwagen, Computer, Büroausstattung usw. können gewöhnlich durch Leasing finanziert werden; ein Haus oder Büroräume können angemietet weden, und auch Mietkauf ist eine Alternative. All diesen Methoden ist gemein, dass sie kein unnötiges Kapital binden.

Leasing ermöglicht es Ihnen, Fahrzeuge, Betriebsanlagen und Maschinen zu nutzen, ohne deren Anschaffung übernehmen zu müssen. Für Anlagegüter, die Sie nur temporär nutzen – wie etwa Autos, Kopiergeräte, Automaten oder Küchenausrüstung –, gibt es das Nutzungs-Leasing. Hier übernimmt der Vermieter das Risiko, dass

SETZEN SIE IHR KAPITAL KLUG EIN
Der Kauf eines Autos bindet Kapital, das woanders eventuell sinnvoller eingesetzt wäre. Erwägen Sie Leasing oder Mietkauf, um Ihr Geld wirklich effizient zu nutzen.

das Mietgut veraltet, und kümmert sich um Reparaturen, Wartung und Versicherung. Da dieser Service bezahlt werden muss, ist Nutzungs-Leasing teurer als Finanzierungs-Leasing, bei dem das Mietgut fast über die gesamte Lebensdauer geleast wird und man für Unterhalt und Versicherung sorgen muss. Der Leasingvertrag kann meist zu moderaten Preisen verlängert werden.

Der Vorteil des Leasing besteht darin, dass keine Einlagen verlangt werden, wodurch mehr Kapital für andere Zwecke freibleibt. Auch die Planung wird leichter, da Ihnen die Kosten von Anfang an bekannt sind. Manchmal bietet Leasing gegenüber anderen Finanzierungsformen auch steuerliche Vorteile. Dennoch gibt es auch hier einige Stolpersteine, die nur im klein Gedruckten zu entdecken sind. Sie sollten sich

also professionell beraten lassen, bevor Sie einen Leasingvertrag unterzeichnen.

Im Gegensatz zum Leasing haben Sie beim Mietkauf die Möglichkeit, das Mietgut nach Zahlung einiger Raten zu erwerben.

Himmlische Helfer: Business Angels

Private Investoren, die ein Unternehmen nicht nur mit Kapital, sondern auch mit ihren Erfahrungen unterstützen, sind ideale Partner. In den USA und Großbritannien nennt man diese Privatpersonen Business Angels. Sie engagieren sich nicht nur, um sich am finanziellen Erfolg eines viel versprechenden Unterneh-

---

FALLSTUDIE: Wie man Business Angels findet

WWW.BUSINESS-ANGELS.DE ist die Internet-Adresse des Business Angels Netzwerk Deutschland e.V. (BAND). Dieses Netzwerk hat das Ziel, auch in Deutschland eine Kultur privater Gründerunterstützung zu fördern.

Unter Business Angels versteht man Investoren, die sich bei jungen Unternehmensgründungen, vornehmlich im Bereich Neuer Technologien, engagieren. Über das BAND oder den Förderkreis Neue Technologie (FNT) können sich Start-ups um die Vermittlung an Business Angels bewerben (Adressen siehe S. 183).

Die Investoren, die der FNT vermittelt, müssen wirtschaftlich unabhängig sein, sodass sie auch einen kompletten Verlust ihres finanziellen Engagements ohne große Folgen verkraften. Außerdem haben sie sich zu einer fairen Unternehmensbewertung verpflichtet. Das Engagement eines Business Angel bei einzelnen Beteiligungsunternehmen ist auf 25 000 bis 150 000 Euro limitiert und die im Gegenzug dafür erhaltene Unternehmensbeteiligung auf zwei bis maximal zehn Prozent.

Das Gründerteam sollte aus mindestens zwei Mitgliedern bestehen, die sich durch ihre Qualifikation ergänzen (z. B. Wissenschaftler und Kaufmann) und einen schriftlich ausformulierten Business-Plan vorlegen. Die Geschäftsidee sollte

aus dem Hightechbereich (Informations-, Kommunikationstechnologie oder Life-Science- und Health-Care-Branche) stammen.

Investment aus dem Internet

Das Internet bietet die Möglichkeit, direkt mit Business Angels in Kontakt zu treten. Dadurch können die Angels Firmen, die Investoren suchen, ganz genau kennen lernen, bevor sie ihre Entscheidungen treffen.

mens zu beteiligen, sondern auch, weil sie ihre Erfahrungen weitergeben wollen.

In Großbritannien und den USA existieren hunderte dieser Angel-Netzwerke mit zehntausenden Business Angels, die zusammen jährlich mehrere Milliarden Euro in junge Unternehmen investieren. Das Business Angels Netzwerk Deutschland (BAND) hat sich zum Ziel gesetzt, auch in Deutschland eine Kultur privater Gründerunterstützung zu fördern (siehe S. 60).

Business Angels investieren meist in der Gründungsphase eines Unternehmens auf regionaler Ebene. Für junge Unternehmer und Gründer mit Wachstumspotenzial können sie die richtigen Kapitalgeber sein, etwa wenn für Banken das Risiko zu groß und für Beteiligungsgesellschaften der Kapitalbedarf zu gering ist.

Risikokapital (Venture Capital)

Wenn die Hausbank die Bitte um einen Kredit ablehnt, dann können Beteiligungsgesellschaften oder private Geldgeber einspringen. Sie geben Beteiligungskapital ohne die banküblichen Sicherheiten: eben Risikokapital.

SO FUNKTIONIERT RISIKOKAPITAL

Risikokapital dient zur Finanzierung der Gründung, der Entwicklung, der Erweiterung oder der Übernahme eines Unternehmens. Der Kapitalgeber erwirbt einen Anteil des Stammkapitals und stellt im Gegenzug die benötigten Mittel zur Verfügung. Häufig wird mit anderen Finanziers zusammengearbeitet, um ein ganzes Finanzierungspaket anbieten zu können.

Es gibt in Deutschland über 100 Kapitalbeteiligungsgesellschaften. 80 bis 90 Prozent aller Risikokapitalbeteiligungen werden von den Mitgliedern des Bundesverbands Deutscher Kapitalbeteiligungsgesellschaften BVK (siehe S. 183) übernommen. Kapitalgeber und Beteiligungsgesellschaften sind in der Regel Banken und Industrieunternehmen, aber auch private Finanziers (auch aus dem Ausland).

DAS SOLLTEN SIE ÜBER BUSINESS ANGELS WISSEN

1 40 Prozent aller Angels verlieren ihre Investitionen ganz oder teilweise.

2 50 Prozent verzichten bei einer Investition auf Nachforschungen.

3 55 Prozent verlangen nicht nach Referenzen, im Gegensatz zu sechs Prozent der Risikokapitalgeber.

4 90 Prozent haben in einer kleinen Firma gearbeitet oder ein Geschäft geleitet.

5 Business Angels treffen einen Gründer vor einer Investition durchschnittlich fünfmal, Risikokapitalgeber benötigen dagegen etwa zehn Gespräche.

6 Zehn Prozent aller Investitionen von Business Angels liegen unter 20 000 Euro, 45 Prozent liegen über 100 000 Euro.

7 Die meisten investieren in ihrer näheren Umgebung, meist im Umkreis von 80 km, die Grenze liegt bei 320 km.

8 Business Angels investieren nur ausgesprochen selten im Ausland.

9 Angels arbeiten oft zusammen. Gruppenverträge, bei denen sich zwei oder mehr Angels zusammenschließen, machen über ein Viertel aller Investitionen aus.

10 Business Angels zeigen sich im Vergleich zu Risikokapitalgebern bis zu fünfmal häufiger bereit in Neugründungen zu investieren.

UNTERNEHMENSBEWERTUNG

Ein Risikokapitalgeber führt vor einer Investition eine sorgfältige Überprüfung des Unternehmens durch: die Unternehmensbewertung. Hierbei wird sowohl der Betrieb als auch seine Inhaber gründlich unter die Lupe genommen. Geprüft werden etwa die finanzielle Entwicklung des Unternehmens, die Qualifikation der Direktoren und der Business-Plan. Schließlich müssen die Geschäftsführer beglaubigen, dass sie sämtliche relevanten Informationen zur Ver-

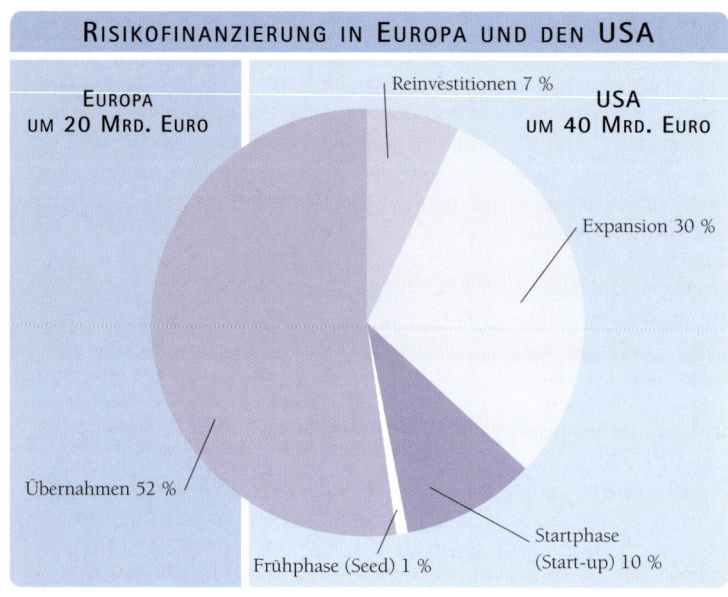

RISIKOFINANZIERUNG IN EUROPA UND DEN USA

**EUROPA
UM 20 MRD. EURO**

**USA
UM 40 MRD. EURO**

Reinvestitionen 7 %

Expansion 30 %

Übernahmen 52 %

Frühphase (Seed) 1 %

Startphase
(Start-up) 10 %

WAS WIRD DURCH RISIKOKAPITAL FINANZIERT?
In den USA steht doppelt so viel Risikokapital bereit wie in Europa. Nur knapp über zehn Prozent des Kapitals werden in die Frühphase und in die Startphase von Neugründungen investiert. Der größte Anteil geht in Betriebsübernahmen und in den Bereich Expansion.

fügung gestellt haben. Kann später eine wissentliche Falschinformation nachgewiesen werden, drohen empfindliche Geldstrafen.

ERWARTUNGEN

Risikokapitalgeber erwarten, dass ihre Investitionen sich nach sieben Jahren bezahlt machen, sie kennen jedoch die Realität. Zwei von zehn Investitionen gehen verloren, und sechs erzielen in diesem Zeitraum eine durchschnittliche Leistung. So müssen die restlichen zwei Investitionen die Verluste abdecken. Private Beteiligungsgesellschaften zielen erfahrungsgemäß auf hohe Bruttorenditen. Sie sollten daher nicht als Wohltäter oder gar karitative Einrichtung angesehen werden. Sie sind vielmehr Unternehmer, die wiederum Unternehmer finanzieren und unterstützen, um damit Geld zu verdienen.

Die Beschaffung von Risikokapital ist nicht billig. Die Kosten bewegen sich fast immer im sechsstelligen Bereich. Es dauert nicht selten sechs Monate oder länger, bis das Kapital zur Verfügung gestellt wird. Risikokapital kann dennoch einen wesentlichen Beitrag zur be-

FALLSTUDIE: Expansionsfinanzierung über Risikokapital

DANIEL HOLM gründete vor etwa zehn Jahren eine Computerfirma mit 80 000 Euro Startkapital. Innerhalb von fünf Jahren erwirtschaftete er einen Jahresumsatz von über 20 Millionen Euro. Um ihr volles Potenzial auszuschöpfen, brauchte die Firma Entwicklungspersonal, mehr Ausrüstung und größere Räumlichkeiten, also mehr Kapital.

Nachdem Holm zehn Millionen Euro Risikokapital beschafft hatte, gelang die Expansion so erfolgreich, dass er nur zwei Jahre später weitere zehn Millionen Euro benötigte. Als das Unternehmen einige Jahre darauf an die Börse ging, war es über 500 Millionen Euro wert. Zwanzig seiner Mitarbeiter waren nun Millionäre, und die Anteile der Risikokapitalgeber hatten einen Wert von 250 Millionen Euro.

triebsgerechten Unternehmensfinanzierung leisten. Aber: Zur kurzfristigen Betriebsmittelfinanzierung ist Risikokapital bzw. Venture Capital kaum geeignet.

Der Börsengang

Aktien können an der Präsenz- und an der Computerbörse notiert werden. Die Zulassung an die Börse erfordert den Nachweis beträchtlicher Gewinne. Zur vollständigen Zulassung müssen Sie zu Beginn auch einen proportional hohen Teil der Firmenanteile zum Verkauf stellen. Zusätzlich müssen Sie nachweisen, dass Sie etwa bei einer Zahl von 100 existierenden Anteilseignern durch den Börsengang weitere 100 Anteilseigner gewinnen können.

KOSTEN FÜR AKTIENEMISSIONEN

Die US-Börsen wirken sehr attraktiv, da Neuemissionen hier weit höher eingeschätzt werden als am europäischen Aktienmarkt, doch sind die Kosten für Emissionen an der New Yorker Börse und an der NASDAQ sehr hoch.

Doch bevor es so weit ist, muss man das so genannte Listing, die Börsenzulassung, erfolgreich hinter sich bringen. An der Deutschen Börse beispielsweise prüfen Mitarbeiter der Zulassungsstelle, ob die Emissionsprospekte des Antragstellers den Anforderungen entsprechen und ob die Banken den Börsengang wie geplant durchführen können.

DIE WAHL DER BÖRSE

Am US-amerikanischen Börsenplatz werden neue Unternehmen drei- bis fünfmal höher gehandelt als beispielsweise an den Aktienmärkten in Großbritannien und Europa.

Für Unternehmensgründer aus dem Bereich innovative Technologien auf der Suche nach Aktienkapital sind die neuen Märkte wie der Londoner Alternative Investment Market (AIM), der Nouveau Marché in Paris und der Neue Markt (Deutschland) die bevorzugte Adresse.

Der Neue Markt definiert sich als »deutsches Börsensegment für Wachstumsaktien« und ist auf junge, wachstumsstarke Unternehmen (z. B. Technologie-, Medien- und Telekommunikationsfirmen) zugeschnitten. Die Zugangsvoraus-

WELCHE BÖRSE ... UND WARUM?					
BÖRSE	ANZAHL DER NOTIERTEN PAPIERE	KOSTEN FÜR FLOATATIONS	EINTRITTSAN- FORDERUNGEN	MINIMALE MARKT- KAPITALISIERUNG	KURS-GEWINN- VERHÄLTNIS (RENDITE)
ALTERNATIVER INVESTMENT- MARKT	350	1,0 Mio. €	niedrig	Keine	1
LONDONER BÖRSE	2 500	2,0 Mio. € +	hoch	2,0 Mio. € +	1
TECHMARK	200	1,5 Mio. € +	hoch	100,0 Mio. € +	x 3
NEW YORKER BÖRSE	2 600	14,0 Mio. €	sehr hoch	24,0 Mio. € +	x 2
NASDAQ	5 500	12,0 Mio. €	sehr hoch	20,0 Mio. € +	x 5

setzungen für die Aufnahme am Neuen Markt sind allerdings streng: Voraussetzung ist ein Emissionsvolumen von mindestens 1,5 Millionen Euro, es dürfen nur Stammaktien emittiert werden, 20 Prozent des Unternehmens müssen in den Streubesitz, Quartalsberichte sind verpflichtend, und über 50 Prozent des Emissionsvolumens müssen aus einer Kapitalerhöhung stammen.

> *Der Börsengang kann einem Unternehmen zusätzliche Reputation verschaffen.*

VORTEILE DER BÖRSENNOTIERUNG

Der Börsengang kann den Status und das Vertrauen in Ihr Unternehmen erhöhen. Mit den zusätzlichen Anteilseignern im Rücken können Sie leichter an Kredite kommen. Auch Ihre Mitarbeiter werden durch eine Beteiligung stärker an Ihr Unternehmen gebunden. Wenn Sie Ihren Mitarbeitern die Möglichkeit geben, Anteile zu Vorzugspreisen zu erwerben und an der Kapitalsteigerung der Firma teilzuhaben, bieten Sie Ihnen so einen Anreiz, sich verstärkt für den Erfolg des Unternehmens einzusetzen.

Mit der Aktiennotierung kann man auch am großen Übernahmespiel teilnehmen. Die Übernahme schwächerer Firmen gelingt, wenn der Kurswert der eigenen Aktien hoch ist. So muss man dem Übernahmekandidaten für dessen Anteile nurmehr die eigenen Anteile anbieten. Ein Deal, der völlig bargeldlos abläuft.

INTERNET-AKTIENHANDEL

Eine Praxis aus den USA könnte in Zukunft vor allem die Finanzierungsmöglichkeiten kleiner Unternehmen erheblich ändern. Hierbei offerieren Firmen potenziellen Investoren ihre Anteile direkt im Internet (Direct Public Offering – DPO). Dabei wird auf zwei Arten vorgegangen: Entweder der Emissär nutzt einen Service, oder er wendet sich auf seiner Web Site direkt an die Öffentlichkeit. In den USA gibt es bereits mehrere solcher DPOs im Internet.

■ **ACCESS TO CAPITAL ELECTRONIC NETWORK (ACE-NET)** Dieses DPO wurde 1997 von der staatlichen Small Business Administration ins Leben gerufen, um die gesetzlichen Hürden für Kleinunternehmen mit einem Finanzierungsbedarf unter fünf Millionen US-Dollar zu mindern. Das Registrierungsverfahren erfüllt staatliche und bundesstaatliche Wertpapierbestimmungen, wird

DIE FRANKFURTER BÖRSE
Der Börsengang an einem der führenden Aktienmärkte birgt finanzielle Risiken, aber auch Vorteile. Die große Zahl neuer Anteilseigner kann zwar Ihre Autorität als Inhaber ins Schwanken bringen, dafür ist es Ihnen jetzt möglich, andere Unternehmen zu übernehmen und so ihre Marktmacht zu erweitern.

von 37 Bundesstaaten anerkannt und kostet nur 450 US-Dollar Jahresgebühr. Das Notierungsdokument kann online ausgefüllt werden. Außerdem ist nur akkreditierten Investoren mit einem Mindestetat von einer Million US-Dollar erlaubt hier zu investieren.

■ **DIRECT STOCK MARKET** Der Direct Stock Market, 1993 gegründet, ist ein vergleichbarer Service in privater Hand. Die Gebühr für eine 90-tägige Notierung beträgt hier zwischen 2000 und 4000 US-Dollar. Anders als bei ACE-NET, müssen die Firmen den Registrationsaufwand in den gewünschten Bundesstaaten selbst übernehmen. Daher können potenzielle Investoren aus Europa in den USA nicht an Unternehmen teilhaben, die ihre Anteile am Direkt Stock Market anbieten. Ebenso verhindern diese Bestimmungen den Verkauf von Anteilen an nicht amerikanische Firmen über diese Dienste. Das hindert europäische Gründer jedoch nicht eine Firma in den USA zu gründen, um so das Finanzierungspotenzial dieser Anbieter auszuschöpfen.

■ **DIREKTANGEBOTE** US-Firmen können Aktien auch direkt anbieten, wenn sie sich den Weg durch die Bürokratie der verschiedenen Bundesstaaten gekämpft haben. Die Vorteile liegen auch darin, dass Kleininvestoren meist keine Überprüfung durchführen oder Subskriptionsanzeigen benötigen. DPOs ermöglichen kleinen Investoren den Zugriff auf einmalige Gelegenheiten, ohne Gebühren für Vermittlungsdienste oder an Risikokapitalgeber zahlen zu müssen. Außerdem können so auch geringe Beträge – von 500 US-Dollar an aufwärts – investiert werden.

Für private Investoren sind der Zeitaufwand und das hohe Risiko von Nachteil. Außerdem ist es schwer, zwischen seriösen und unseriösen Unternehmen zu unterscheiden. Es müssen verschiedene bundesstaatliche Gesetze zum Schutz der Investoren beachtet werden, die den Notationsvorgang erheblich behindern. Immerhin wurden in den USA bisher 83 Personen des Betrugs mit Internet-Aktien angeklagt. In 26 Fällen geht es dabei um gänzlich fiktive Geschäfte.

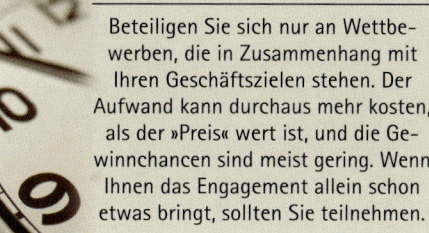

DAS SPART ZEIT

Beteiligen Sie sich nur an Wettbewerben, die in Zusammenhang mit Ihren Geschäftszielen stehen. Der Aufwand kann durchaus mehr kosten, als der »Preis« wert ist, und die Gewinnchancen sind meist gering. Wenn Ihnen das Engagement allein schon etwas bringt, sollten Sie teilnehmen.

Die Schwierigkeiten in Verbindung mit solchen Diensten in den USA zeigen deutlich den Bedarf an einer Regulierung auf staatlicher und nicht nur auf bundesstaatlicher Ebene, wenn diese Angebote erfolgreich werden sollen. Das heißt auch, dass bei der Einführung eines solchen Diensts in Europa eine Behandlung auf europäischer Ebene staatlichen Bestimmungen vorzuziehen wäre, um die Vorteile der amerikanischen Vorbilder zu erhalten.

Förderung über öffentliche Finanzierung

Zu den günstigsten Darlehen, die Sie als Unternehmer beantragen können, gehören die öffentlichen Förderhilfen:

ERP-EIGENKAPITALHILFE-PROGRAMM

ERP ist die Abkürzung für European Recovery Program, zu Deutsch: Europäisches Wiederaufbauprogramm. Gefördert werden Investitionen bei gewerblichen oder freiberuflichen Existenzgründungen. Die ERP-Eigenkapitalhilfe kann auch zur Existenzfestigung innerhalb von zwei/vier Jahren (alte/neue Länder) nach Betriebseröffnung eingesetzt werden. Außerdem werden gefördert: der Kauf eines Unternehmens bzw. der Erwerb einer tätigen Beteiligung inklusive anschließender Investitionen.

Der Antragsteller haftet persönlich. Sicherheiten sind nicht erforderlich. In der Regel sollten Gründer 15 Prozent des Kapitalbedarfs selbst aufbringen.

ERP-EXISTENZGRÜNDERPROGRAMM

Gefördert werden die Errichtung oder der Erwerb eines Unternehmens oder einer freiberuflichen Existenz, die Übernahme einer Beteiligung mit leitender Tätigkeit im Unternehmen und die Beschaffung eines ersten Lagers an Material, Handelsware und Ersatzteilen.

Antragsberechtigt sind Existenzgründer der gewerblichen Wirtschaft und der freien Berufe (ohne Heilberufe), die über fachliche und kaufmännische Qualifikationen und eine entsprechende Berufserfahrung verfügen.

Das ERP-Existenzgründerdarlehen bietet günstige Zinssätze. Sicherheiten (auch Bürgschaften) sind erforderlich.

DTA-EXISTENZGRÜNDERPROGRAMM

Das Existenzgründerprogramm der Deutschen Ausgleichsbank (DtA) fördert: gewerbliche oder freiberufliche Existenzgründungen einschließlich Kauf oder tätige Beteiligung, alle Investitionen, die junge Unternehmen nach der Gründung festigen (z. B. Aufbau von Filialen, Erweiterung oder Umstellung des Produkt- und Dienstleistungsangebots, Standortsicherung, Verlagerung des Betriebsstandorts) innerhalb von acht Jahren

nach der Gründung, Innovationen, Betriebsübernahmen und Investitionen bei Privatisierungen der öffentlichen Hand, Investitionen zur Schaffung von sozialversicherungspflichtigen Dauerarbeitsplätzen, »immaterielle« Investitionen (z. B. Weiterbildung), Aufwendungen zur Markterschließung sowie Betriebsmittelbedarf.

Antragsberechtigt sind natürliche Personen sowie kleine und mittlere Unternehmen im Bereich der gewerblichen Wirtschaft und der freien Berufe (einschließlich Heilberufe).

Werden Arbeitsplätze geschaffen, sind bis zu 100 Prozent der Investitionssumme finanzierbar. Pauschal wird jeder Arbeitsplatz mit 25 000 Euro gefördert. Sicherheiten (auch Bürgschaften) sind erforderlich.

DTA-STARTGELD

Gefördert werden Gründungsvorhaben, deren Finanzierungsbedarf 50 000 Euro nicht übersteigen darf. Darunter fallen auch Unternehmen, die zunächst als Nebenerwerb geführt werden. Allerdings müssen sie mittelfristig auf einen Vollerwerbsbetrieb ausgerichtet sein.

Wer im Bereich der gewerblichen Wirtschaft und freien Berufe (einschließlich Heilberufe)

FALLSTUDIE: Öffentliche Förderungen nutzen

PAUL WEBER startete sein Unternehmen in einer ehemaligen Backstube mit drei Angestellten. Seine Firma stellt fertig geriebenen Käse für den Einzelhandel und die Gastronomie her. Ursprüngliches Ziel war es, drei Tonnen Käse pro Woche umzusetzen.

Im ersten Jahr machte die Firma einen Umsatz von 400 000 Euro, wobei etwa 80 Prozent auf das Konto der prosperierenden Pizzaindustrie gingen. Drei Jahre nach der Gründung musste Herr Weber mit dem Betrieb in neue Räume umziehen. Statt wie bisher 90 Quadratmeter benötigte er für Produktion, Lager und Verwaltung nun mindestens 1400 Quadratmeter Fläche.

Der Umsatz stieg innerhalb der kommenden zehn Jahre auf zehn Millionen Euro. Doch anstatt

sich weiter zu vergrößern, war das Ziel nun, das Umsatzwachstum zu stoppen und dafür die Gewinnspanne zu erhöhen.

Seit der Gründung seines Unternehmens hatte Herr Weber sich immer wieder um öffentliche Fördergelder bemüht. Gemeinsam mit der Industrie- und Handelskammer konnte er für jedes Finanzierungsvorhaben den optimalen Darlehens-Mix ermitteln. Außerdem wurde er zweimal für den Manager des Jahres nominiert. Dies sorgte für Publicity und machte einen guten Eindruck auf die Kunden und die Hausbank. Nebenbei erhielt der Betrieb etwa 20 000 Euro Preisgelder.

Nach einer erneuten Vergrößerung der Räumlichkeiten stieg der Umsatz auf 30 Millionen Euro. Als Paul Wilson die Firma mit 46 Jahren verkaufte, hatte sie einen Wert von 25 Millionen Euro.

eine Existenz gründen will, kann einen Antrag stellen. Sie dürfen jedoch nicht schon selbstständig tätig sein und müssen über die erforderlichen fachlichen Qualifikationen verfügen.

Sicherheiten sind keine Voraussetzung. Ein fester Eigenkapitalanteil ist nicht zwingend erforderlich. Die DtA wird die Hausbank zu 80 Prozent von der Haftung freistellen. Eine Kombination mit den zuvor beschriebenen Existenzgründerprogrammen ist nicht möglich.

KFW-MITTELSTANDSPROGRAMM

Die Kreditanstalt für Wiederaufbau (KfW) bietet langfristige Darlehen mit günstigen Festzinssätzen für alle Arten von gewerblichen Investitionen an. Angehörige der freien Berufe und mittelständische Unternehmen der gewerblichen Wirtschaft können Mittel beantragen.

Wer diese Förderung in Anspruch nehmen will, muss banktübliche Sicherheiten stellen (z. B. Bürgschaften der Bürgschaftsbanken).

Halten Sie sich alle Möglichkeiten offen

Die Entscheidung für eine Finanzierungsform ist bis zu einem gewissen Grad auch eine Frage der persönlichen Vorlieben. Eine Ihrer Aufgaben im Rahmen des Finanz-Managements ist es, gute Kontakte mit möglichst vielen der oben beschriebenen Quellen zu pflegen. Eine andere wichtige Aufgabe besteht in der sorgfältigen Auswahl der für eine gegebene Situation geeigneten Finanzierungsform. Dabei müssen Sie vor allem folgende Aspekte berücksichtigen:

■ Gründungskosten
■ Erhalt der Inhaberschaft und Kontrolle
■ Beschaffungsdauer
■ Bearbeitungsaufwand
■ Flexibilität
■ benötigtes Fachwissen
■ Sicherheit
■ persönliche Haftung.

Nicht alle dieser Faktoren werden auf Ihre Situation zutreffen. Ihre Entscheidung hängt

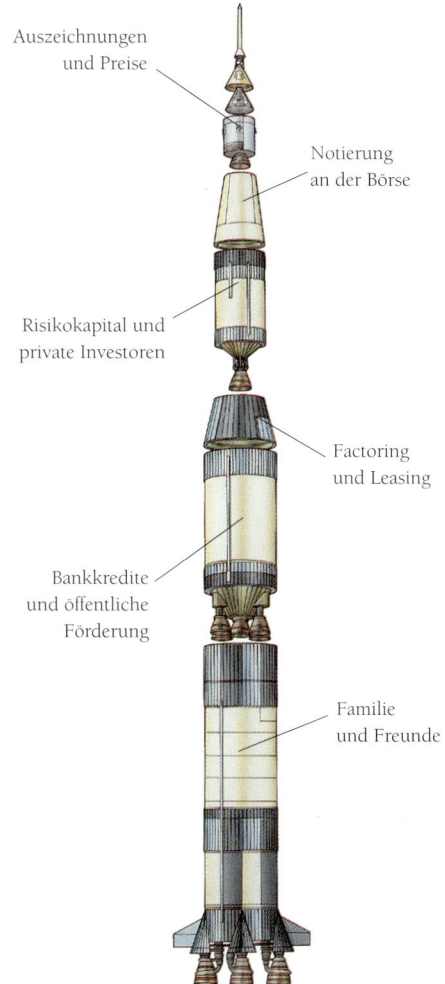

DER START EINES UNTERNEHMENS
Wie bei einer Rakete sehen Sie hier die »Antriebsstufen«, die ein junges Unternehmen auf seinem Weg in den Orbit nutzen kann. Der Orbit ist schließlich erreicht, wenn der Gründer mit dem Unternehmen seine Ziele erreicht hat.

Auszeichnungen und Preise

Notierung an der Börse

Risikokapital und private Investoren

Factoring und Leasing

Bankkredite und öffentliche Förderung

Familie und Freunde

auch von Ihrem Alter, der finanziellen Situation Ihrer Firma und Ihren Erwartungen ab. Wenn Sie zum Beispiel 60 Jahre alt sind, sich in Spanien zur Ruhe setzen wollen, Ihr Unternehmen hohen Gewinn erwirtschaftet und von einem guten, erfahrenen Führungsteam geleitet wird, werden der Zeitaufwand und die Inhaberschaft nicht die wichtigste Rolle spielen.

Falls Sie dagegen gerade erst am Anfang stehen und von der Durchschlagskraft Ihrer Idee überzeugt sind, wird Ihnen die Aussicht, 51 Prozent der Firma an einen privaten Investor zu verkaufen, weniger behagen als der Aufwand, einen guten Business-Plan zu erarbeiten, um einen Kredit zu bekommen und so die Kontrolle über Ihr Unternehmen zu wahren.

Verkaufen Sie keine Anteile, wenn Sie das alleinige Sagen in Ihrem Unternehmen behalten wollen.

WAS KOSTET DAS KAPITAL?

Wenn ein großer Teil der Mittel, die Sie zur Expansion benötigen, bereits von dem Aufwand zur Geldbeschaffung selbst verschlungen wird, handelt es sich selbstredend um einen sehr kostspieligen Weg der Finanzierung.

Die Beschaffung von frischem Aktienkapital durch einen Börsengang ist prinzipiell teuer – vor allem, wenn die Beträge relativ klein ausfallen (unter einer Million Euro). Sie müssen Juristen, Steuer- bzw. Unternehmensberater bezahlen, um sämtliche Verträge vorzubereiten und die Unternehmensbewertung durchzuführen. Es ist durchaus nicht ungewöhnlich, wenn von der ersten Million Euro, die Sie über den Börsengang akquirieren, zehn bis 15 Prozent für die Vorbereitungskosten wieder draufgehen.

Überziehungskredite und Factoring-Verträge erweisen sich demgegenüber mit nur einigen Prozent Beschaffungskosten als vergleichsweise günstig. Langzeitkredite, Leasing- und Mietkaufverträge sind in der Regel nur mit geringen zusätzlichen Kosten belastet

---

FALLSTUDIE: Kontakte zu Finanziers pflegen

DIE FIRMA BOLSOVER bietet Dienstleistungen für die chemische Industrie an und macht einen Jahresumsatz von vier Millionen Euro. Das Unternehmen wuchs lange Zeit ohne größere Kapitalaufnahme. Als sich das Unternehmensangebot zunehmend auf Produkte verlagerte, sah sich der Gründer Benno Kranz auch nach externen Finanzierungsmöglichkeiten um. Daher lud er Risikokapitalgeber zu Vorstandssitzungen oder Schulungen seines Führungsteams ein. Er ahnte, dass ihm dies zu einem fliegenden Start mit den Investoren verhelfen würde, wenn seine Pläne erst konkret ausgearbeitet waren. Außerdem schickte er seiner Hausbank auch dann Kopien des jeweils aktuellen Business-Plans, wenn gar keine Änderung der finanziellen Arrangements geplant war. Dies hielt die Bank über die Geschäftstätigkeit von Bolsover auf dem Laufenden und bewies, dass die Firma einer Strategie folgte.

Schließlich sah Kranz die Chance, das Unternehmen zum Global Player in seinem Marktsegment zu machen. Einer der Investoren, mit denen Kranz über die Jahre in Kontakt stand, war sofort bereit die benötigten vier Millionen Euro zur

Verfügung zu stellen. So konnte Benno Kranz die Chance nutzen und die Firma acht Jahre später für 100 Millionen Euro verkaufen.

INFORMIEREN SIE DIE INVESTOREN
Sie sollten potenzielle Investoren über den Gang Ihrer Geschäfte informieren. Wenn Sie dann tatsächlich um Geld bitten, haben Sie gleich einen viel besseren Stand.

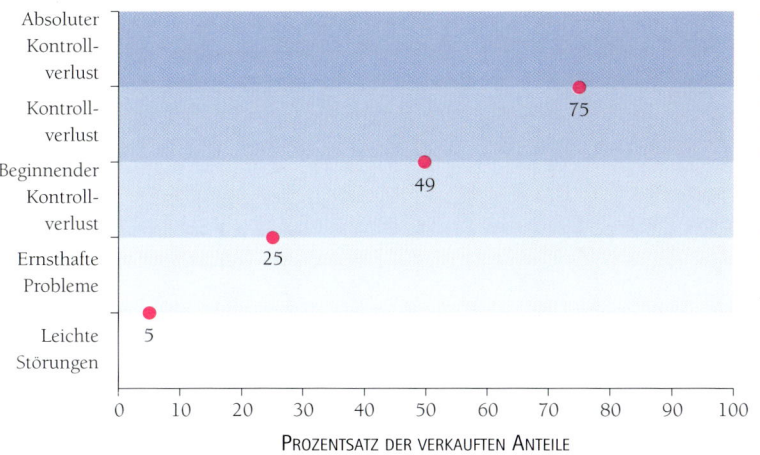

Absoluter Kontrollverlust

Kontrollverlust

Beginnender Kontrollverlust

Ernsthafte Probleme

Leichte Störungen

PROZENTSATZ DER VERKAUFTEN ANTEILE

WER KONTROLLIERT DAS UNTERNEHMEN?

Der Verkauf von Firmenanteilen führt unweigerlich zu einem Kontrollverlust auf Ihrer Seite. Sobald Sie weniger als 25 Prozent an Ihrem Unternehmen besitzen, können Sie theoretisch jederzeit »vor die Tür gesetzt« werden.

AKTIENMEHRHEIT UND KONTROLLE

Wenn Sie die Kontrolle über Ihr Unternehmen nicht teilen wollen, ist der Verkauf von Firmenanteilen sicher keine gute Idee. Und selbst wenn Sie erkannt haben, dass 100 Prozent eines kleinen Betriebs nicht so viel wert sind wie 40 Prozent Beteiligung an einem zehnmal größeren Unternehmen, sind Sie vielleicht einfach noch nicht zu so einem Schritt bereit. Dies trifft besonders zu, wenn langfristiger Kapitalertrag eines Ihrer wichtigsten Geschäftsziele darstellt. Wenn Sie Ihre Anteile zusammenhalten können, bis die Gewinne eine angemessene Höhe erreicht haben, werden Sie an jedem verkauften Anteil mehr verdienen, als dies in den ersten Jahren möglich war.

Einige Investoren, wie etwa Business Angels, werden auf die Geschicke des Unternehmens Einfluss nehmen wollen. Das bedeutet, dass Sie keinen stillen Teilhaber im Unternehmen aufgenommen haben, sondern einen, der seine eigenen Vorstellung einbringen wird. Vermittler langfristiger Kredite werden Sie im Allgemeinen aber in Ruhe lassen, solange Sie die Zinsen zahlen und sich an die Vertragsbedingungen halten – das Gleiche gilt für Hypotheken.

STUFENWEISER KONTROLLVERLUST

Der Verkauf von Anteilen führt automatisch zu einem Verlust der Kontrolle. Bei fünf Prozent des Unternehmens wird sich dies, wenn überhaupt, nur manchmal leicht störend auswirken. Sobald allerdings einmal 25 Prozent veräußert sind, haben Außenstehende durchaus ein gewisses Mitspracherecht an der Unternehmensführung. Solange Sie jedoch noch 51 Prozent besitzen, behalten Sie die Kontrolle, wenn auch nur knapp. Alles, was darüber hinaus geht, kann Sie in Gefahr bringen. Theoretisch könnten Sie nun aus der Geschäftsführung Ihrer Firma hinausgewählt werden.

Wirklich gefährlich wird es, wenn sich weniger als 25 Prozent der Anteile in Ihrem Besitz befinden. Dann nämlich kann bereits eine relativ kleine Gruppe von Anteilseignern eine außerordentliche Vorstandssitzung einberufen und Ihre Entfernung aus dem Vorstand zur Wahl stellen. Auch dann haben Sie nur noch wenig in Ihrem Unternehmen zu sagen.

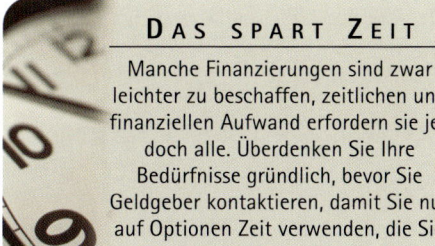

DAS SPART ZEIT

Manche Finanzierungen sind zwar leichter zu beschaffen, zeitlichen und finanziellen Aufwand erfordern sie jedoch alle. Überdenken Sie Ihre Bedürfnisse gründlich, bevor Sie Geldgeber kontaktieren, damit Sie nur auf Optionen Zeit verwenden, die Sie auch wirklich nutzen können.

SCHNELLES GELD?

Kontokorrentkredite können ad hoc gewährt werden, während die Beschaffung von Risikokapital oft Monate dauert. Wenn es also auf die schnelle Verfügbarkeit von Kapital ankommt, ist die Auswahl der Optionen sehr begrenzt.

Risikokapitalgeber sind dafür bekannt, dass sie die Entscheidung über eine Investition lange abwägen, um abzuwarten, ob die Prognosen des Business-Plans auch zutreffen. Letztlich dient Risikokapital aber der Beschleunigung des Wachstums und nicht dazu, ein Unternehmen nur auf Kurs zu halten.

Am meisten Zeit nimmt der Börsengang in Anspruch. Er bedeutet mehr als nur etwa ein Jahr intensiver Vorbereitung, denn anschließend müssen Sie sich noch in die Warteschlange der anderen Kandidaten einreihen. Damit nicht genug, muss der Börsengang manchmal sogar abgeblasen oder verschoben werden, wenn die wirtschaftliche Situation sich plötzlich ändert. Diese Marktschwankungen betreffen besonders häufig Internet-Werte und den Neuen Markt.

ZEITAUFWAND

Schon Finanzierungsmöglichkeiten, die einen etwas erhöhten Zeitaufwand mit sich bringen, können einem sehr beschäftigten Unternehmer oder Manager Probleme bereiten. So kann die Beschaffung neuen Stammkapitals sechs bis 15 Monate dauern, während derer die Geschäftsführung mehrere Business-Pläne erarbeiten

und dutzende Präsentationen vor potenziellen Investoren abhalten muss. Dies kann das Unternehmen durchaus beeinträchtigen, da viel Energie vom Alltagsgeschäft abgezogen wird.

FLEXIBILITÄT

Wenn Ihre Pläne sich ändern, kann sich auch die Höhe des benötigten Kapitals während der laufenden Verhandlungen ändern. Oft ist der zu verhandelnde Betrag von Anfang an festgelegt, so etwa bei Leasing, Mietkauf und langfristigen Krediten. Über neues Anteilskapital lässt sich schon etwas flexibler verhandeln, während bei einem Überziehungskredit nur das obere Limit festgesetzt ist und Sie nur den benötigten Betrag entnehmen müssen. Das Limit kann dabei jedes Jahr aufs Neue vereinbart werden.

Haben Sie einmal eine Geldquelle genutzt, möchten Sie vielleicht wieder darauf zugreifen. Dies ist jedoch nicht immer möglich. Anteilskapital, Kredite und Mietkauf- beziehungsweise Leasingverträge belaufen sich auf einen bestimmten Betrag, und es kann sich als schwierig und teuer erweisen, dieselben Quellen noch einmal zu nutzen. Auch Risikokapitalgeber sind meist nicht bereit Ihnen ein zweites Mal finanzielle Unterstützung anzubieten. Sie könnten etwa mit Investitionen in Ihre Branche bereits voll ausgelastet sein und keinen Ehrgeiz verspüren, noch mehr Geld bereitzustellen, wie erfolgreich Ihre Firma auch immer sein mag. In diesem Fall müssten Sie mit einem neuen Investor wieder von vorne anfangen, was wiederum mit hohem zeitlichem und finanziellem Aufwand verbunden ist.

Es könnte sich dagegen auszahlen, wenigstens einen Teil Ihrer Finanzierung durch Factoring oder ähnliche Methoden zu bewältigen (siehe S. 58–59). Hierbei haben Sie, im Gegensatz zu anderen Möglichkeiten, die volle Kontrolle und können die Beträge Ihrem jeweiligen Bedarf anpassen – sowohl nach oben, als auch nach unten.

Bedenken Sie sämtliche Optionen mitsamt ihrer Bedingungen, bevor Sie Ihre Wahl treffen.

DER VERTRAGSABSCHLUSS
Der Handschlag kennzeichnet häufig das erfolgreiche Ende langwieriger Verhandlungen, um die nötige Finanzierung zu allgemein akzeptablen Konditionen zu erhalten. Jetzt kann Ihr Unternehmen endlich expandieren.

WERTSTEIGERUNGSPOTENZIAL

Manche Finanzierungsmethoden bieten Ihnen nicht nur Geld, sondern auch Expertenwissen. Das Factoring beinhaltet Vorteile bei der Kontrolle des Cash-Flow, die uneinbringbaren Außenstände und das bei Schuldnern gebundene Kapital verringern sich. Dadurch, dass Sie sich nicht selbst um die Einholung der Außenstände kümmern müssen, sparen Sie Zeit und Geld.

Der Business Angel ist ein klassisches Beispiel für einen Kapitalgeber, der auf Grund seiner langjährigen Geschäftserfahrung viele geldwerte Tipps geben kann. Neben seiner Finanzspritze können Sie von seinem Wissen und seiner Erfahrung profitieren.

SICHERHEIT UND GEWISSHEIT

Bei den meisten Finanzierungsformen ist die Zukunft relativ absehbar, sobald die Verträge unterzeichnet sind und Sie sich daran halten. Kontokorrentkredite stellen alledings eine Ausnahme dar. Sie müssen auf Verlangen sofort zurückgezahlt werden, und tatsächlich trifft diese Forderung häufig dann ein, wenn Sie auf den Kredit dringend angewiesen sind – das kann katastrophale Folgen haben (siehe S. 54).

PERSÖNLICHE HAFTUNG

Als allgemeine Regel gilt, dass Kreditgeber auf die Vorstandsmitglieder selbst zurückgreifen, wenn das Geschäftsvermögen aus irgendeinem Grund nicht ausreicht. Dies kann in Form persönlicher Sicherheiten stattfinden, etwa der Belastung Ihres Hauses. Nur bei der Beschaffung von Anteilskapital können Sie der Verpflichtung zu persönlicher Haftung entkommen, obwohl Sie wahrscheinlich persönlich dafür garantieren müssen, dass in der Geschichte des Unternehmens bisher alles mit rechten Dingen zuging.

Das Zurückhalten von Informationen kann sich als sehr kostspielig entpuppen, wie das folgende Beispiel zeigt: Ein ehemaliger Unternehmensgründer wurde rechtskräftig verurteilt, nachdem seine Firma bereits verkauft war, denn er hatte verschwiegen, dass gegen das Unternehmen noch ein Verfahren wegen der ungerechtfertigten Entlassung eines Mitarbeiters anhängig war. Der Fall wurde vom Arbeitsgericht zu Gunsten dieses Mitarbeiters entschieden, und die neuen Firmeninhaber bekamen eine Rechnung über 40 000 Euro präsentiert, die sie wegen der persönlichen Haftung des ehemaligen Gründers ebenfalls von diesem einforderten.

DAS GELD IM
Blick behalten

*Jeder Unternehmer ist auf verläss-
liche Daten über seine finanzielle
Situation angewiesen, um die richtigen
Entscheidungen zu treffen und ein
ordnungsgemäßes Rechnungswesen zu
führen. Die entscheidende Grundlage
dafür liefert die Buchführung. Nachdem man alle geschäftlichen Vorgänge
erfasst hat, werden die Gewinn-
und Verlustrechnung und die Bilanz
vorbereitet. Sie müssen wissen, wie
diese Aufstellungen aufgebaut sind und
was sie über die Entwicklung Ihres
Unternehmens aussagen.*

BUCHFÜHRUNG

Unternehmer müssen jederzeit in der Lage sein, sich einen verlässlichen Überblick über ihre finanzielle Situation zu verschaffen, um die richtigen Entscheidungen treffen zu können. Dazu ist nicht immer ein kompliziertes Buchführungssystem nötig, oft reicht schon eine einfache Gewinn-Überschuss-Rechnung. Mit wachsender Unternehmens- größe benötigt man jedoch detailliertere Informationen. Dann sind eine differenzierte Buchführung und professionelle Softwareprogramme gefragt.

Um geschäftlich zu überleben und erfolgreich zu sein, müssen Sie wissen, wie viel Bargeld Sie haben und wie sich Ihre Gewinne oder Verluste entwickeln. Diese Daten müssen min- destens auf Monats- oder Wochen-, manchmal sogar auf Tagesbasis vorliegen. Wenn Sie diesen Überblick nicht besitzen, könnte es sein, dass Sie nicht bemerken, dass Ihr Geschäft Verluste macht. Sie bekommen Ihr Unternehmen nicht in den Griff, wenn Sie dessen finanzielle Situa- tion nicht ganz genau kennen.

ERFASSUNG DER BETRIEBLICHEN VORGÄNGE

Beim Scheitern von Unternehmen ist manchmal auch Pech im Spiel, die Hauptursache ist allerdings der Mangel an verlässlichen finanziel- len Daten. All diese Informationen jedoch sind leicht zugänglich. Offene Eingangs- und Ver- kaufsrechnungen, Kleinbelege und Kontoaus- züge genügen, um sich einen Überblick zu verschaffen. Diese Daten müssen lediglich erfasst und verarbeitet werden, damit sich ein Bild der finanziellen Situation ergibt. Das ist die Aufgabe der Buchführung.

WER LIEST DIE BÜCHER?

Nicht nur der Firmeninhaber muss über die finanzielle Lage des Unternehmens Bescheid wissen. Kreditsachbearbeiter und Finanzbeamte können recht unangenehm werden, wenn ihnen keine gut dokumentierten Fakten präsentiert werden. Wenn das Finanzamt eine Steuerforde- rung erhebt, muss der Firmeninhaber aufgrund seiner Geschäftsunterlagen entscheiden, ob er sie anerkennt oder nicht. Können Sie zum

FALLBEISPIEL: Die Gefahren mangelhafter Buchführung

DIE GRÜNDUNG IHRES UNTERNEHMENS zehrte alle finanziellen Rücklagen von Conny S. sowie die ihres Part- ners Chris P. auf. Deshalb wollten sie von Beginn an genau Buch führen. Doch sie waren gleich so erfolgreich, dass sie keine Zeit mehr für die nötigen, aber arbeitsaufwändigen Aufzeichnun- gen fanden. Wenn die Bank sie darauf hinwies, dass sie ihren Dispokredit überzogen hatten, riefen sie einige ihrer Kunden an und holten sich wieder Geld. Conny S. zahlte ihre Rechnungen, wenn das Konto im Plus war oder sie weitere Lieferungen von jemandem benötigten, dem sie Geld schuldeten.

Da sie so gut im Geschäft waren, glaubten sie, sie würden Geld verdienen. Doch am Ende des Jahres wuchs Frau S. alles über den Kopf, und sie brachte einen Karton voller Belege zu einem Steuerberater. Dieser wies den beiden nach, dass sie Verlust gemacht hatten, und stellte dafür eine Rechnung in vierstelliger Höhe. Außerdem hatten sie die erforderlichen Umsatzsteuervorauszahlun- gen nicht geleistet. Mit einer soliden Buchführung jedoch hätten sie schon nach drei Monaten ge- sehen, was schief lief.

Beispiel ein Bankguthaben nicht schlüssig erklären, wird das Finanzamt es nachträglich als Einkommen besteuern.

Auch wenn die Bank von einem Unternehmer mit dem Wunsch nach einer Kreditüberziehung konfrontiert wird, braucht sie exakte finanzielle Daten für eine Bewilligung. Ohne derartige Informationen muss die Bank den Antrag ablehnen, weil sie gegenüber jenen Menschen in der Verantwortung steht, deren Geld sie verleiht.

Einfache Buchführung

A uch wenn Ihr Unternehmen klein ist und nur wenige betriebliche Vorgänge anfallen, sind gewisse Aufzeichnungen unerlässlich. Schon durch die schlichteste Form einer Buchführung, indem Sie etwa notieren, woher eine auf dem Konto verbuchte Einzahlung stammt, und diesen Vorgang in ein Kassenbuch eintragen, können Sie Ihr Verhältnis zum Finanzamt oder zur Bank wesentlich verbessern.

Leider vernachlässigen viele Kleinunternehmer ihre Buchführung, obwohl sie heute kaum noch zeitintensiv ist. Und auch wenn die einfache Buchführung nur noch selten praktiziert wird, da die computergestützen Buchhaltungsprogramme so günstig und benutzerfreundlich geworden sind, wird sie hier kurz vorgestellt

Wenn Sie Ihre Bücher von Hand führen und nur wenige betriebliche Vorgänge festzuhalten sind, ist die einfache Buchführung die sinnvollste Möglichkeit. Einfache Buchführung bedeutet, dass Sie jeden Vorgang nur einmal erfassen, am besten in einem Hauptbuch. Dieses ist dann gleichzeitig auch Ihr Kassenbuch.

Sie erfassen die Geldflüsse in Ihrem Unternehmen, indem Sie die eingenommenen Beträge (Bruttoeinnahmen) und die Ausgaben (Zahlungen) jeweils addieren. Diese Ein- und Ausgänge sollten je nach betrieblichen Erfordernissen täglich oder wöchentlich, mindestens jedoch monatlich erfasst werden. Am Ende des Jahres werden die zwölf Monatsergebnisse zusammen-

VORTEILE EINER GEWISSENHAFTEN BUCHFÜHRUNG

1 Sie bekommen einen genauen Überblick über Ihre Liquiditätslage.

2 Sie erfahren, wie profitabel Ihr Unternehmen ist.

3 Sie sehen, welche Aktivitäten Gewinne bringen und welche nicht.

4 Sie erhalten die nötigen Informationen für Entscheidungen.

5 Der Bank oder anderen Geldgebern können Sie zeigen, dass Ihr Unternehmen gut geführt wird.

6 Sie können Ihre Steuerschuld genauer berechnen.

7 Finanzielle Vorhersagen sind leichter zu treffen.

8 Sie können Zahlungen und Mahnungen besser organisieren.

9 Sie können die Steuerberater- oder Buchhalterkosten stark reduzieren.

gerechnet. Nun können Sie sich mit Ihrer Steuererklärung beschäftigen.

Eine differenzierte Buchführung zeichnet sich durch die Anlage von Konten aus, unter denen Einnahmen und Ausgaben verbucht werden. Beispiele für ein Kassenbuch und die differenzierte Buchführung finden Sie auf den Seiten 76–77.

ERHÖHTER BUCHUNGSAUFWAND

Wenn Sie Kredite in Anspruch genommen oder vergeben haben, sollten Sie detailliertere Aufzeichnungen machen, die über ein Kassenbuch hinausgehen.

Sie müssen Kopien bezahlter und noch nicht bezahlter Rechnungen aufbewahren ebenso wie Ihre Kontoauszüge. Später werden die Kontoauszüge mit dem Kassenbuch abgeglichen. So sollte der Saldo im Beispiel für die Einnahme-Überschuss-Rechnung von Seite 76 Ende Juni die Summe von 1616,28 Euro aufweisen.

EIN KASSENBUCH FÜHREN

Bei der Einnahmen-Überschuss-Rechnung werden Einnahmen und Ausgaben, entsprechend der einfachen Buchführung, in ein Kassenbuch eingetragen.

■ Auf einen Blick erkennt man die Zahlungsein- und -ausgänge sowohl in ihrer Gesamtheit als auch nach Hauptkategorien gegliedert. So sehen Sie, wie viel Geld Sie in den verschiedenen Bereichen ausgegeben haben und wer Ihre wichtigsten Kunden sind.

■ In den linken vier Spalten sind die monatlichen Eingänge in ihrer zeitlichen Reihenfolge festgehalten, zusammen mit Angaben zum Umsatz. Ganz oben steht der Betrag, der

EINNAHMEN–ÜBERSCHUSS–RECHNUNG							
EINNAHMEN				AUSGABEN			
DATUM	NAME	EINZELHEITEN	BETRAG (€)	DATUM	NAME	EINZELHEITEN	BETRAG (€)
1. JUNI	Saldo	Vortrag	901,10	4. JUNI	Fischer	Wareneinkauf	620,00
4. JUNI	Arabella	Umsatz	350,00	8. JUNI	Fischer	Wareneinkauf	260,00
6. JUNI	Braun	Umsatz	90,00	12. JUNI	Viag Intercom	Telefonkosten	104,46
14. JUNI	Schmitt & Co.	Erstattung für Warenrückgabe	274,68	18. JUNI	Auto Müller	Fahrzeug-Leasingrate	174,52
17. JUNI	Jäger	Umsatz	380,50	22. JUNI	DeTe-Mobil	Mobiltelefon	106,48
20. JUNI	Hauser	Umsatz	850,24	27. JUNI	Fischer	Wareneinkauf	72,56
23. JUNI	Jäger	Umsatz	113,78				
						Gesamtbetrag Ausgaben	1338,02
				30. JUNI	Saldo	Übertrag	1616,28
							2954,30
		Gesamtbetrag Einnahmen	2960,30				
1. JULI	Saldo	Übertrag	1616,28				

Der gegenwärtige Kassenbestand. Er wird in den nächsten Monat vorgetragen.

Die Differenz zwischen Ausgaben und Einnahmen wird auf die Einnahmeseite des Buches übertragen.

aus dem vorhergehenden Monat vorgetragen wurde.

■ Rechts sind die Ausgaben in derselben Art aufgeführt. Die Einnahmen belaufen sich für den gesamten Monat auf 2954,30 Euro, die Ausgaben auf 1338,02 Euro. Die Differenz bildet den verfügbaren Kassenbestand. Das Unternehmen hat mehr eingenommen als ausgegeben; der Betrag von 1616,28 Euro ist deshalb höher als der Betrag, der zu Beginn des Monats vorgetragen wurde (901,10 Euro).

■ Der Betrag von 1616,28 Euro wird nun in den folgenden Monat vorgetragen. Die Summe der Ausgaben und des Übertrags entspricht der Summe der Einnahmen.

DIFFERENZIERTE BUCHFÜHRUNG

Bei der differenzierten Buchführung werden den einzelnen Buchungen bestimmte Konten zugewiesen, was einen guten Überblick verschafft.

■ Im analysierenden Teil sehen Sie sofort, wie sich die Zahlungen aufschlüsseln, wie viel Geld jeden Monat für Waren, Fahrzeuge, Telefon und andere Ausgabenposten aufgewendet wurde. Später können Sie die monatlichen Beträge für die verschiedenen Kategorien über das ganze Jahr addieren. Aus diesen Informationen ersehen Sie dann genau, wofür Ihr Geld ausgegeben wurde. Sie liefern darüber hinaus entscheidende Daten für Ihre Steuererklärung.

KONTEN BEI DER DIFFERENZIERTEN BUCHFÜHRUNG							
AUSGABEN				KONTEN			
DATUM	NAME	EINZELHEITEN	BETRAG (€)	WAREN	FAHRZEUGE	TELEFON	SONSTIGES
4. JUNI	Fischer	Wareneinkauf	620,00	620,00			
8. JUNI	Fischer	Wareneinkauf	260,00	260,00			
12. JUNI	Viag Intercom	Telefonkosten	104,46			104,46	
18. JUNI	Auto Müller	Fahrzeug-Leasingrate	174,52		174,52		
22. JUNI	DeTe-Mobil	Mobiltelefon	106,48			106,48	
27. JUNI	Fischer	Wareneinkauf	72,56	72,56			
GESAMT			1338,02	952,56	174,52	210,94	

Die Summe der Einzelbeträge und die Saldi der einzelnen Konten ergeben jeweils dieselbe Gesamtsumme.

Die Kosten für das Festnetz und das Mobiltelefon werden unter »Telefon« aufgeführt.

Doppelte Buchführung

Die doppelte Buchführung wird in der Wirtschaft beinahe ausnahmslos angewendet. Bei diesem Verfahren wird jeder Vorgang durch zwei Einträge erfasst, was eine bessere Kontrolle ermöglicht. Grundlegende Darstellungsform ist das Konto, ein zweiseitiges Rechungsschema mit einer Soll- (linke Seite) und einer Haben-seite (rechte Seite).

Doppelte Buchführung ist relativ kompliziert und zeitaufwändig, wenn man sie manuell erledigt, weil alles zweimal eingetragen werden muss. Außerdem sind eine Reihe von Büchern erforderlich, darunter Journal, Kassenbuch und Hauptbuch. Zuerst werden alle Vorgänge in einem Journal festgehalten und dann in das Hauptbuch übernommen, indem der betreffende

SORGFÄLTIGE AUFZEICHNUNGEN

Ein erfolgreiches Unternehmen braucht regelmäßige Zahlungseingänge von seinen Kunden, mit denen es seine Lieferantenrechnungen begleichen kann. Wenn Sie sorgfältig festhalten, welche Rechnungen fällig und bezahlt sind und welche noch ausstehen, haben Sie jederzeit einen Überblick über Ihre finanzielle Situation.

Betrag an zwei unterschiedlichen Stellen eingetragen wird. Üblicherweise gliedern sich Hauptbücher in die Einzelkonten Einnahmen, Ausgaben, Vermögenswerte und Verbindlichkeiten (Schulden).

Es werden folgende Bücher geführt:
■ Journal (Grundbuch)
■ Kassenbuch
■ Kundenbuch
■ Lieferantenbuch
■ Anlagenbuch
■ Hauptbuch

JOURNAL

In Journale, oder auch Grundbücher, werden alle Vorgänge zuerst unter dem jeweiligen Datum eingetragen. Fallen mehrere Vorgänge einer bestimmten Art an, können Sie dafür jeweils eigene Journale führen. Sind zum Beispiel viele Kassenvorgänge zu erfassen, rechtfertigt dies die Anlage eines Kassen-journals. Wenn eine Firma viel auf Kredit verkauft, ist ein Verkaufsjournal sinnvoll.

KASSENBUCH

Viele kleine Firmen wickeln ihre Geschäfte über Bargeld und Schecks ab. In der Buchhaltung werden alle diese Einnahmen als Bargeld

EIN EINFACHES AUFZEICHNUNGSSYSTEM

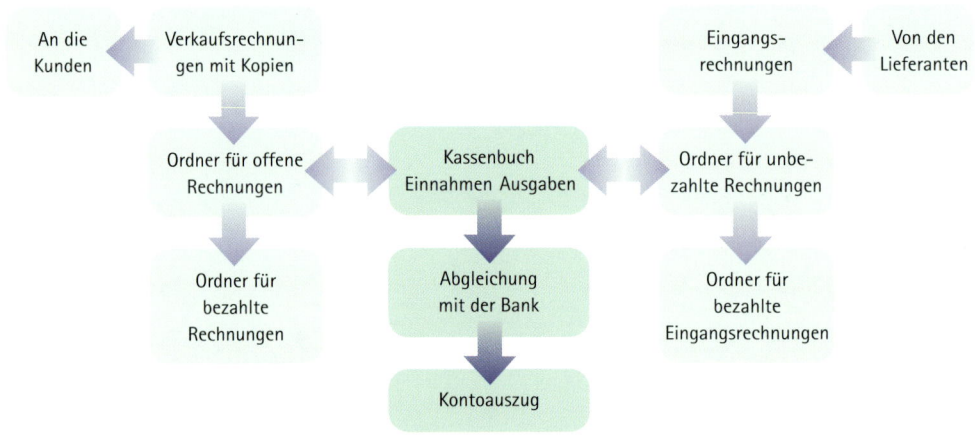

SOLL UND HABEN

Nebenstehend finden Sie ein Beispiel für doppelte Buchführung. Die Sollseite muss immer mit der Habenseite übereinstimmen. Ist das nicht der Fall, liegt irgendwo ein Fehler vor.

■ Bei der doppelten Buchführung erscheint eine Mietzahlung in zwei getrennten Journal-Einträgen: Einer Sollbuchung über 500 Euro entspricht auf der anderen Seite eine Haben-buchung über 500 Euro.

DOPPELTE BUCHFÜHRUNG			
DATUM	BEZEICHNUNG DES EINTRAGS	SOLL (€)	HABEN (€)
10. JULI	Mietzahlung	500	
	Bestand (Mietkonto)		500

behandelt, obwohl Banknoten und Münzgeld eigentlich in einem Nebenkassenbuch und Schecks im Kassenbuch eingetragen werden.

Das Nebenkassenbuch erfasst alle über Banknoten und Münzgeld abgewickelten Vorgänge. Einnahmen werden auf der linken Seite eingetragen, Ausgaben auf der rechten. Zu den Ausgaben gehören zum Beispiel Briefmarken oder Bürokaffee. Sammeln Sie alle Belege, denn später müssen Sie diese Ausgaben nachweisen. Am Ende der Woche, eventuell auch täglich, addieren Sie die Einnahmen und Ausgaben und bilden einen Saldo. Überprüfen Sie, ob er mit dem Bestand in der Nebenkasse übereinstimmt.

Im Kassenbuch werden alle Einnahmen und Zahlungen erfasst, die über Schecks abgewickelt wurden. Zuflüsse erscheinen wieder auf der linken Seite, Ausgaben auf der rechten. Wöchentlich addiert man beide Seiten und ermittelt den Saldo des Bankkontos. Dieser muss dann mindestens einmal im Monat anhand des Kontoauszugs überprüft werden.

KUNDEN- UND LIEFERANTENBÜCHER

Wenn Sie Kunden Kredit gewähren oder von Lieferanten Kredite in Anspruch nehmen, müssen Sie ein Kunden- und ein Lieferantenbuch führen. Darin sollte jeweils eine eigene Seite für jeden Ihrer Geschäftspartner vorgesehen sein.

■ **LIEFERANTENBUCH** Rechts werden alle per Kredit gekauften Waren mit Datum, Bezeichnung, Menge und Kosten eingetragen. Auf der linken Seite hält man Zahlungen an den Lieferanten fest, unter Angabe der betreffenden Waren. Wenn Sie am Monatsende die Summe auf der linken Seite von jener auf der rechten abziehen, sehen Sie, wie viel Sie dem Lieferanten schulden. Die Lieferanten sollten Ihnen ebenfalls eine Zusammenstellung geben, die Ihnen die Überprüfung Ihrer finanziellen Situation erleichtert.

■ **KUNDENBUCH** Im Kundenbuch werden die Kunden auf dieselbe Weise behandelt, wie die Lieferanten im Lieferantenbuch. Ein wichtiger Unterschied besteht jedoch darin, dass Verkäufe auf Kredit auf der linken Seite aufgeführt werden, während die Zahlungen des Kunden auf der rechten erscheinen.

Sinnvoll ist es auch, jeden Eintrag in diesen Büchern durch die Anschrift, die Telefonnummer und den Ansprechpartner beim Kunden bzw. Lieferanten zu ergänzen. So haben Sie alle nötigen Informationen gleich griffbereit, wenn Sie mahnen oder sich mit Beschwerden auseinander setzen müssen.

DAS SPART GELD

Wenn Sie Ihre Belege nur in einem alten Schuhkarton sammeln und am Jahresende zu Ihrem Steuerberater bringen, werden Ihre Buchhaltungskosten wesentlich höher ausfallen, als wenn Sie regelmäßig sorgfältige Aufzeichnungen machen.

ANLAGENBUCH

Jeder Unternehmer muss ein Vermögensverzeichnis anlegen. Darin werden alle Aktiva wie etwa Grundstücke, Gebäude, Maschinen und Fahrzeuge mit dem Anschaffungspreis erfasst. Auch die Veräußerung der Werte und ihre progressive Abschreibung werden darin festgehalten.

HAUPTBUCH

Dieses Buch wird üblicherweise von der Buchhaltung geführt und fasst alle Informationen aus den übrigen Büchern zusammen. Ausgaben aus dem Kassenbuch und dem Einkaufsbuch werden auf der linken Seite eingetragen. Einnahmen aus Verkäufen (und andere Geldzuflüsse) werden rechts aufgelistet. Normalerweise wird für jede Einnahmen- und Ausgabenart eine eigene Seite reserviert, was die spätere Analyse erleichtert.

■ **ROHBILANZ** Monatlich werden die Beträge saldiert, um eine Probe- bzw. Rohbilanz zu erstellen. Die Summe der Beträge auf der linken Seite sollte also der Summe auf der rechten Seite entsprechen. Das ist die Grundlage der doppelten Buchführung, und die Saldierung der jeweiligen Summen gibt Ihnen die Gewissheit, dass Ihre Zahlen ordnungsgemäß erfasst wurden. Wenn sich die Summen nicht entsprechen, hat sich ein Fehler eingeschlichen. Hilfestellung für solche Fälle erhalten Sie auf Seite 81f.

Computergestützte Buchführung

Die Verwendung von Software bringt viele Vorteile. Sie vermindert die Gefahr von Rechenfehlern, spart Zeit bei der Addition und Subtraktion von Zahlenreihen und erleichtert die Arbeit mit der doppelten Buchführung

BUCHFÜHRUNG MIT DEM COMPUTER
Doppelte Buchführung wird durch einen Computer stark
erleichtert. Auch die Fehlerhäufigkeit nimmt deutlich ab,
sofern man die Zahlen richtig eingibt.

ebenso wie die der Einnahmen-Überschuss-Rechnung. Sie können zwischen Buchführungs- und einfachen Tabellenkalkulationsprogrammen (für kleinere Unternehmen) wählen.

BUCHFÜHRUNGSPROGRAMM

Durch ein Buchführungsprogramm wird die doppelte Buchführung erleichtert: Jeder Eintrag muss nur einmal getätigt werden, den Rest erledigt der Computer. Weitere Vorteile:

■ Einfache Rechenfehler sind ausgeschlossen.
■ Sie erhalten einen besseren Überblick über Ihren Warenbestand.
■ Sie können Ihre Steuererklärung schneller und genauer erstellen.
■ Sie können Ihre Zahlungseingänge besser kontrollieren.
■ Sie sparen Buchhaltungs- und Steuerberatungskosten.
■ **KEINE RECHENFEHLER MEHR** Wenn man die Zahlen in den Computer eingibt, werden sie auch korrekt verarbeitet. So wird zum Beispiel die auf Seite 79 erwähnte Mietzahlung von 500 Euro als Ausgabe verbucht (auf der Sollseite), dann überträgt der Computer

sie automatisch als Gutschrift auf das Miet-
konto und erledigt somit den doppelten
Eintrag. Der Computer nimmt Ihnen also die
Mühe ab, sich selbst mit dem Unterschied
zwischen Soll und Haben zu befassen.

◼ **BESSERER BESTANDSÜBERBLICK** Wenn Ihr
Unternehmen Lagerhaltung betreibt, kann
ein Computerprogramm Ihnen helfen, den
Warenbestand besser dem Bedarf anzupassen.
Es kann sogar für jedes Produkt die Gewinnspanne berechnen, sodass Sie feststellen können, welche Produkte sich gut verkaufen
und welche weniger gefragt sind
und daher eventuell aus dem
Angebot genommen werden
sollten.

◼ **SCHNELLERE
STEUERERKLÄRUNG**
Routineaufgaben, wie das
Ausfüllen der monatlichen oder
vierteljährlichen Umsatzsteuer-
voranmeldungen, lassen sich
mithilfe eines Computers in
Minutenschnelle erledigen. Außerdem sorgt
das Programm dafür, dass die Angaben in
den Steuererklärungen genau den Tatsachen
entsprechen.

◼ **BESSERE KONTROLLE
DER ZAHLUNGSEINGÄNGE**
Mithilfe eines Buchhaltungsprogramms sind
Rechnungen, die Sie ausstellen, immer präzise. Ferner sehen Sie auf einen Blick, welche
Kunden regelmäßig in Zahlungsverzug
geraten. Zahlungserinnerungen und Mahnungen kann der Computer automatisch
vorbereiten.

◼ **GELD SPAREN** Die Vorbereitung Ihres Jahresabschlusses wird wesentlich erleichtert, wenn
Sie mit einem Computerprogramm arbeiten.
Das spart Zeit und Geld und erlaubt Ihnen,
die Gewinnentwicklung und den Cash-Flow
genauer im Auge zu behalten.

TABELLENKALKULATIONSPROGRAMM
Wenn in Ihrem Unternehmen nur relativ
wenige Vorgänge anfallen – weniger als 20 bis

30 Zu- und Abgänge pro Monat –, genügt auch
ein einfaches Tabellenkalkulationsprogramm. Es
hilft ebenfalls bei der Erfassung Ihrer Einnahmen und Ausgaben, bietet allerdings nicht
die Vorteile eines vollwertigen Buchführungsprogramms, ermöglicht es Ihnen aber, die
übrigen Vorzüge des Computers zu nutzen.

FEHLERKORREKTUR
Auch wenn durch einen Computer Rechenfehler ausgeschaltet werden, ist ein Buchführungsprogramm nicht immer perfekt. Einiges kann
dennoch schief gehen.

*Computer sind
immer nur so
gut wie die
Menschen, die sie
mit den Zahlen
füttern.*

Die meisten Fehler passieren in
der Rohbilanz, wenn sich eine
Differenz zwischen Soll und
Haben ergibt. Dieser Differenz
müssen Sie dann nachspüren. Sie
müssen herausfinden, ob ein
Betrag falsch eingegeben oder
schlicht vergessen wurde. Mithilfe
der »Suchen«-Funktion des
Computerprogramms müsste es
jedoch ohne weiteres möglich sein, den Fehler
rasch zu finden.

Wenn es sich nur um einen kleinen Fehlbe-
trag handelt, etwa 30 Euro oder weniger,
können Sie diesen Betrag auf ein Zwischenkonto
buchen. Indem Sie die Summe auf diese Weise
wieder in die Berechnungen einführen, können
Sie die Konten abschließen. Sollten Sie den Fehler später entdecken, können Sie die Korrektur
vornehmen. Wenn Sie den fraglichen Betrag abziehen, um die Zahlen wieder stimmig zu mach-
en, müssen Sie die Bücher anpassen, wenn Sie
den Fehler doch noch gefunden haben.

DAS SPART GELD
Da ein einfaches Buchführungsprogramm schon für 100 Euro zu
haben ist und Pakete mit
verschiedenen Zusatzprogrammen
zwischen 400 und 1000 Euro kosten,
dürfte sich diese Anschaffung auf
längere Sicht lohnen.

Häufige Buchführungsfehler

Ergibt sich in den Büchern kein ausgeglichener Saldo, liegt wahrscheinlich ein typischer Buchhaltungsfehler vor. Überprüfen Sie folgende Punkte, um diesen Fehler zu finden.

■ **Auslassungen** Ein Vorgang wurde schlicht übersehen.

■ **Falscher Eintrag** Ein Vorgang wurde unter einem falschen Konto, wenngleich auf der richtigen Seite eingetragen, z.B. unter »Josef Braun«, statt »Jim Braun«.

■ **Sich gegenseitig aufhebende Fehler** Unterschiedliche Fehler mit gleicher Wertigkeit auf entgegengesetzten Seiten des Buches. Die Auswirkung des einen wird durch die Wirkung des anderen aufgehoben, sodass sich dennoch ein ausgeglichener Saldo ergibt. Es kann sich sogar um mehr als zwei Fehler handeln, wobei die Gesamtsumme der Fehler auf der Sollseite jene auf der Habenseite aufwiegt.

■ **Übertragungsfehler** In diesem Zusammenhang spricht man oft auch von einem »Zahlendreher«. Beim Abschreiben wird eine

Zahl verdreht; aus 32 wird 23 oder aus 414 wird 441. Solche Übertragungsfehler sind aber meist leicht zu erkennen.

■ **Grundsätzliche Fehler** Eine Zahlung wird als Einnahme verbucht; z.B. wenn Sie eine Lieferantenrechnung, die Sie bezahlen müssen, versehentlich als eine Kundenzahlung eintragen.

■ **Ursprüngliche Eintragungsfehler** Der ursprüngliche Eintrag war falsch. Vielleicht wurde ein Dokument, etwa eine Rechnung, falsch addiert oder falsch gelesen.

■ **Vertauschung** Beide Aspekte wurden jeweils auf der falschen Seite eingetragen: eine Ausgabe bei den Einnahmen, und eine Einnahme bei den Ausgaben.

■ **Eine Seite des Doppeleintrags wird vergessen** Dieser Fehler kann beim Einsatz eines Buchführungsprogramms nicht passieren.

■ **Rechenfehler** Spalten werden falsch addiert, und die falsche Summe wird anschließend übertragen. Computerprogramme schalten diesen Fehler aus.

Unvollständige Aufzeichnungen

Oft versäumen es Unternehmensgründer, rechtzeitig ein funktionierendes Buchführungssystem einzurichten, oder sie vernachlässigen die Buchführung über einen längeren Zeitraum. Doch die Buchführung sollte unbedingt zeitnah erfolgen, da sie sonst keine ausreichende Aussagekraft besitzt.

Wenn Sie nötige Aufzeichnungen versäumt haben und Ihnen eine Steuerforderung ins Haus flattert, ist dennoch nicht alles verloren. Mithilfe eines Buchhalters müsste es Ihnen gelingen, auch anhand der unvollständigen Angaben in Ihren Büchern den Gewinn zu ermitteln. Dazu

Es ist nie zu spät, mit einer zuverlässigen Buchführung zu beginnen.

addieren Sie zum Jahresende alle Vermögenswerte, die Sie in Ihren Unterlagen finden, wie Bargeld, Waren, Ausrüstung, offene Rechnungen an Kunden und dergleichen. Ebenso verfahren Sie mit den Verbindlichkeiten, wie etwa Bankkrediten oder Geld, das Sie Lieferanten schulden. Dann ziehen Sie die Summe der Vermögenswerte von der Summe der Verbindlichkeiten ab. Das Ergebnis ist der Gewinn, den Sie in diesem Zeitraum erwirtschaftet haben, und daraus ergibt sich das zu versteuernde Einkommen.

Immerhin bietet Ihnen dieses Verfahren die Möglichkeit, einen Schlussstrich unter das vergangene Geschäftsjahr zu ziehen. Mit einem zuverlässigen Buchführungsprogramm können Sie dann im kommenden Geschäftsjahr einen Neuanfang machen.

GEWINNERMITTLUNG ANHAND UNVOLLSTÄNDIGER UNTERLAGEN	
VERMÖGENSWERTE	(€)
BARGELD	300
OFFENE RECHNUNGEN	710
ANLAGEVERMÖGEN (FAHRZEUGE, COMPUTER USW.)	2160
SUMME	3170
ABZÜGLICH VERBINDLICHKEITEN — Kontoüberziehung	1000
ABZÜGLICH VERBINDLICHKEITEN — Lieferantenrechnungen	1470
SUMME	2470
DIFFERENZ ZWISCHEN VERMÖGENSWERTEN UND VERBINDLICHKEITEN	700
ZUZÜGLICH PRIVATENTNAHMEN	8000
ZU VERSTEUERNDER GEWINN	8700

ALLGEMEINER ÜBERBLICK

Diese Übersicht ist natürlich wesentlich ungenauer als die Zahlen, die sich bei der doppelten Buchführung oder einer Einnahmen-Überschuss-Rechung ergeben, doch man erkennt immerhin, wie viel Gewinn in einer bestimmten Periode erwirtschaftet wurde.

GEWINN- UND VERLUSTRECHNUNG

Die Buchführung soll Ihnen die Daten liefern, die Sie brauchen, um Ihr Unternehmen erfolgreich zu führen. Sie hilft Ihnen ferner dabei, Ihre Steuerschuld zu ermitteln. All diese Informationen stellt Ihnen die Gewinn- und Verlustrechnung zur Verfügung, die anhand der Einnahmen, der Ausgaben für Wareneinkauf und Dienstleistungen und der laufenden Geschäftskosten ein detailliertes Bild Ihrer finanziellen Situation zeichnet.

Ihre unternehmerische Tätigkeit ist durch zwei Vorgänge definiert: Sie produzieren Güter oder Dienstleistungen zu bestimmten Kosten, anschließend verkaufen Sie diese weiter.

Um den Kunden die gewünschten Güter oder Dienstleistungen liefern zu können, müssen Sie zunächst Ausgaben tätigen, zum Beispiel Material einkaufen oder Gehälter bezahlen. Diese Kosten bezeichnet man auch als Aufwand.

Wenn Sie Ihre Produkte verkaufen, werden Sie meist nicht sofort, sondern erst einige Zeit später bezahlt. Dieses Geld bezeichnet man auch als Umsatzerlös oder als Einnahmen.

Indem Sie die Ausgaben von den Einnahmen abziehen, erhalten Sie den Gewinn (oder Verlust) für den jeweiligen Zeitraum.

EINFACHE GEWINN- UND VERLUSTRECHNUNG FÜR »SAFARI EUROPA«	
1. JAHR	**(€)**
GESAMTEINNAHMEN	2 832 142
./. GESAMTAUSGABEN	2 779 396
GEWINN VOR STEUERN	52 746

EINFACHE BERECHNUNG
Die Gewinn- und Verlustrechnung bezieht sich auf einen bestimmten Zeitraum, aus dem alle Ausgaben von den Einnahmen abgezogen werden. Daraus ergibt sich der Gewinn (oder Verlust) für den betreffenden Zeitraum.

Erstellen einer detaillierten Analyse

Eine einfache Gewinn- und Verlustrechnung liefert lediglich die Rahmendaten über die finanzielle Situation Ihres Unternehmens. Doch mittels der Aufzeichnungen der Buchführung können Sie ein wesentlich fassettenreicheres Bild erhalten, sofern Sie diese Daten richtig analysieren. Um eine einfache Gewinn- und Verlustrechnung aussagekräftiger zu gestalten, bedarf es lediglich zusätzlicher Informationen.

Im Zuge dieses Kapitels erfahren Sie, wie Sie durch eine solide Gewinn- und Verlustrechnung einen besseren Überblick über Ihre Geschäftsabläufe erhalten. Am Beispiel eines Unternehmens mit dem Namen »Safari Europa«, das Pauschalreisen verkauft, wird im folgenden verdeutlicht, wie sich eine einfache Gewinn- und Verlustrechnung detaillierter ausgestalten lässt. Unser Beispiel bezieht sich auf einen Dienstleistungsbetrieb, bei einem Handwerksbetrieb wird der Bruttogewinn etwa anders errechnet (siehe S. 86).

ERRECHNUNG DES BRUTTOGEWINNS
Ungeachtet der Branche, in der Sie tätig sind, müssen Sie bestimmte Betriebsmittel einkaufen. Die Betriebsmittel umfassen alles, was Sie zur

Herstellung Ihrer Produkte oder Dienstleistungen benötigen. Bei einem Unternehmen wie »Safari Europa« gehören die Kosten für Flugtickets und Hotelunterbringung zu diesen Ausgaben.

Was Ihnen von Ihren Verkaufserlösen verbleibt, nachdem Sie die Umsatzaufwendungen, wie man die Produktionskosten auch nennt, abgezogen haben, ist Ihr Bruttogewinn. Bei »Safari Europa« beläuft sich die Differenz zwischen den Einnahmen von 2 832 142 Euro und den Umsatzaufwendungen (Flugtickets und Hotels) lediglich auf insgesamt 321 896 Euro (siehe Tabelle auf dieser Seite). Das ist die Summe, die dem Management zum Betreiben des Unternehmens tatsächlich zur Verfügung steht.

BEDEUTUNG DES BRUTTOGEWINNS

Der Bruttogewinn zählt zu den wichtigsten Größen in einer Gewinn- und Verlustrechnung. Er verkörpert den Betrag, über dessen Verwendung Sie größtenteils selbst entscheiden können, denn er wird nicht zur Herstellung der Güter oder zur Erbringung der Leistungen benötigt. Er dient vielmehr dazu, die laufenden Kosten zu decken. Was übrig bleibt, wenn alle Rechnungen und Gehälter bezahlt sind, kann vom Unternehmer als Gewinn vereinnahmt oder zur geschäftlichen Expansion verwendet werden. Daraus ergibt sich, dass jene Produkte, die den höchsten Bruttogewinn (die größte Differenz zwischen

Anhand Ihres Bruttogewinns sehen Sie, wie viel Geld Sie ausgeben können.

Umsatzaufwendungen und Verkaufserlös) erbringen, die wichtigsten Vermögenswerte eines Unternehmens darstellen.

Der Bruttogewinn, nicht etwa der viel höhere Umsatz, wird auch herangezogen, wenn ein Kredit beantragt wird oder Expansionspläne entwickelt werden.

ERMITTLUNG DER GESCHÄFTSAUSGABEN

Die Ausgaben, die in einem Unternehmen anfallen, müssen in der Gewinn- und Verlustrechnung aufgeschlüsselt werden. Sie werden nach der Errechnung des Bruttogewinns einzeln aufgeführt. Dazu gehören

BRUTTOGEWINN-BERECHNUNG FÜR »SAFARI EUROPA«		
1. JAHR		**(€)**
EINNAHMEN	VERKAUFTE REISEN	2 805 000
	VERSICHERUNGEN UND ANDERE LEISTUNGEN	27 142
	BETRIEBSFREMDE ERTRÄGE	0
EINNAHMEN GESAMT		2 832 142
ABZÜGLICH UMSATZKOSTEN	EINGEKAUFTE REISEN	2 502 104
	VERSICHERUNGEN UND ANDERE LEISTUNGEN	8 142
UMSATZKOSTEN GESAMT		2 510 206
BRUTTOGEWINN		321 896

BRUTTOGEWINN

»Safari Europa« hat zwei Einnahmequellen: Den Verkauf von Reisen sowie Versicherungen inklusive verwandter Leistungen. Für den Einkauf von Reisen und Versicherungspolicen entstehen andererseits natürlich auch Kosten.

DAS SPART ZEIT

Der Bruttogewinn wird täglich beeinflusst durch schwankende Preise für die eingekauften Güter und Dienstleistungen sowie durch Rabatte, die Sie Ihren Kunden gewähren müssen. Sie sparen Zeit, wenn Sie den Bruttogewinn nur auf Wochen- und die übrigen Gewinnarten auf Monatsbasis errechnen.

BRUTTOGEWINN EINES HANDWERKSBETRIEBS

Für einen Handwerksbetrieb wird der Bruttogewinn etwas anders errechnet:

■ Grundsätzlich unterscheidet sich die Berechnungsmethode kaum von jener für Dienstleistungsunternehmen. Abweichungen ergeben sich jedoch, wenn man das Material einbezieht, das für die Produktion benötigt wird. Sie haben vielleicht Rohstoffe auf Vorrat angeschafft, möchten aber in den Preis Ihrer Produkte lediglich die Kosten für die tatsächlich verwendeten Rohstoffe einfließen lassen. Zu diesem Zweck notieren Sie den Lagerbestand zu Beginn der Rechenperiode, addieren dazu alle Einkäufe und ziehen den Schlussbestand ab.

■ Um den Bruttogewinn zu errechnen, müssen Sie noch die produktbezogenen Arbeitskosten berücksichtigen, außerdem Gemeinkosten wie Abnutzung der Werkstatt und die Kosten für Heizung und Strom.

BRUTTOGEWINN IM ÜBERBLICK	
	(€)
UMSATZ	200 000
UMSATZKOSTEN	130 000
BRUTTOGEWINN	70 000

AUFGESCHLÜSSELTE BRUTTOGEWINN–BERECHNUNG				
1. JAHR		**(€)**	**(€)**	**(€)**
UMSATZ				200 000
FERTIGUNGS-KOSTEN	ERÖFFNUNGSBESTAND ROHSTOFFE	60 000		
	EINKÄUFE	50 000		
ABZÜGLICH ENDBESTAND ROHSTOFFE		31 000		
MATERIALKOSTEN			79 000	
DIREKTE ARBEITSKOSTEN			36 000	
FERTIGUNGS-GEMEINKOSTEN	INDIREKTE KOSTEN	8 000		
	HEIZUNG & STROM FÜR DIE WERKSTATT	7 000		
GESAMTFERTIGUNGSKOSTEN			15 000	
UMSATZKOSTEN				130 000
BRUTTOGEWINN				70 000

BRUTTOGEWINN IM ÜBERBLICK

Zieht man die Umsatzkosten von den Verkaufserlösen ab, erhält man den Bruttogewinn. In diesem Bereich der Buchführung gibt es kaum Unterschiede zwischen Dienstleistungs- und Handwerksbetrieben.

AUFGESCHLÜSSELTE BERECHNUNG

Ein detaillierterer Überblick zeigt, welche Ausgaben (Fertigungsgemeinkosten, Arbeitskosten und Materialkosten) von den Verkaufserlösen abgezogen werden müssen, um den Bruttogewinn zu ermitteln.

alle laufenden Kosten, wie zum Beispiel Mieten, Versicherungsprämien, Telefon, Werbung usw.

Im Fall von »Safari Europa« umfassen die Geschäftsausgaben nicht nur die monatlichen Grundkosten, wie Telefon, Miete und Heizung, sondern auch jährlich anfallende Ausgaben, wie Mitgliedsbeiträge und Abonnements, sowie unregelmäßige Aufwendungen, wie etwa für die Weiter- und Fortbildung des Personals (siehe Tabelle rechts). Außerdem gibt es Abschreibungen für Inventar, bei deren Berechnung Sie Ihr Buchhalter unterstützt (siehe S. 98–100). Nicht alle diese Aufwendungen können jedoch auch steuerlich geltend gemacht werden (siehe S. 159–165).

Bei den rechts aufgeführten Geschäftsausgaben wurden allerdings nicht alle Kosten erfasst. Es werden zwar alle klar zurechenbaren Aufwendungen berücksichtigt, aber im Geschäftsbetrieb fallen darüber hinaus noch weitere Ausgaben an. Diese werden etwas anders behandelt, was deutlich wird, wenn Sie sich die unterschiedlichen Gewinnarten ansehen.

DIE GEWINNARTEN

Die Zahlen auf Seite 89 beziehen sich auf die Gewinn- und Verlustrechnung für »Safari Europa«. Es zeigt sich, dass der Gewinn auf unterschiedliche Weise ermittelt werden kann. Folgende Gewinnarten werden unterschieden:
- Bruttogewinn
- Betriebsergebnis
- Reingewinn vor Steuern
- Reingewinn nach Steuern
- **BRUTTOGEWINN** Der Gewinn, der nach Abzug aller mit der Herstellung Ihrer Produkte verbundenen Kosten verbleibt
- **BETRIEBSERGEBNIS** Wurden vom Bruttogewinn die Aufwendungen abgezogen, ergibt sich das Betriebsergebnis. Bei der Bewertung

EINBEZIEHUNG DER AUFWENDUNGEN
Bei der Ermittlung des Bruttogewinns werden nun im nächsten Schritt alle laufenden Kosten in die Berechnung einbezogen. Der Bruttogewinn abzüglich der Gesamtaufwendungen wird als Betriebsergebnis bezeichnet.

GESCHÄFTSAUSGABEN VON »SAFARI EUROPA«		
1. JAHR		**(€)**
EINNAHMEN	verkaufte Reisen	2 805 000
	Versicherungen usw.	27 142
	betriebsfremde Erträge	0
GESAMTEINNAHMEN		2 832 142
ABZÜGLICH UMSATZKOSTEN	eingekaufte Reisen	2 502 104
	Versicherungen usw.	8 142
UMSATZKOSTEN GESAMT		2 510 246
BRUTTOGEWINN		321 896
AUFWENDUNGEN	Miete und Versicherungen	36 000
	Heizung und Strom	7 000
	Leasing Telefonanlage	4 000
	Leasing Computer	10 000
	Werbung	25 000
	Porto und Büromaterial	6 500
	Telefon	7 150
	Versicherungen	7 000
	Gehälter (Angestellte)	72 000
	Dienstleistungen	50 000
	Mitgliedsbeiträge	3 000
	Reisekosten und Spesen	8 500
	Fortbildungen des Personals	12 000
	Abschreibungen	11 000
AUFWENDUNGEN GESAMT		259 150

GEWINNARTEN FÜR »SAFARI EUROPA«		
1. JAHR		**(€)**
EINNAHMEN	verkaufte Reisen	2 805 000
	Versicherungen usw.	27 142
	betriebsfremde Erträge	0
GESAMTEINNAHMEN		2 832 142
ABZÜGLICH UMSATZKOSTEN	eingekaufte Reisen	2 502 104
	Versicherungen usw.	8 142
GESAMTUMSATZKOSTEN		2 510 246
BRUTTOGEWINN		321 896
AUFWENDUNGEN	Miete und Versicherungen	36 000
	Heizung und Strom	7 000
	Leasing Telefonanlage	4 000
	Leasing Computer	10 000
	Werbung	25 000
	Porto und Büromaterial	6 500
	Telefone	7 150
	Versicherungen	7 000
	Gehälter (Angestellte)	72 000
	Dienstleistungen	50 000
	Mitgliedsbeiträge	3 000
	Reisekosten und Spesen	8 500
	Fortbildung des Personals	12 000
	Abschreibungen	11 000
AUFWENDUNGEN GESAMT		259 150
BETRIEBSERGEBNIS		62 746
abzüglich KREDITZINSEN UND BANKGEBÜHREN		10 000
REINGEWINN VOR STEUERN		52 746
abzüglich STEUERN		10 948
REINGEWINN NACH STEUERN		41 798

SCHLUSSBERECHNUNG
Im letzten Stadium der Gewinnermittlung werden vom Betriebsergebnis Zinsaufwendungen und Steuerzahlungen abgezogen, sodass sich schließlich der Reingewinn nach Steuern ergibt.

einer Firma wird dieses Betriebsergebnis in der Regel als Multiplikationsfaktor herangezogen (Bewertung nach »x-fachem Gewinn«).

▪ REINGEWINN VOR STEUERN Nun müssen die Finanzierungskosten abgezogen werden. Man geht davon aus, dass der Unternehmer nur wenig Einfluss darauf nehmen kann, wie sein Geschäft finanziert wird (nimmt er keine Kredite auf, fallen keine Zinszahlungen an; hohe Kredite dagegen bedeuten hohe Zinszahlungen) oder wie sich die Zinsen entwickeln, die durch makroökonomische Faktoren bestimmt werden. Wenn man im Beispiel von »Safari Europa« die Finanzierungskosten (10 000 Euro Zinszahlungen) abgezogen hat, verbleibt ein Reingewinn von 52 746 Euro.

▪ REINGEWINN NACH STEUERN Werden nun noch die Steuern abgezogen, ergibt sich der Reingewinn nach Steuern – die Summe, die dem Unternehmer bleibt. Bei der GmbH werden daraus Ausschüttungen bezahlt.

Geschätzte Gewinn- und Verlustrechnung

Die Gewinn- und Verlustrechnung für das erste Geschäftsjahr kann als Basis für künftige Gewinn- und Verlustrechnungen dienen. Bei »Safari Europa« werden die Gewinne auf Grund der Ergebnisse des ersten Jahrs hochgerechnet.

Die geschätzte Gewinn- und Verlustrechnung ist von großer Bedeutung, wenn Sie Fremdkapital einsetzen. Ein Unternehmen, das Kredite aufnimmt, muss alle drei Jahre eine geschätzte Gewinn- und Verlustrechnung einreichen.

AUSBLICK IN DIE ZUKUNFT
Anhand der Ergebnisse des ersten Jahrs kann man die Zahlen für die folgenden beiden Jahre hochrechnen. Zum Ende des dritten Geschäftsjahrs wird für »Safari Europa« ein Gewinn von mehr als einer Million Euro prognostiziert.

GEWINN- UND VERLUSTRECHNUNG FÜR »SAFARI EUROPA« ÜBER DREI JAHRE
(EINSCHLIESSLICH GESCHÄTZTE ZAHLEN FÜR 2. UND 3. GESCHÄFTSJAHR)

		1. JAHR (€)	IN % VOM UMSATZ	2. JAHR (€)	IN % VOM UMSATZ	3. JAHR (€)	IN % VOM UMSATZ
EINNAHMEN	verkaufte Reisen	2 805 000		6 171 000		9 004 050	
	Versicherungen usw.	27 142		59 712		87 126	
	betriebsfremde Erträge	0	0	0	0	0	0
GESAMTEINNAHMEN		2 832 142	100	6 230 812	100	9 091 176	100
ABZÜGLICH UMSATZ- KOSTEN	eingekaufte Reisen	2 502 104		5 465 114	1,251,052	7 883 188	
	Versicherungen usw.	8 142		17 912		26 136	
UMSATZKOSTEN GESAMT		2 510 246	89	5 283 026	88	7 909 324	87
BRUTTOGEWINN		321 896	11	747 686	12	1 181 852	13
AUFWEN- DUNGEN	Miete und Versicherungen	16 000		36 000	18,000	48 000	
	Heizung und Strom	7 000		7 000		8 000	
	Leasing Telefonanlage	4 000		4 000		4 000	
	Leasing Computer	10 000		10 000		10 000	
	Werbung	25 000		36 000		50 000	
	Porto und Büromaterial	6 500		10 000		15 000	
	Telefone	7 150		9 500		13 000	
	Versicherungen	7 000		11 000		20 000	
	Gehälter (Angestellte)	72 000		81 000		116 0000	
	Dienstleistungen	50 000		20 000		20 000	
	Mitgliedsbeiträge	3 00		5 000		10 000	
	Reisekosten und Spesen	8 400		21 000		37 000	
	Fortbildung des Personals	12 000		20 000		42 0000	
	Abschreibungen	11 000		11 000		11 000	
AUFWENDUNGEN GESAMT		259 150	10	281 500	5	404 000	5
BETRIEBSERGEBNIS		62 746		266 186		777 852	
ABZÜGLICH KREDITZINSEN UND BANKGEBÜHREN		10 000		10 000		10 000	
REINGEWINN VOR STEUERN		52 746	2	456 186	7	767 852	8
ABZÜGLICH STEUERN		10 948		91 238		174 552	
REINGEWINN NACH STEUERN		41 798	1	364 948	6	593 300	7
GEWINN/VERLUST KUMULIERT		41 798		406 746		1 000 046	

BILANZIERUNG

Um die aktuelle finanzielle Situation Ihres Unternehmens zusammenzufassen, müssen Sie eine Bilanz erstellen. Die Bilanz ist das wichtigste Berichtsdokument einer Firma. Sie informiert über alle finanziellen Transaktionen und zeigt, woher die Einnahmen stammen und wofür Geld ausgegeben wurde. Natürlich müssen beide Summen ausgeglichen sein. Mithilfe einer Bilanz kann man auch die persönlichen Finanzen ordnen. In diesem Kapitel wird beschrieben, wie private und unternehmerische Bilanzen erstellt werden.

Auch bei wichtigen finanziellen Entscheidungen im privaten Bereich ist es hilfreich, eine Bilanz aufzustellen. Bevor Sie umziehen oder sich ein neues Auto kaufen, müssen Sie sich zunächst einen Überblick über Ihre finanzielle Situation verschaffen. Dies kann mittels einer Bilanz geschehen.

Bilanz der persönlichen Vermögensverhältnisse

Der erste Schritt besteht darin, Ihre momentane finanzielle Situation zu erfassen. In der Tabelle rechts unten wird die aktuelle Finanzlage von Anne Schmidt dargestellt. Um ihre Situation richtig einzuschätzen, müssen diese Daten aufbereitet und um weitere Einzelheiten ergänzt werden.

ERMITTLUNG VON VERMÖGEN UND VERBINDLICHKEITEN

Grundsätzlich ist zwischen Geld, das man besitzt, und Geld, das man anderen schuldet, zu unterscheiden. Die Tabelle auf Seite 91 verdeutlicht dies und gibt Auskunft über bestehende Verbindlichkeiten und Forderungen. Die rechte Spalte führt die Vermögenswerte von Anne Schmidt auf und zeigt, in welche Güter sie ihr

Geld investiert hat. Links wird aufgelistet, woher sie das Geld bekam, um all diese Güter bezahlen zu können.

Am Ende der linken Spalte wird es etwas komplizierter: Anne hat Vermögenswerte in Höhe von 318 070 Euro erworben, somit müsste ihr aus verschiedenen Quellen die entsprechende Summe zugeflossen sein. Ihre Schulden belaufen sich aber nur auf 90 000 Euro (Hypothek), daher ist zu vermuten, dass Anne Teile ihrer Sachwerte in den vergangenen Jahren abbezahlt hat. Sie hat also ihr Einkommen dafür verwendet, sich diese Dinge anzuschaffen, wodurch das Vermögen ihres Haushalts gestiegen ist.

ALLGEMEINER ÜBERBLICK
Diese Aufstellung liefert einen groben Überblick über Anne Schmidts finanzielle Situation, zum Beispiel über den Wert ihrer Wohnung und die zu tilgenden Kredite.

ANNE SCHMIDTS ALLGEMEINE FINANZIELLE SITUATION	
	(€)
BARGELD	100
WOHNEIGENTUM	300 000
HYPOTHEK	90 000
DARLEHEN AN SCHWESTER	270
KONTOÜBERZIEHUNG	200
AUTO	14 000
KREDITKARTEN	100
SCHMUCK/GEMÄLDE	700
MIETKAUF (VERSCHIEDENE GÜTER)	1 000
MÖBEL	3 000

KURZ- UND LANGFRISTIGE POSTEN

Diese Aufstellung sagt noch nicht viel aus. Annes Vermögen beläuft sich zwar auf die beeindruckende Summe von 318 070 Euro, dennoch ist sie häufig knapp bei Kasse. Daher möchte sie sich einen Überblick über die kurz- und langfristigen Aspekte ihrer finanziellen Lage verschaffen. Dazu müssen die Daten so aufbereitet werden, wie es die untere Tabelle auf dieser Seite zeigt.

Ihre momentane finanzielle Situation wird bestimmt durch das Geld, das ihre Schwester

ANNE SCHMIDTS VERBINDLICHKEITEN UND VERMÖGENSWERTE			
VERBINDLICHKEITEN	**(€)**	**VERMÖGENSWERTE**	**(€)**
KONTOÜBERZIEHUNG	200	BARGELD	100
HYPOTHEK	90 000	WOHNEIGENTUM	300 000
MIETKAUF	1 000	PKW	14 000
KREDITKARTEN	100	SCHMUCK/GEMÄLDE	700
GESAMTFORDERUNGEN ANDERER PERSONEN	91 300	DARLEHEN AN SCHWESTER	270
		MÖBEL	3 000
EIGENKAPITAL	226 770		
GESAMTSUMME EIGENES UND FREMDES GELD	318 070	MEINE VERMÖGENSWERTE	318 070

VERBINDLICHKEITEN UND VERMÖGEN
Werden weitere Einzelheiten einbezogen, ergibt sich ein genaueres Bild von Annes finanzieller Situation. Ihre Verbindlichkeiten und Forderungen (Geld, das sie bezahlen muss) entsprechen ihren Vermögenswerten (ihren Investitionen).

KURZ- UND LANGFRISTIGE VERBINDLICHKEITEN			
VERB. (LANGFRISTIG)	**(€)**	**VERMÖGEN (LANGFRISTIG)**	**(€)**
EIGENKAPITAL	226 770	WOHNEIGENTUM	300 000
HYPOTHEK	90 000	PKW	14 000
MIETKAUF	1 000	MÖBEL	3 000
		SCHMUCK/GEMÄLDE	700
GESAMT	317 770	GESAMT	317 700
VERB. (KURZFRISTIG)	**(€)**	**VERMÖGEN (KURZFRISTIG)**	**(€)**
KONTOÜBERZIEHUNG	200	DARLEHEN AN SCHWESTER	270
KREDITKARTEN	100	BARGELD	100
GESAMT	300	GESAMT	370

KURZ- UND LANGFRISTIG
Wenn man Verbindlichkeiten und Vermögenswerte nach den Kriterien »langfristig« (fest) und »kurzfristig« (umlaufend) aufschlüsselt, wird Annes finanzielle Situation klarer: Sie hat 300 Euro Schulden und 370 Euro Guthaben.

ihr schuldet. Sobald das zurückgezahlt ist, kann Anne ihren kurzfristigen Verbindlichkeiten nachkommen. Als »kurzfristig« oder »umlaufend« bezeichnet man, was innerhalb eines Jahrs realisiert oder verbraucht wird. Kurzfristige Verbindlichkeiten sind Schulden, die innerhalb eines Jahrs beglichen werden. Umlaufvermögen wird binnen eines Jahrs in Bargeld umgewandelt.

NETTOBESTAND

Um auf der Grundlage von Anne Schmidts kurz- und langfristigen Positionen eine Bilanz zu erstellen, ist nur noch ein weiterer Schritt nötig. Nachdem sie ihre Verbindlichkeiten und ihr Vermögen in kurz- und langfristige Kategorien eingeteilt hat, muss sichergestellt werden, dass diese beiden Positionen für den Bearbeiter klar unterscheidbar sind.

Anne interessiert der Nettobestand. »Netto« bezeichnet eine Position nach Abzug der jeweiligen Verbindlichkeiten. Annes Überschuss wird ermittelt, indem man den Betrag, den sie gegenwärtig schuldet, von dem abzieht, was sie besitzt. Die Summe, die sich daraus ergibt, nennt man auch Nettoumlaufvermögen.

Sie sehen, dass in der Bilanz unter der Überschrift »Anlagevermögen« der Begriff »Buchwert« verwendet wird. Er bezeichnet die Kosten von Anlagegegenständen, abzüglich der bis zu diesem Zeitpunkt erfolgten Abschreibungen (zu Abschreibungen siehe S. 98–100).

Wenn man mit jenen Gegenständen beginnt, die eine lange Lebensdauer haben oder mehrere Jahre genutzt werden (Maschinen, Computer usw.), stellt man schnell fest, dass 317.770 Euro in Anlagevermögen gebunden sind (Wohnung, Kfz, Möbel, Schmuck und Gemälde). Wendet man sich den kurzlebigeren Gütern zu, zeigt sich, dass 70 Euro als Nettoumlaufvermögen (Umlaufvermögen, abzüglich kurzfristige Verbindlichkeiten) einzustufen sind.

Finanziert wurde Annes Anlagevermögen durch 226 770 Euro aus ihrem Eigenkapital und weiteren 91 000 Euro aus einer Hypothek und einem Mietkauf, die ihre langfristigen Verbindlichkeiten darstellen. Die Summe dieser Positionen ergibt ebenfalls 317 770 Euro, sodass ihre Bilanz ausgeglichen ist.

BILANZ – NETTOBESTAND VON ANNE SCHMIDT		
VERMÖGEN UND VERBINDLICHKEITEN		**(€)**
ANLAGE-VERMÖGEN	Wohneigentum	300 000
	Kfz	14 000
	Möbel	3 000
	Schmuck/Gemälde	700
BUCHWERT		317 700
UMLAUF-VERMÖGEN	Darlehen an Schwester	270
	Bargeld	100
UMLAUFVERMÖGEN GESAMT		370
ABZÜGLICH KURZFRISTIGE VERBINDLICHKEITEN	Kontoüberziehung	200
	Kreditkarten	100
KURZFRISTIGE VERBINDLICHKEITEN GESAMT		300
NETTOUMLAUFVERMÖGEN		70
GESAMTVERMÖGEN		317 770
FINANZIERT DURCH	Eigenkapital	226 770
	Hypothek	90 000
	Mietkauf	1 000
GESAMT		317 770

NETTOBESTAND

Stellt man Annes Bilanzposten untereinander, zeigt sich, dass ihr Gesamtvermögen von 317 770 Euro ihrem Eigenkapital und ihren langfristigen Verbindlichkeiten entspricht.

FORMULARE ZUR BILANZIERUNG

Einige der hier dargestellten Bilanzen sind im Hochformat aufgebaut. In der Bundesrepublik Deutschland und den USA beispielsweise ist das Querformat üblich, in Großbritannien bevorzugt man das Hochformat.

Bilanzierung im Unternehmen

Die bisher gesammelten Informationen genügen zur Erstellung einer Bilanz der privaten Vermögensverhältnisse. Um diese zu einer Bilanz fortzuentwickeln, die betriebswirtschaftlichen Erfordernissen genügt, bedarf es weiterer Ergänzungen (siehe Tabelle rechts). Die langfristigen Darlehen – in unserem Beispiel die Hypothek und die Raten für einen Mietkaufvertrag – werden bei der betrieblichen Bilanzierung »Kredite, mit langfristiger Tilgung« genannt und vom Gesamtvermögen abgezogen, wodurch sich das Eigenkapital des Unternehmens ergibt.

Im unteren Abschnitt der Bilanz wird aufgeführt, wie diese Vermögensteile finanziert wurden (in diesem Fall durch Eigenkapital). Man hätte auch den Gewinn aus früheren Jahren wieder in das Geschäft investieren können (siehe dazu Bedeutung von Rücklagen, S. 95).

Auch das Wohneigentum wird nun nicht mehr als Privatbesitz betrachtet, sondern zum Betriebsvermögen gerechnet. (Dieser Schritt hat weit reichende Konsequenzen, die sich aber in der Bilanz nicht auswirken.)

Einteilung der Wirtschaftsgüter

In der Buchhaltung gelten Wirtschaftsgüter als wertvolle Ressourcen, die von einem Unternehmen zu bestimmten Kosten erstanden wurden. Sie lassen sich in drei Gruppen einteilen:
■ liquide Mittel
■ verfügbare Mittel
■ Eigentum

GESCHÄFTSBILANZ

Bei der betriebswirtschaftlichen Bilanzierung werden Hypotheken und Mietkäufe als langfristige Verbindlichkeiten verbucht. Immobilien, die gewerblich genutzt werden erscheinen im Anlagevermögen.

GESCHÄFTSBILANZ VON ANNE SCHMIDT			
VERMÖGEN UND VERBINDLICHKEITEN		(€)	(€)
ANLAGE-VERMÖGEN	Bürofläche	300 000	
	Pkw	14 000	
	Büromöbel	3 000	
	Schmuck/ Gemälde	700	
BUCHWERT			317 700
UMLAUF-VERMÖGEN	Darlehen an Schwester	270	
	Bargeld	100	
UMLAUFVERMÖGEN GESAMT		370	
ABZÜGLICH KURZFRISTI-GE VERBIND-LICHKEITEN	Kontoüberziehung	200	
	Kreditkarten	100	
KURZFRISTIGE VERBINDL. GESAMT		300	
NETTOUMLAUFVERMÖGEN			70
GESAMTVERMÖGEN			317 770
ABZÜG-LICH	Kredite mit langfristiger Tilgung		91 000
EIGENKAPITAL			226 770
FINANZIERT DURCH	Eigenkapital	226 770	
EIGENMITTEL GESAMT			226 770

LIQUIDE MITTEL

Um einen Wert darzustellen, müssen Ressourcen in Form von Bargeld vorliegen oder dazu geeignet sein, in der Gegenwart oder der Zukunft Gewinne zu erzeugen. Ein Schuldner zum Beispiel bezahlt in der Regel seine Rechnung. Aus dieser Zahlung wird somit verfügbares Bargeld. Besteht jedoch keine Aussicht, dass die Zahlung in absehbarer Zeit erfolgt, kann diesem Betrag auch kein Wert beigemessen werden.

VERFÜGBARE MITTEL

Eigentum ist in rechtlicher Hinsicht zu unterscheiden von Besitz oder Kontrolle. In der Buchhaltung hat dieser Begriff eine ähnliche, aber nicht identische Bedeutung. In einem Unternehmen machen Besitz oder Kontrolle aus einer Ressource noch keinen Vermögenswert. Eine geleaste Maschine zum Beispiel befindet sich im Besitz und unter der Kontrolle eines Unternehmens, gehört aber der Leasingfirma. Sie ist daher nicht nur kein Vermögensgegenstand, sondern verursacht im Gegenteil regelmäßige Kosten. Wäre diese Maschine jedoch Eigentum, würde sie zum Anlagevermögen des Unternehmens gezählt werden.

EIGENTUM

Die meisten Ressourcen eines Unternehmens werden zu so genannten ermittelbaren Kosten erworben. Wenn Sie für etwas Geld zahlen oder zusagen, nach einer gewissen Frist zu bezahlen, handelt es sich bei diesem Gut zweifelsfrei um einen Vermögenswert. Produkte, zu deren Herstellung Sie Geld aufwenden müssen (Löhne, Materialkosten usw.) stellen ebenfalls Vermögenswerte dar. Manchmal mag es Probleme

INSIDER-TIPP

Der Firmenwert ist ein Wertfaktor, der beim Kauf oder Verkauf eines Unternehmens eine wichtige Rolle spielt. Er verkörpert den Wert, der sich aus dem Ansehen (z. B. einem Markennamen) eines Unternehmens ergibt.

bereiten, den exakten Wert zu ermitteln, es ist jedoch deutlich, dass Geld gezahlt wurde.

VERMÖGENSWERTE AUFLISTEN

Es ist üblich, Vermögensteile in einer Bilanz in der Reihenfolge ihrer Dauerhaftigkeit aufzuführen; dabei beginnt man mit jenen, die am schwierigsten in Geld umzuwandeln sind, und schließt mit dem Bargeldbestand. Folgt man dieser Praxis beim Umlaufvermögen, kommen Lagerbestände und Inventar vor den Außenständen, denn zuerst müssen die Produkte an die Kunden verkauft werden, die dann ihre Rechnungen bezahlen, worauf das Geld wieder in das Unternehmen zurückfließt.

Dieses Gliederungsprinzip ist hilfreich beim Studium fremder Bilanzen oder beim Vergleich von Bilanzen. Es kann ferner dazu beitragen, Informationslücken schnell zu erkennen.

Verbuchen von Verbindlichkeiten

Hierbei handelt es sich um die Forderungen betriebsfremder Personen. Zu den Verbindlichkeiten gehören Positionen, die mühelos zu erkennen und zu bewerten sind, etwa Kredite und Geld, das man Lieferanten schuldet, aber auch Dinge, die sich weniger leicht quantifizieren lassen. In der Buchhaltung gibt es bestimmte Methoden, um diese Grauzone zu erfassen, aber auch sie können immer nur Annäherungswerte liefern.

Zu den Verbindlichkeiten zählen:
- Steuern
- Rückstellungen
- transitorische Passiva
- Überziehungen
- Darlehen
- Mietkäufe
- Geld, das man Lieferanten schuldet.

Jede Erfassungsmethode hat bestimmte Schwächen. Zudem sind nicht alle finanziellen Abläufe gleich gut zu erfassen. Lassen Sie sich von einem Buchhalter beraten.

UNEINBRINGLICHE FORDERUNGEN

Uneinbringliche Forderungen sind im Voraus meist nur schwer zu beziffern. Der Unterschied zwischen dem durchschnittlichen Auftragsvolumen Ihrer größten und kleinsten Kunden kann darauf hinweisen, in welcher Bandbreite sich uneinbringliche Forderungen bewegen können. Man sollte nicht davon ausgehen, dass pro Jahr nur ein Zahlungsausfall auftreten wird. Orientieren Sie sich am Vorjahr, und kalkulieren Sie entsprechend dem Wachstum einen Aufschlag ein.

Bedeutung von Rücklagen

In der letzten Fassung von Anne Schmidts Unternehmensbilanz (S. 93) bildete ihr Eigenkapital die einzige Absicherung für ihre unternehmerischen Verbindlichkeiten. Dabei gingen wir davon aus, dass sie diesen Betrag auf einmal aufbrachte. In Wirklichkeit dürfte sich ihr Kapital allmählich und auf unterschiedlichen Wegen aufgebaut haben.

Vielleicht gründete sie ihr Unternehmen mit einem Startkapital von 50 000 Euro. Seitdem erzielte sie einen Reingewinn nach Steuern von 100 000 Euro, den sie wieder in ihr Geschäft investierte. Die Bürofläche, die sie vor einigen Jahren für 223 230 Euro erwarb, wird augenblicklich mit 300 000 Euro bewertet, was einen

ANNE SCHMIDTS RÜCKLAGEN			
FINANZIERT DURCH		(€)	(€)
STARTKAPITAL			50 000
RÜCKLAGEN	Gewinnrücklagen	100 000	
	Kapitalrücklagen	76 770	176 770

Buchgewinn von 38 385 Euro ergibt. Der letzte Teil ihrer Unternehmensbilanz könnte jetzt also wie in der Tabelle oben dargestellt werden.

GEWINNRÜCKLAGEN

Den Gewinn von 100 000 Euro, der in das Unternehmen reinvestiert wurde, bezeichnet man auch als Gewinnrücklage, was bedeutet, dass das Geld vorhanden ist und zum Beispiel für den Kauf von Waren oder anderen Vermögenswerten verwendet werden könnte. Gewinnrücklagen werden normalerweise gebildet, wenn ein Unternehmen Gewinne erzielt, die zum Teil oder vollständig im Unternehmen belassen und nicht als Erträge ausgeschüttet werden.

KAPITALRÜCKLAGEN

Der Wertzuwachs der Bürofläche stellt dagegen lediglich einen Buchgewinn dar. Das heißt, diese 76 770 Euro repräsentieren Kapitalreserven, die nicht für den Kauf von Gütern eingesetzt werden können, weil sie erst zu Geld werden, wenn die Bürofläche verkauft wird. Doch mithilfe dieser Kapitalrücklagen könnte ein Bankkredit abgesichert werden, wodurch sich dieser Buchgewinn in liquide Mittel verwandeln ließe.

RECHNUNGSWESEN

Die Geschäftswelt besitzt eine eigene Sprache. Manche Begriffe klingen zwar aus dem Alltagsleben vertraut, können aber in der Buchführung eine ganz andere Bedeutung haben. Auch mögen einige Regeln dem gesunden Menschenverstand fremd erscheinen und werden erst klarer, wenn man bedenkt, dass die Buchführung in erster Linie Verwaltungszwecken dient. Sie muss festhalten, woher Geld kam und wohin es floss. Im folgenden Kapitel werden die Grundsätze des Rechnungswesens behandelt.

Ein besonders vorsichtiger Vertriebsleiter meinte einmal, ein Auftrag sei erst dann ein Auftrag, wenn der Scheck des Kunden gutgeschrieben sei, wenn der Kunde das Produkt konsumiert habe und nicht daran gestorben sei oder wenn er zu erkennen gegeben habe, dass er das gleiche Produkt ein weiteres Mal bestellen wird. Andererseits sind aber auch jene Unternehmer nur zu gut bekannt, die infolge ihres überschäumenden Optimismus von völlig überzogenen Absatzerwartungen ausgehen.

Auch im Geschäftsleben sollten Sie Ihre Küken zählen, noch bevor sie schlüpfen.

Realisierung von Kundenzahlungen

Der gesunde Menschenverstand legt es nahe, mit der Berechnung der Verkaufszahlen zu warten, bis die Kunden gezahlt haben. Schließlich wäre es möglich, dass die Kunden das Produkt ablehnen, dass sie ihre Meinung ändern oder Konkurs gehen, bevor sie bezahlen. Als Unternehmer jedoch muss man davon ausgehen, dass Verkäufe auch zu Geldeingängen führen. In der Buchführung unterscheidet man die Soll-Versteuerung von bilanzierenden Unternehmen, d. h. Erlöse werden versteuert, wenn die Leistung erbracht und die Rechnung gestellt wurde und Unternehmen mit Einnahme-Überschussrechnung (Ist-Versteuerung), d. h. die Erlöse werden versteuert, wenn die Zahlung eingeht.

Die Umsatzerlöse, die am Anfang der Gewinn- und Verlustrechnung stehen, entsprechen also dem Wert der Güter, die in der betreffenden Rechnungsperiode ausgeliefert und in Rechnung gestellt wurden. Sie spiegeln nicht die Beträge wider, die in dieser Zeit eingenommen wurden.

VERRECHNUNGSPRINZIP

Diesem Verfahren liegt das Verrechnungsprinzip zu Grunde. In der Buchhaltung werden Einnahmen und Ausgaben eines bestimmten Zeitraums aufeinander bezogen. Eine Gewinn- und Verlustrechnung erfasst also die wirtschaftliche Aktivität, nicht den Geldbestand. Geld wird auf andere Weise erfasst: in der Cash-Flow-Prognose (siehe dazu S. 22–23).

Wenn also in einem bestimmten Monat Material eingekauft und verarbeitet wurde, wenn Miete gezahlt und Telefonanrufe getätigt

DAS SPART GELD

Überflüssige Kosten entstehen, wenn man sich mit Rückgaben beschäftigen muss, die durch Lieferung falscher Produkte oder falscher Mengen verursacht wurden. Eine genaue Kontrolle der Waren vor der Auslieferung führt zu niedrigeren Kosten und zu zufriedeneren Kunden.

RÜCKGABEN VON WAREN

Wer Rückgaben einkalkuliert, kann den Nettoumsatz genauer ermitteln. Hier geht man davon aus, dass pro Jahr Waren für 2000 Euro zurückgenommen werden müssen.

RÜCKGABEN EINKALKULIEREN		
	(€)	(€)
BRUTTOUMSATZ	200 000	
RÜCKGABEN	2 000	
NETTOUMSATZ		198 000

wurden, müssen diesen Ausgaben die Einnahmen aus Verkäufen gegenübergestellt werden, die in diesem Monat erzielt wurden.

RÜCKGABEN BERÜCKSICHTIGEN

Das Verrechnungsprinzip beruht darauf, dass sich Ausgaben und Einnahmen im Lauf der Zeit ausgleichen. Das bedeutet aber nicht, dass man nicht mit uneinbringlichen Forderungen oder der Rückgabe von Waren rechnen muss. Treten solche Ereignisse nur selten auf, können Sie sie in Ihrer Kalkulation berücksichtigen.

Wenn Sie aus Erfahrung wissen, dass Rückgaben einen bestimmten Prozentsatz an Ihrem Umsatz ausmachen, können Sie mit einem »Bruttoumsatz«, dem Umsatz vor Rückgaben, und einem »Nettoumsatz« operieren, in dem diese Rücksendungen bereits berücksichtigt sind.

In obigem Beispiel erwartet man, dass Rücksendungen durchschnittlich ein Prozent des Umsatzes ausmachen, daher werden die übrigen Ausgaben in der Gewinn- und Verlustrechnung vom Nettoumsatz (198 000 Euro) abgezogen, statt vom Bruttoumsatz (200 000 Euro).

UNEINBRINGLICHE FORDERUNGEN BERÜCKSICHTIGEN

In Bezug auf Zahlungsausfälle kann man ähnliche Vorkehrungen treffen, indem man dafür pro Monat einen Betrag ansetzt. In den meisten Monaten werden gar keine uneinbringlichen Forderungen auftreten, gelegentlich aber schon, was die Finanzplanung durcheinander bringen kann, wenn man nicht vorgesorgt hat.

Sind in einer Branche Rückgaben oder Zahlungsprobleme an der Tagesordnung, bedarf es spezieller Regeln für den Umgang mit diesem Problem. Versandhändler etwa haben häufig mit Rücksendungen zu tun. Statt diese als lästige Störungen zu behandeln, sollten sie sie als Bestandteil ihres Geschäfts betrachten.

Rechnungs-abgrenzung

Die Gewinn- und Verlustrechnung soll die Ausgaben und Einnahmen einer Firma einem bestimmten Zeitraum zuordnen. Nur so lässt sich der Gewinn für die jeweilige Rechnungsperiode berechnen. Doch da nicht alle finanziellen Vorgänge eindeutig einem bestimmten Zeitraum zurechenbar sind, muss man sich der Methode der Abgrenzung bedienen. Anderenfalls geben Ihre Bücher nicht Ihren gegenwärtigen finanziellen Status wider.

ZEITPUNKT DER ABGRENZUNG

Transaktionen wie monatliche Gehaltszahlungen sind einfach zu handhaben. Schwierig wird es, wenn Sie für den Monat, in dem die alle zwei Monate zu zahlende Stromrechnung fällig wird, den Gewinn errechnen wollen, wie folgendes Beispiel zeigt: Verkaufserlöse für Januar: 8000 Euro, abzüglich Stromrechnung (1600 Euro), ergibt einen Gewinn von 6400 Euro.

Diese Rechnung verzerrt das Bild. Die Abschlagszahlung für Strom wurde gegen die

INSIDER-TIPP

Mit dem Begriff Rechnungs-abgrenzung bezeichnet man Vorkehrungen, die man für Vorgänge trifft, die nicht mit Belegen dokumentierbar sind, sich aber auf Gewinn oder Verlust auswirken.

ABSCHREIBUNGSMETHODEN

Nachfolgend werden drei Abschreibungsmethoden für Anlagevermögen dargestellt. Bei der Wahl der Methode – in der Praxis werden Sie verschiedene Methoden für unterschiedliche Vermögensteile verwenden müssen – ist es hilfreich, sich daran zu orientieren, was Sie konkret erreichen wollen. Meist geht es darum, die Anschaffungskosten eines Gegenstands auf die Jahre seiner Nutzungsdauer zu verteilen.

■ **LINEARE ABSCHREIBUNG** Hierbei wird angenommen, dass der Gegenstand während seiner Lebensdauer gleichmäßig abgenutzt wird. Im Beispiel (unten) geht man davon aus, dass ein Computer für 2400 Euro angeschafft und nach fünf Jahren für 400 Euro verkauft wird. Der abzuschreibende Betrag beläuft sich somit auf 2000 Euro. Setzt man 20 Prozent Abschreibungsrate an, lässt sich der auf jedes Jahr entfallende Buchwert ermitteln.

■ **DEGRESSIVE ABSCHREIBUNG** Diese Methode funktioniert ähnlich, doch geht man davon aus, dass die Abnutzung langsamer fortschreitet. Einige Vermögensgegenstände, etwa Autos, verlieren im ersten Jahr rasch an Wert, später jedoch langsamer. Während am Ende des ersten Jahrs also beide Methoden eine Abschreibung von 400 Euro ergeben, verändert sich das Bild ab dem zweiten Jahr. Nach der linearen Methode werden weitere 400 Euro abgeschrieben, während sich dieser Betrag nach der degressiven Methode auf 20 Prozent (angenommener Abschreibungsprozentsatz) von 1600 Euro (Differenz zwischen 2000 Euro und 400 Euro bisherige Abschreibung) auf 320 Euro reduziert.

■ **DIGITALE ABSCHREIBUNG** Während man bei der degressiven Methode einen gleich bleibenden Prozentsatz von einem sich verringernden Betrag abzieht, wird bei der digitalen Abschreibung ein fortlaufend geringer werdender Prozentsatz auf die ursprünglichen Kosten bezogen. Die Summe der erwarteten Nutzungsjahre bildet dabei den Nenner eines Bruchs. Der Zähler ist das betreffende Jahr, jedoch in umgekehrter Reihenfolge.

Hat der für 2400 Euro gekaufte Computer eine erwartete Nutzungsdauer von fünf Jahren, wäre der Nenner die Summe aus 1 + 2 + 3 + 4 + 5, also 15. Im ersten Jahr würden somit 5/15 des Kaufpreises von 2400 Euro abgeschrieben werden, was 800 Euro entspricht. Im zweiten Jahr wären es 4/15 (wonach noch 960 Euro bleiben) usw.

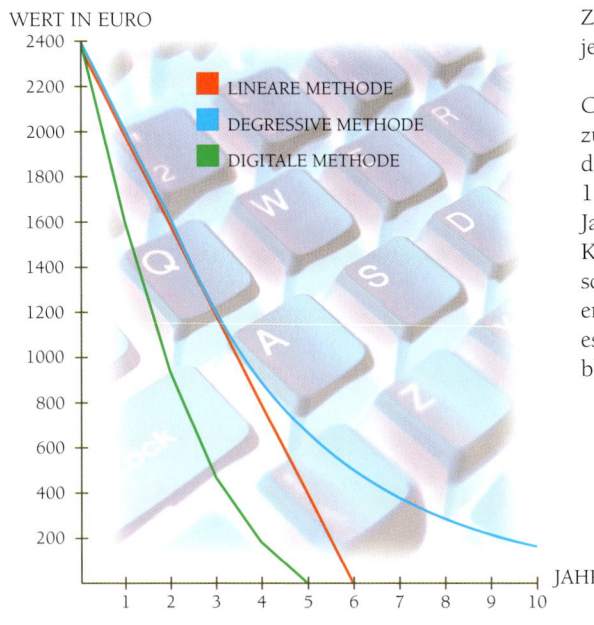

WERT IN EURO

- LINEARE METHODE
- DEGRESSIVE METHODE
- DIGITALE METHODE

JAHRE

ABSCHREIBUNGSRATEN
Mithilfe dieser drei Methoden – linear, degressiv und digital – werden die Raten für die Abschreibung von Gütern und Immobilien ermittelt.

Verkaufserlöse eines Monats aufgerechnet. Zudem wurden die Stromkosten für November bis Dezember den Einnahmen im folgenden Januar gegenübergestellt.

Da manche Rechnungen für den laufenden Monat noch nicht vorliegen, wenn man die monatliche Abrechnung erstellt, werden sie abgegrenzt, wie in diesem Beispiel die Stromrechnung. Das bedeutet, dass man in die Gewinn- und Verlustrechnung eine bestimmte Zahl einträgt, um für diese Verbindlichkeit Vorsorge zu treffen.

Handhabung der Abschreibung

Vermögenswerte gehen in der Regel zum Anschaffungspreis in die Bücher ein. In Wirklichkeit verändert sich der Wert eines Gegenstands jedoch im Lauf der Zeit. Normalerweise erleidet er einen Wertverlust, selten steigt sein Wert. In Bezug auf die Abschreibung ist es wichtig zu wissen, welche Wertveränderungen ein Gut durchlaufen wird.

Der Wert eines Gegenstands ist eine subjektive Einschätzung. Kompliziert wird der Sachverhalt zusätzlich dadurch, dass die Vermögensgegenstände – Gebäude, Maschinen, Computer usw. – meist nicht verkauft werden können.

BERECHNUNG DER ABSCHREIBUNG
Hier wurde eine Maschine, die für 20 000 Euro angeschafft wurde, mit fiktiven 10 000 Euro abgeschrieben, wodurch ein Buchwert von 10 000 Euro verbleibt.

ANSCHAFFUNGSKOSTEN AUFZEICHNEN

Aus Gründen der Objektivität zieht man in der Buchhaltung die Kosten als entscheidende Größe heran. Daher erscheint in der Bilanz nicht der Wert des Anlageguts sondern der Buchwert.

Obwohl die Anschaffungskosten eines Gegenstands im Vordergrund stehen, geht man in der Buchführung nicht davon aus, dass diese Größe unverändert bleibt. So kann etwa eine Maschine, die 20 000 Euro gekostet hat und eine angenommene Nutzungsdauer von vier Jahren besitzt, nach zwei Jahren nur noch einen Buchwert von 10 000 Euro haben.

KOSTEN ÜBER DIE ZEIT VERTEILEN

Die Abschreibung gibt an, wie ein Vermögensgegenstand im Lauf seiner Nutzungsdauer abgenutzt wird. Sie dient dazu, einen Teil der ursprünglichen Kosten eines Gegenstands den einzelnen Zeitabschnitten zuzuordnen. Diese Perioden werden durch die voraussichtliche Nutzungsdauer des Gegenstands bestimmt.

ABSCHREIBUNG BERECHNEN

Die Abschreibung lässt sich mittels unterschiedlicher Methoden berechnen. Die beiden gängigsten Methoden der planmäßigen Abschreibung sind die degressive Abschreibung (die Beträge der Abschreibung werden mit zunehmender Dauer immer kleiner) und die lineare Abschreibung (bei der die Abschreibungsbeträge immer gleich bleiben). Neben der sogenannten digitalen Abschreibung (die nur in ganz seltenen Fällen angewandt wird) werden sie auf Seite 98 ausführlich dargestellt.

ABSCHREIBUNG VON VERMÖGENSWERTEN		
	(€)	(€)
ANLAGEVERMÖGEN	20 000	
KUMULIERTE ABSCHREIBUNG BIS JETZT	10 000	
BUCHWERT		10 000

BEWERTUNG VON UNTERNEHMEN				
BESTEHENDES UNTERNEHMEN	(€)	BEI STILLLEGUNG	(€)	
ANLAGEVERMÖGEN (ZU KOSTEN)	200 000	ANLAGEVERMÖGEN (ZU KOSTEN)	200 000	
./. ABSCHREIBUNG	40 000	./. WIEDERVERKAUFSWERT	10 000	
NETTO-BUCHWERT	160 000	NETTO-BUCHVERLUST	190 000	

DER KLEINE UNTERSCHIED
Eine Firma mit einem Anlagevermögen in Höhe von 200 000 Euro hat nach Abschreibung einen Netto-Buchwert von 160 000 Euro. Bei Stilllegung ergibt der Wiederverkaufswert von 10 000 Euro einen Buchverlust von 190 000 Euro.

Die Abschreibung dient nicht dazu, alte Ausrüstungsgegenstände durch neue zu ersetzen, sondern ist lediglich ein buchhalterischer Vorgang. Im oben angeführten Beispiel wurden für die Maschine 20 000 Euro bezahlt, worauf sie in das Eigentum der Firma überging. Abschreibungen sind fiktiv und werden in sogenannten Abschreibungstabellen vom Gesetzgeber vorgegeben. Daraus folgt, dass der Buchwert der Maschine von 10 000 Euro nach zwei Jahren ebenfalls fiktiv ist. Die Maschine könnte auch nahezu wertlos werden (wie im Fall eines Computers) oder im Wert gestiegen sein (wie zum Beispiel ein Oldtimer).

Andere Vermögensteile, wie Grundstücke und Gebäude, werden gelegentlich neu bewertet, und Lagerbestände werden mit den Anschaffungskosten oder dem Marktwert in die Bücher aufgenommen, wobei jeweils der niedrigere Wert berücksichtigt wird, um dem Grundsatz der Vorsicht (siehe unten) Rechnung zu tragen.

Bewertung eines Unternehmens

In der Buchhaltung geht man davon aus, dass ein Unternehmen unbegrenzt fortgeführt wird, jedenfalls solange sich keine Gründe ergeben, die das Gegenteil nahe legen. Unter dieser Prämisse werden von den Buchhaltern oder Wirtschaftsprüfern auch die Jahresabschlüsse erstellt. Das bedeutet, dass die Anlagegegenstände eines Unternehmens als Mittel zur Gewinnerzielung betrachtet werden und nicht als Gegenstände, die veräußert werden können.

Wenn ein Unternehmen seine Geschäftstätigkeit einstellt, muss man diese Investitionsgüter anders betrachten, weil sie dann nicht mehr dazu dienen, Umsätze und Gewinne zu generieren. Am objektivsten lassen sie sich bewerten, wenn man ihren aktuellen Marktwert ermittelt. In unserem Beispiel wird das Anlagevermögen mit einem Wiederverkaufswert von 10 000 Euro angesetzt, sodass sich ein Netto-Buchverlust von 190 000 Euro ergibt.

Buchhaltungs- und Bilanzierungsrichtlinien

Die hier dargestellten Richtlinien bieten einen nützlichen Rahmen, erlauben aber auch unterschiedliche Interpretationen. Im Laufe der Zeit haben sich jedoch folgende allgemein anerkannte Grundsätze zur Anwendung dieser Richtlinien herausgebildet:
■ nüchterne Zurückhaltung
■ Verhältnismäßigkeit
■ Kontinuität

NÜCHTERNE ZURÜCKHALTUNG
Den Anruf des Buchhalters assoziieren viele Menschen zunächst spontan mit einer negativen Information zur finanziellen Situation ihres Unternehmens. Das liegt auch daran, dass Buchhalter sich einer verhaltenen und nüchternen Betrachtungsweise der Zahlen und Fakten befleißigen. Die Buchhaltung zieht schon allein aus steuerlichen Gründen immer jene Zahlen heran, die zu einem niedrigeren Schlussgewinn beim Jahresabschluss führen. Das heißt auch,

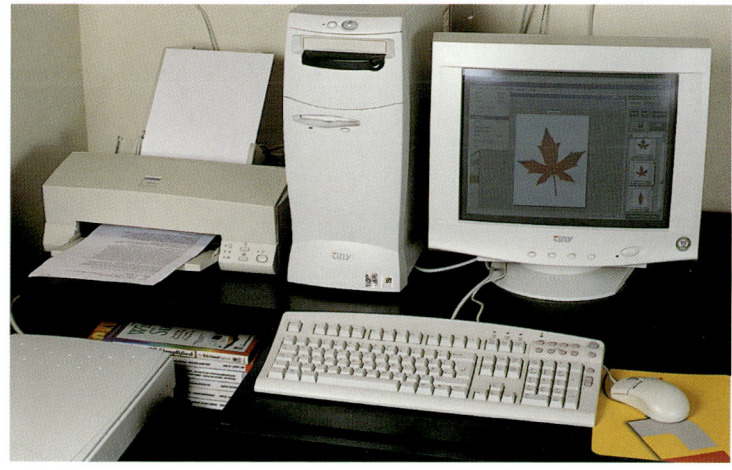

dass man bei zwei möglichen Aufwendungen die höhere in seine Kalkulationen einfließen lässt. Diese Herangehensweise beruht auf der Annahme, dass wohl kaum jemand unglücklich sein dürfte, wenn der Gewinn am Ende höher ist als erwartet.

VERHÄLTNISMÄSSIGKEIT

Eine minutiöse Handhabung der Abschreibung (siehe S. 98–100) wäre in einigen Fällen wenig effektiv. Streng genommen müsste nämlich auch Büromaterial wie Bleistiftspitzer und Heftklammern, das ja theoretisch auch zum Anlagevermögen zählt, über den Zeitraum seiner Nutzungsdauer abgeschrieben werden. Aus Gründen der Praktikabilität werden solche Verbrauchsgüter (bis zu einem Nettopreis von 400 Euro) gleich zum Zeitpunkt ihrer Anschaffung abgeschrieben.

Die Verhältnismäßigkeit hängt nicht von der Unternehmensgröße ab. Jedes Unternehmen, ob nun ein multinationaler Konzern oder ein kleiner Ein-Mann-Betrieb, hat die gleiche Aufzeichnungspflicht des Anlagevermögens.

Verwechseln Sie die vorsichtige Zurückhaltung Ihres Buchhalters nicht mit Pessimismus.

KONTINUITÄT

Trotz dieser allgemeinen Richtlinien besteht für Unternehmen noch ein beträchtlicher Spielraum hinsichtlich der Interpretation ihrer Finanzdaten.

Wenn Sie Ihre Vermögenswerte über zwei Jahre abschreiben, erzielen Sie weniger Gewinn als bei einer längeren Abschreibungsperiode.

Auch wenn es verlockend sein mag, das Abschreibungsverhalten den sich verändernden Bedürfnissen des Unternehmens anzupassen, sollten Sie sich für jene Methode entscheiden, die ein wahrheitsgetreues Bild Ihrer Geschäftsentwicklung liefert. Genauso sollten Sie mit den übrigen Aspekten der Buchhaltung verfahren, denn wenn sich die Buchhaltungsmethoden ständig ändern, könnten Sie schnell den Überblick über die Geschäftsvorgänge verlieren.

Das bedeutet freilich nicht, dass Sie für immer an eine Methode gebunden sind. Ändern sich die geschäftliche Situation oder die Umstände, müssen Sie auch Ihr Verhalten anpassen. Doch jede Umstellung der buchhalterischen Praktiken will genau überlegt sein.

Vergleichs-analysen

Ähnlich, wie die Instrumente des Armaturenbretts Informationen über den Zustand eines Autos liefern – Geschwindigkeit, Benzinstand usw. –, verfügt auch ein Unternehmen über bestimmte Kontrollanzeigen. Diese nennt man Kennziffern. Mittels verschiedener Kennziffern lässt sich die Entwicklung eines Unternehmens aus unterschiedlichen Blickwinkeln beleuchten. Dieses Kapitel behandelt die wichtigsten Analysemethoden, die Licht in die inneren Abläufe eines Betriebs bringen und anzeigen, wie es um das Unternehmen steht.

DEN GESAMT-
ÜBERLICK BEWAHREN

Die Aufzeichnung der Finanzdaten ist eine der Grundvoraussetzungen für die Analyse der wirtschaftlichen Entwicklung einer Firma. Nur wenn Ihnen alle Daten vorliegen, können Sie beurteilen, ob Ihre Firma gut oder schlecht läuft. Für diese Analyse benötigt man bestimmte Werkzeuge, genauer Kennziffern, deren Bedeutung man verstehen muss, bevor man sie anwenden kann.

Bei der Analyse von Finanzinformationen zieht man Vergleiche heran: Eine Firma ist mehr oder weniger profitabel oder hat mehr oder weniger Schuldner als im Vorjahr.

Da sich ein Unternehmen ständig verändert, lässt sich seine Entwicklung am besten durch Kennziffern erfassen. Eine Kennziffer ist eine Zahl, die zu einer anderen ins Verhältnis gesetzt wird. Eine Strecke von 100 Kilometern zurückzulegen erscheint erst dann eindrucksvoll, wenn man weiß, dass dafür nur eine Stunde benötigt wurde. Die Kennziffer beträgt 100 Kilometer pro Stunde. Weiß man, dass das Auto eine Spitzengeschwindigkeit von 120 km/h erreicht, lässt dies den Vergleich mit anderen Autos zu.

Analyse mittels Kennziffern

Auch in der Wirtschaft können Kennziffern trockene Daten in wertvolle Informationen verwandeln und Entscheidungen erleichtern. Die Tabelle rechts enthält grundlegende Finanzdaten zweier Unternehmen aus derselben Branche. Einige dieser Angaben, wie Betriebskapital, investiertes Kapital und Bankkredite, stammen aus der Bilanz, während der Umsatz sowie Brutto- und Reingewinn der Gewinn- und Verlustrechnung entnommen wurden.

Auf den ersten Blick sieht Firma A besser aus als Firma B: Umsatz sowie Brutto- und Reingewinn sind höher. Aber wenn man die Kennziffern vergleicht, verändert sich das Bild leicht.

VERGLEICH DER BRUTTOGEWINNSPANNE
Aus der Tabelle rechts ergibt sich, dass die Bruttogewinnspanne (ausgedrückt in Prozent des Umsatzes) bei Firma A fast 55 Prozent

ERSTER EINDRUCK
Die Zahlen von Firma B wirken eindrucksvoller als die von Firma A: Umsatz sowie Brutto- und Reingewinn sind höher. Die kritische Prüfung aber zeigt, dass es um Firma B nicht so gut bestellt ist, wie der erste Blick vermuten ließ.

WER SIEHT IN FINANZIELLER HINSICHT BESSER AUS?		
	FIRMA A (€)	FIRMA B (€)
UMSATZ	712 000	1 090 000
BRUTTOGEWINN	390 000	510 000
BETRIEBSKAPITAL	55 000	200 050
INVESTIERTES KAPITAL	120 000	400 000
BANKKREDITE	40 000	300 000
REINGEWINN	60 000	80 000

WER STEHT FINANZIELL TATSÄCHLICH BESSER DA?	FIRMA A (€)	FIRMA B (€)
UMSATZ	712 000	1 090 000
BRUTTOGEWINN	390 000	510 000
BETRIEBSKAPITAL	55 000	200 050
INVESTIERTES KAPITAL	120 000	400 000
BANKKREDITE	40 000	300 000
REINGEWINN	60 000	80 000

	FIRMA A (%)	FIRMA B (%)
ERTRAG AUS INVESTITIONEN	50	20
VERSCHULDUNGSGRAD	33	75
REINGEWINN	8,4	7,3
INVESTITIONSQUOTE = UMSATZ/INVESTIERTES KAPITAL	(€) 5,93	(€) 2,725
BRUTTOGEWINNSPANNE	54,7	46,7

VERHÄLTNISMÄSSIGKEIT

Obwohl Firma B einen höheren Bruttogewinn erzielt, geht es Firma A besser, die auf Grund von Reingewinn (%), Bruttogewinnspanne und Ertrag aus Investitionen besser dasteht.

72 000 Euro bei Firma B dagegen wird mit einem Betriebskapital von lediglich 120 000 Euro erwirtschaftet. Man muss kein Finanzgenie sein, um zu erkennen, dass dies nur ein Drittel des Kapitals ist, das Firma B benötigt. Der Ertrag aus investiertem Kapital – vergleichbar den Zinsen aus einer Bankeinlage – ist bei Firma A also mehr als zweimal so hoch.

Je mehr man sich mit den Zahlen beschäftigt, desto erfolgreicher erscheint Firma A. Sie hat wesentlich weniger Kreditschulden, würde also weniger leiden, sollte sich die Konjunktur verschlechtern, und ihr Umsatz im Verhältnis zum Betriebskapital ist doppelt so hoch wie das von Firma B. Firma A verkauft zwar weniger Produkte und macht weniger Gewinn, ist aber wesentlich profitabler, weil sie ihre Ressourcen effizienter zu nutzen versteht, und wird wahrscheinlich nicht so schnell auf Kredite zurückgreifen müssen.

Anders ausgedrückt: Würden Sie es vorziehen, jemandem 400 000 Euro anzuvertrauen, der Ihnen dafür 80 000 Euro Zinsen zahlt, oder 120 000 Euro jemandem, der Ihnen für diese Summe 60 000 Euro Zinsen bieten kann? Die Antwort dürfte nicht schwer fallen.

Die hier behandelten Kennziffern werden im Kapitel »Ins Detail gehen« (S. 112–129) noch ausführlicher erklärt.

beträgt, bei Firma B dagegen nur knapp 47 Prozent. Diese Zahlen ergeben sich folgendermaßen: Firma A: 390/712 x 100 = 54,7; Firma B: 510/1090 x 100 = 46,7. Bei der Nettoumsatzrendite zeigt sich ein ähnlicher Unterschied.

ERTRAG AUS INVESTIERTEM KAPITAL

Die größten Unterschiede allerdings ergeben sich, wenn man Bilanzdaten einbezieht. Die Firma B verfügt über ein Betriebskapital von 400 000 Euro, das in Maschinen, Lagerbeständen und Gebäuden gebunden ist, und erzielt 80 000 Euro Gewinn. Das entspricht einem Ertrag von 20 Prozent auf das investierte Kapital. Der etwas niedrigere Gewinn von

DAS SPART GELD

Gute Buchführungsprogramme verfügen über einen »Reportgenerator«, der die Analyse von Kennziffern ermöglicht. Sie übernehmen dadurch die Funktion eines Buchhalters, den man bei der Interpretation von Kennziffern um Rat fragen kann. Diese Software ist natürlich etwas teurer, zahlt sich langfristig aber aus.

Probleme mit Kennziffern

Im Allgemeinen zeigen ansteigende oder große Zahlen einen Aufwärtstrend an. In Bezug auf Finanzkennziffern verhält es sich aber nicht so eindeutig. Manchmal ist eine hohe Zahl gut, in anderen Fällen aber ist es umso besser, je niedriger die Zahl ausfällt. Es gibt sogar finanztechnische Situationen, in denen gleichwertige Kennziffern unterschiedliche Bedeutung haben. Dafür sind vor allem folgende Aspekte verantwortlich:

■ Unterschiede der Finanzlage
■ Unterschiedliche Betriebsgrößen
■ Saisonale Faktoren
■ Veränderungen durch die Inflation.

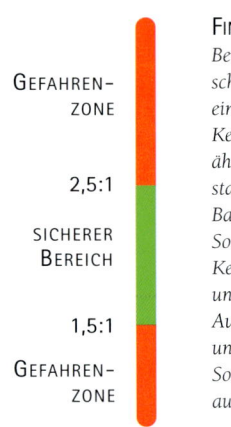

GEFAHREN-
ZONE

2,5:1

SICHERER
BEREICH

1,5:1

GEFAHREN-
ZONE

FINANZIELLE MESSLATTE
Bewertet man die wirtschaftliche Entwicklung einer Firma anhand von Kennziffern, kann man ähnlich wie beim Ölmessstab im Auto mit einer Bandbreite operieren. So ist z. B. eine Liquiditäts-Kennziffer zwischen 1,5:1 und 2,5:1 akzeptabel. Jeder Ausschlag nach oben oder unten wäre Anlass zur Sorge, wenngleich jeweils aus anderen Gründen.

UNTERSCHIEDE DER FINANZLAGE

Die Tabelle unten zeigt, dass sich das Betriebskapital beider Unternehmen auf 32 820 Euro beläuft und sich aus einem Umlaufvermögen

von jeweils 46 200 Euro, abzüglich kurzfristiger Verbindlichkeiten in Höhe von 13 380 Euro, ergibt. Eine Kennziffer, die sich auf diese Faktoren bezieht, ist daher für beide Firmen identisch. Das Verhältnis zwischen Umlaufvermögen und kurzfristigen Verbindlichkeiten beträgt bei

SCHWIERIGER VERGLEICH		FIRMA A (€)	FIRMA B (€)
UMLAUF-VERMÖGEN	Lagerware	20 000	45 980
	Außenstände	26 000	200
	Bargeld	200	20
UMLAUFVERMÖGEN GESAMT		46 200	46 200
ABZÜGLICH KURZFRISTIGER VERBINDLICHKEITEN	Kontoüberziehung	10 000	180
	Darlehen	3 380	13 200
KURZFRISTIGE VERBINDLICHKEITEN GESAMT		13 380	13 380
NETTOUMLAUFVERMÖGEN		32 820	32 820
AKTUELLE KENNZIFFER		3,4:1	3,4:1

ENDE DER GEMEINSAMKEITEN
Die Unternehmen A und B verfügen über identische Umlaufvermögen, kurzfristige Verbindlichkeiten und Nettoumlaufvermögen, aber das bedeutet nicht, dass sie sich in der gleichen finanziellen Verfassung befinden. Auf Grund ihrer höheren Außenstände und der geringeren Lagerbestände ist Firma A in einer wesentlich besseren Position als Firma B.

beiden 3,4:1. Doch sollten wir die Unterschiede ins Auge fassen.

Firma A geht davon aus, dass die Außenstände bezahlt werden, wenigstens so weit, dass die relativ niedrigen Verbindlichkeiten getilgt werden können. Firma B dagegen kann nicht mit größeren Zahlungseingängen aus Außenständen rechnen; gleichzeitig hat man Kredite in Höhe von 13 200 Euro, was eine Gefahr für die finanzielle Stabilität der Firma darstellt.

Der mit 46 000 Euro bezifferte Lagerbestand von Firma B hat nur insoweit einen Wert, als die Bestände auch verkäuflich sind, und auch dann wird es eine Weile dauern, bis Geld eintrifft. Das zeigt, dass sich die beiden Unternehmen, obwohl sie identische Kennziffern aufweisen, in einer völlig unterschiedlichen Lage befinden.

Allgemein ist eine hohe Betriebskapital-Kennziffer eher ungünstig. Je mehr Geld in Betriebskapital gebunden ist, desto schwieriger wird es für eine Firma, einen befriedigenden Ertrag auf das investierte Kapital zu erzielen.

Ein hoher Ertrag auf das investierte Kapital ist in der Regel besser als ein niedriger, aber auch das kann ein Gefahrensignal sein und darauf hinweisen, dass die Firma höhere Risiken eingeht. Und auch hohe Gewinn-Kennziffern sind nicht immer gut: Manchmal kann eine

Lassen Sie sich niemals durch herausragende Umsatzzahlen irreführen.

höhere Gewinnmarge sinkende Umsätze und damit eine geringere Gesamtrentabilität zur Folge haben.

VERSCHIEDENE BETRIEBSGRÖSSEN

Schwierig ist auch der Vergleich der Kennziffern zweier unterschiedlicher Unternehmen. Ein Lkw kann schließlich auch nicht so schnell fahren wie ein Sportwagen. Ein junges Unternehmen kann gerade am Anfang beachtliche Wachstumsraten erzielen. Eine Umsatzausweitung von 20 000 Euro in den ersten sechs Monaten auf über 200 000 Euro in der zweiten Hälfte des Geschäftsjahrs ist nichts Ungewöhnliches, von einem reifen Unternehmen jedoch ähnliche Wachstumsraten zu erwarten wäre unrealistisch. Man muss also darauf achten, dass nur Vergleichbares miteinander verglichen wird. Auch müssen die unterschiedlichen Bedingungen der Unternehmen berücksichtigt werden (oder, bei gleichen Bedingungen, das geschäftliche Umfeld der jeweiligen Jahre).

EIN REIFES UNTERNEHMEN
Wachstum muss auf die Größe des Unternehmens und die Ausdehnung des Markts bezogen werden. Würde etwa BP seinen Umsatz von zehn auf 50 Milliarden Euro steigern, gäbe es weltweit wohl keinen anderen Ölkonzern mehr.

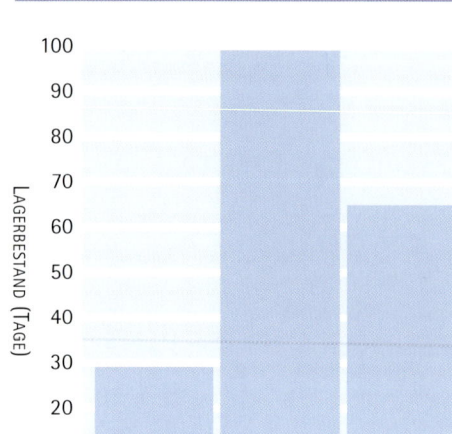

LAGERBESTAND (TAGE)

100
90
80
70
60
50
40
30
20
10
0

März
(Ende des Ge-
schäftsjahrs)

Okt.–Jan.

Jahresdurch-
schnitt

BEMESSUNGSZEITRAUM

SAISONALE SCHWANKUNGEN
*Diese Grafik zeigt, dass es ein Fehler wäre, den Lagerbe-
stand irgendeines Stichtags zur Bemessungsgrundlage zu
machen. Nur der Durchschnittswert ist aussagekräftig.*

Jede dieser Zahlen kann ein falsches Bild ergeben, der Durchschnitt hingegen kommt der
Wahrheit näher.

In nebenstehendem Beispiel (links) ist
deutlich zu erkennen, dass der Lagerbestand am
Ende des Geschäftsjahrs nur ein Drittel des
Bestands in den ersten neun Monaten aus-
macht. Der durchschnittliche Bestand eignet
sich daher besser als Berechnungsgrundlage.

EINFLUSS DER INFLATION
Kennziffern ziehen stets Geld als Vergleichsgrundlage heran. Dies wäre keine Problem,
würden sich alle diese Angaben auf dasselbe
Datum in der Vergangenheit beziehen, doch das
ist nicht der Fall. Man muss akzeptieren, dass
sich zwei Jahre nicht sinnvoll miteinander vergleichen lassen, solange man nicht die durch
die Inflation verursachte Veränderung des Geld-
werts berücksichtigt.

In der jüngsten Vergangenheit ließ sich die
Inflation in den Industrieländern zügeln und
bewegte sich zwischen zwei und fünf Prozent.
Doch das war nicht immer so. Wenn die Inflationsrate steigen sollte, müsste dies in der Ver-
gleichsanalyse berücksichtigt werden. Bei einer
konstanten Inflation von vier Prozent würde die
Summe von 2000 Euro nach vier Jahren nur
noch 1710 Euro entsprechen.

Vielleicht haben Sie aus einer Bilanz erfahren,
dass Ihr Konkurrent in den vergangenen vier
Jahren jährlich um acht Prozent gewachsen ist,
wobei aber die Inflation nicht in Betracht gezo-
gen wird. Lag die Inflationsrate bei vier Prozent,
betrug das reale Wachstum des Unternehmens
also nur vier Prozent. Lag das konjunkturelle
Wachstum ebenfalls bei vier Prozent, dann hat
sich dieses Unternehmen nicht, wie zunächst
angenommen, gesund entwickelt, sondern ist
nur mit dem Strom geschwommen und hat
lediglich ein geringes Wachstum erzielt.

Auch ist es wichtig, dass alle Beteiligten unter
Buchführungskategorien wie etwa Umlaufvermögen dasselbe verstehen. Die Vorschriften der
Buchführung lassen Spielraum. Der Anhang, der
sich am Ende der jeweiligen Bücher findet, kann
helfen, diese Sachverhalte zu klären und even-
tuelle Abweichungen zu erläutern.

SAISONALE FAKTOREN
Viele Kennziffern beruhen auf Bilanzdaten. Doch
Bilanzen werden immer zu einem bestimmten
Zeitpunkt erstellt und spiegeln nicht die durch-
schnittliche Geschäftslage wider.

So können zum Beispiel saisonale Einflüsse
ein- oder zweimal im Jahr für besonders hohe
Umsätze sorgen. Eine Bilanz, die unmittelbar
vor solchen Ereignissen erstellt wurde, wird
daher sehr hohe Lagerbestände ausweisen, die
wegen dieser zu erwartenden starken Nachfrage
eigens angeschafft wurden. Ihnen stehen entsprechend niedrige Barreserven gegenüber, da
ein Großteil des Gelds für den Wareneinkauf
aufgewendet wurde. Eine nach diesem zu erwartenden Umsatzanstieg erstellte Bilanz dagegen wird hohe Geld- und entsprechend niedrige
Lagerbestände ausweisen.

FAKTOREN, DIE DEN ERTRAG BEEINFLUSSEN

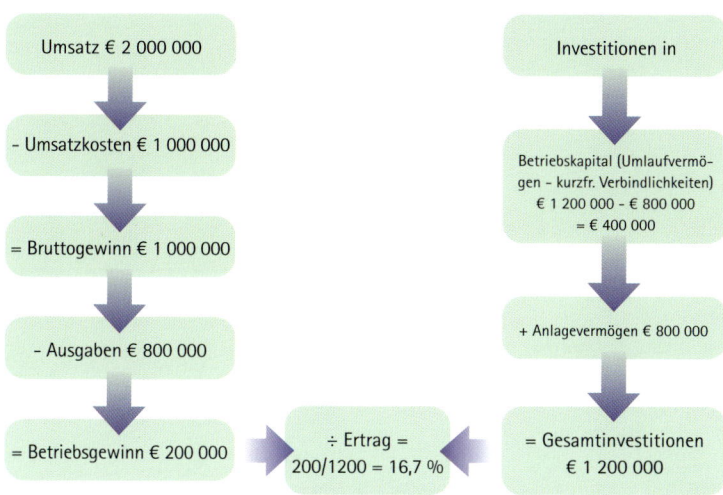

Umsatz € 2 000 000

− Umsatzkosten € 1 000 000

= Bruttogewinn € 1 000 000

− Ausgaben € 800 000

= Betriebsgewinn € 200 000

Investitionen in

Betriebskapital (Umlaufvermögen − kurzfr. Verbindlichkeiten)
€ 1 200 000 − € 800 000
= € 400 000

+ Anlagevermögen € 800 000

= Gesamtinvestitionen
€ 1 200 000

÷ Ertrag =
200/1200 = 16,7 %

EINFLÜSSE AUF DEN ERTRAG
Diese Kombination aus einer Gewinn- und Verlustrechnung (linke Spalte) und einer Bilanz (rechte Spalte) zeigt, dass verschiedene Faktoren den Ertrag auf das investierte Kapital (Mitte) beeinflussen. Verändert sich einer dieser Faktoren, ergibt sich ein anderer Prozentsatz.

Entscheidung über finanzielle Ziele

B evor man die Entwicklung einer Firma anhand von Kennziffern vergleichen kann, muss Klarheit herrschen über die Ziele, die das Unternehmen anstrebte. Ein Umsatzwachstum von 15 Prozent klingt gut, aber wenn 25 Prozent das realistische Ziel waren, wirkt die niedrigere Zahl nicht besonders eindrucksvoll.

Jedes gut geführte Unternehmen setzt sich finanzielle Ziele, anhand derer es sich messen lässt. Um einen befriedigenden Ertrag auf die eingesetzten Mittel, seien es Geld oder Arbeitskräfte, zu erreichen, müssen ungenutzte Kapazitäten (oder überflüssiges Personal) auf ein Minimum reduziert werden. Langfristig muss jedes Unternehmen einen zufriedenstellenden Ertrag erwirtschaften, anderenfalls wird sich ein Investor andere Anlagemöglichkeiten suchen.

ERTRAGSBEEINFLUSSENDE FAKTOREN

Vergleichsanalysen beschäftigen sich meist mit den Faktoren, die den Ertrag auf das investierte Kapital beeinflussen (siehe Modell oben).

Links sehen Sie eine verkürzte Gewinn- und Verlustrechnung, rechts einen Bilanzauszug, aus dem hervorgeht, wie das Geld eingesetzt wurde. Es ergibt sich ein Ertrag von 200 000 Euro auf das investierte Kapital in Höhe von 1,2 Millionen Euro, was 16,7 Prozent entspricht.

■ **UMSATZWACHSTUM ODER KOSTENSENKUNG**
Sowohl ein Umsatzwachstum als auch kostensenkende Maßnahmen können zu einer Gewinnsteigerung beitragen. Wenn das Betriebskapital, die Lagerbestände, die Schulden und das Anlagevermögen nicht wachsen, verbessert sich der Ertrag. Steigt etwa der Gewinn auf 240 000 Euro, während die Summe des investierten Kapitals unverändert

DAS SPART ZEIT

Bei der Formulierung der finanziellen Ziele Ihre Unternehmens sollten Sie auch die finanzielle Entwicklung vergleichbarer Firmen aus Ihrer Branche berücksichtigen. Beschaffen Sie sich Bilanzen, in denen die Schlüssel-Kennziffern bereits kalkuliert worden sind.

Finanzielle Reife

Wie reif ein Unternehmen ist, zeigt sich häufig in seiner Buchführung. Eine junge Firma sollte spätestens im zweiten Geschäftsjahr ein einfaches Buchhaltungssystem (einfache Buchführung) eingerichtet haben. Im dritten Geschäftsjahr sollte die doppelte Buchführung eingeführt sein, und im vierten kann sie mittels der bisherigen Daten Budgets erstellen und Kennziffern analysieren.

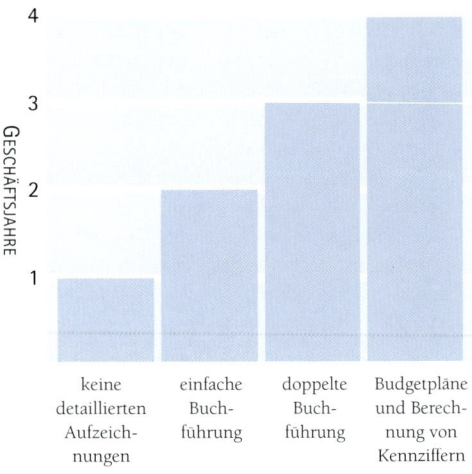

UMFANG DER BUCHFÜHRUNG

bleibt, erhöht sich der Ertrag auf 20 Prozent (240/1200 x 100).

■ **Senkung der Investitionen** Dasselbe Ergebnis wird erzielt, wenn man die Investitionen in Anlagevermögen und Betriebskapital reduzieren kann, ohne das Gewinnniveau zu beeinträchtigen. Wenn man in unserem Beispiel die Lagerbestände verringern und weniger Maschinen anschaffen könnte, sodass das investierte Kapital von 1,2 auf eine Million Euro sinkt (während Produktionsumfang und Gewinn unverändert bleiben), würde der Ertrag ebenfalls auf 20 Prozent steigen (200/1000 x 100).

Auf gesunde Finanzen achten

Jedes Unternehmen muss sich eine stabile finanzielle Basis erhalten und ein gesundes Wachstum erzielen. Um diese Ziele zu erreichen, müssen eventuell größere Lagerbestände gehalten werden und liquide Mittel vorhanden sein, um auf unerwartete Situationen reagieren zu können. Dadurch mag ein Unternehmen kurzfristig als weniger effektiv erscheinen, aber es wird Stürmen standhalten können und dadurch langfristig erfolgreicher werden.

Stabile Kennziffern werden von Kapitalgebern und Banken als Zeichen für finanzielle Solidität betrachtet. Sie flößen Vertrauen ein. Dadurch steigt Ihre Kreditwürdigkeit, und Sie kommen leichter und vielleicht auch billiger an notwendige Darlehen.

Eine Firma, deren Rechnungen regelmäßig in durchschnittlich weniger als 40 Tagen bezahlt werden, wirkt solider, als ein Unternehmen, bei dem die Zahlungseingänge starken Schwankungen unterworfen sind. Es ergibt sich zwar der-

selbe Durchschnittswert, aber im ersten Fall verfügt das Unternehmen offenbar über funktionierende Inkassoverfahren, während im zweiten der Anschein entsteht, als würde die Firma Panikmaßnahmen ergreifen, um ein Cash-Flow-Problem zu bewältigen, die sie dann aber wieder einstellt, wenn die Zahlungen vorübergehend ohne Verzögerungen fließen.

Heranziehen von Maßstäben

Sie müssen auch wissen, anhand welcher Maßstäbe Sie die Firmenentwicklung vergleichen sollen. Es gibt vier allgemein anerkannte Maßstäbe, nach denen man die Geschäftsergebnisse eines Jahrs vergleichen kann:
■ die Entwicklung des vergangenen Jahres
■ die selbst gesetzten Ziele
■ die Entwicklung der Konkurrenten
■ die Entwicklung der Branche (Bezugsbasis).

Vergleich zweier Geschäftsjahre

Zunächst wollen Sie wissen, wie sich Ihr Geschäft heuer im Vergleich zum letzten Jahr entwickelt hat. Damit messen Sie die Entwicklung an einem historischen Maßstab. Diese Methode wird häufig verwendet, um das Umsatz- und Gewinnwachstum zu vergleichen, hat allerdings auch einige Nachteile.

Wenn sich die Buchführungstechniken jedes Jahr ändern, etwa die Abschreibungsmethoden, fehlt Ihnen eine tragfähige Vergleichsgrundlage. Durch die Inflation verändert sich zudem der Wert des eingenommenen Gelds. Die größte Schwäche historischer Vergleiche besteht allerdings darin, dass sich Ihr gesamtes Unternehmen im Lauf der Zeit verändern kann. Kunden, Produkte, Personal und Ausrüstung ändern sich, sodass ein Vergleich zwischen zwei Jahren Unterschiede ergeben kann, über deren Ursachen zunächst noch nichts ausgesagt ist.

Wenn etwa Umsatz und Gewinn eines Unternehmens von 200 000 Euro bzw. 40 000 Euro im Vorjahr auf 400 000 Euro bzw. 80 000 Euro gestiegen sind, könnte man denken, die Firma sei doppelt so erfolgreich gewesen. Weiß man aber, dass der Anstieg durch einen einmaligen Auftrag bedingt war, bei dem das Unternehmen lediglich als Vermittler tätig war, wirkt die Entwicklung weit weniger beeindruckend.

VERGLEICH MIT DER ZIELSETZUNG

Ein Vergleich mit den selbst gesteckten Zielen kann wesentlich aussagekräftiger sein. Vielleicht haben Sie sich vorgenommen, den Umsatz zu verdoppeln, den Gewinn um 25 Prozent zu steigern, in einen neuen Markt vorzustoßen oder neue Produkte herauszubringen. Im Budget wird ein bestimmter Betrag reserviert, der investiert wird, um diese Ziele in einer bestimmten Zeit zu erreichen. Später kann man die Ergebnisse mit dem Plan vergleichen (siehe S. 130–135).

VERGLEICH MIT DER KONKURRENZ

Wahrscheinlich interessiert es Sie auch, wie erfolgreich Sie im Verhältnis zu Ihren Mitbewerbern oder zu Firmen in einer verwandten Branche abgeschnitten haben. Daraus können Sie wertvolle Hinweise gewinnen, die es Ihnen ermöglichen, Ihre Angebote zu verbessern oder neue Geschäftsmöglichkeiten zu nutzen. Für derartige Analysen benötigen Sie externes Material. Informationen und Daten zur finanziellen Entwicklung anderer Unternehmen erhalten Sie über die Industrie- und Handels- oder Handwerkskammern, aber auch durch Jahresberichte, falls es sich um Aktiengesellschaften handelt, und über die Presse.

VERGLEICH MIT EINER BEZUGSBASIS

Viele Branchen, wie in dem Beispiel unten dargestellt, schicken Daten in anonymisierter Form an zentrale Sammelstellen. Diese Informationen werden anschließend, häufig in Form von Kennziffern, veröffentlicht, damit Unternehmer prüfen können, wie sich ihre Firmen im Vergleich zum Branchendurchschnitt entwickelt haben.

Wenn Ihre Termintreue unter 85 Prozent lag und sich die Fehlzeiten des Personals auf mehr als fünf Prozent beliefen, hat sich Ihr Unternehmen schlechter als der Durchschnitt und deutlich schlechter als die besten Firmen entwickelt, wie das unten dargestellte Beispiel zeigt.

BRANCHENVERGLEICH
Mittels einer Bezugsbasis kann man die Entwicklung seiner Firma mit jener der Branchenführer vergleichen. Unterdurchschnittliche Werte sollten ein Warnsignal sein.

BEZUGSGRÖSSEN FÜR KLEINE MASCHINENBAUBETRIEBE		DURCHSCHNITT	TOP 25 %	TOP 10 %
TERMINTREUE		87 %	98 %	100 %
AUSBILDUNG/ EINARBEITUNG	Mitarbeiter	5 Tage	8 Tage	10 Tage
	Neueinstellungen	12 Tage	20 Tage	28 Tage
FEHLZEITEN		3,2 %	2 %	1 %

INS DETAIL GEHEN

Ähnlich, wie die Instrumente auf dem Armaturenbrett Ihres Autos Ihnen Angaben über die Geschwindigkeit oder die Temperatur des Motors liefern, informieren Sie zahlreiche Kennziffern über verschiedene Aspekte der Entwicklung Ihres Unternehmens. Diese Kennziffern müssen Sie zunächst richtig interpretieren, bevor Sie entscheiden können, in welchen Bereichen Ihres Unternehmens Verbesserungen notwendig sind. Aus diesen Kennziffern können Sie auch Informationen beziehen über Ihre Konkurrenten, über Kunden und Lieferanten und über deren Geschäftsentwicklung. In diesem Kapitel beschreiben wir die wichtigsten Maßnahmen, die Ihnen helfen die Geschäftsabläufe und die wirtschaftliche Situation Ihres Unternehmens zu analysieren.

In Bezug auf Ihr Unternehmen sollten Sie alle nötigen Unterlagen zur Hand haben, sofern Sie Ihre Buchhaltung auf dem Laufenden gehalten und Bilanzen sowie Gewinn- und Verlustrechnungen erstellt haben. Wenn Sie eine GmbH führen, sind Sie vom Gesetzgeber sowieso dazu verpflichtet, Jahresabschlüsse zum Handelsregister einzureichen.

Finanzielle Kennzahlen (die meist in Prozent ausgedrückt werden) lassen sich unter verschiedenen Oberbegriffen zusammenfassen, die jeweils einen anderen Aspekt der Geschäftsentwicklung in den Vordergrund rücken. In diesem Kapitel werden folgende Bereiche behandelt:

■ Rentabilität
■ Liquidität
■ Zahlungsfähigkeit
■ Wachstum
■ Unternehmenswert
■ Sicherheitsmarge.

Auf den Seiten 113–114 finden Sie das Beispiel einer Gewinn- und Verlustrechnung sowie einer Bilanz für eine Firma namens »Fast Food GmbH«. Anhand der darin gesammelten Daten werden wir in diesem Kapitel die verschiedenen Kennzahlen erläutern. Dies sind sehr stark vereinfachte Überblicksdarstellungen, aber sie enthalten ausreichende Informationen, um die wichtigsten Kennziffern zu erklären.

Rentabilität ermitteln

Zu den Kennziffern, mit denen die Effizienz der Ressourcen bewertet wird, gehören:
■ Bruttogewinnspanne
■ Betriebsgewinnspanne
■ Nettogewinnspanne
■ Ertrag aus Kapitalanlagen
■ Eigenkapitalrendite
■ Ertrag pro Mitarbeiter.

BRUTTOGEWINNSPANNE

Zur Ermittlung zieht man die Kosten der verkauften Erzeugnisse von den Verkaufserlösen ab. Das Ergebnis wird in Prozent ausgedrückt. Je höher der Prozentsatz, desto größer ist der Wert, um den die Güter vermehrt wurden.

$$\text{Bruttogewinnspanne} = \frac{\text{Bruttogewinn} \times 100}{\text{Umsatz}}$$

Am Beispiel der »Fast Food GmbH« errechnet sich die Bruttospanne im ersten Jahr so:

$$\text{Bruttogewinnspanne} = \frac{100\,000 \times 100}{200\,000} = 50\,\%$$

Im zweiten Jahr sinkt die Bruttogewinnspanne leicht auf 48 Prozent. Mögliche Gründe für die-

GEWINN- UND VERLUSTRECHNUNG DER »FAST FOOD GMBH« ÜBER ZWEI JAHRE		1. JAHR (€)	%	2. JAHR (€)	%
UMSATZ		200 000	100	260 000	100
ABSATZKOSTEN (UMSATZAUFWENDUNGEN)	Materialkosten	60 000	30	86 000	33
	Lohnkosten	40 000	20	50 000	19
UMSATZKOSTEN		100 000		136 000	
BRUTTOGEWINN		100 000	50	124 000	48
KOSTEN	Miete, Raten usw.	36 000		40 000	
	Gehälter	24 000		26 000	
	Werbung	6 000		6 000	
	Abschreibung			4 000	
KOSTEN (GESAMT)		66 000		76 000	
BETRIEBSGEWINN		34 000	17	48 000	18,5
ABZÜGLICH KREDITZINSEN		4 300		4 100	
NETTOGEWINN VOR STEUERN		29 700	14,8	43 900	16,8
STEUERSATZ 20 %		2,970		4,390	
NETTOGEWINN NACH STEUERN		23 760	11,88	35 120	13,5
ZAHL DER BESCHÄFTIGTEN		2		4	

GEWINN- UND VERLUSTRECHNUNG DER »FAST FOOD GMBH« *Die Angaben über Umsatz, Ausgaben und Zinszahlungen ermöglichen es der Buchhaltung, den Nettogewinn nach Steuern zu berechnen. Das ist der Betrag, der zur Auszahlung von Dividenden an Anteilseigner verwendet oder wieder in das Geschäft investiert werden kann.*

sen Rückgang könnten sein: niedrigere Verkaufspreise, höhere Material- oder Arbeitskosten, Verschwendung, aber auch Diebstahl. Auch eine Veränderung der verkauften Produkte oder Dienstleistungen könnte den Rückgang ausgelöst haben.

BETRIEBSGEWINNSPANNE

Hier werden die Umsatzaufwendungen, aber auch andere Ausgaben wie Zins- und Steuerzahlungen von den Verkaufserlösen abgezogen.

Das ist eine Maßzahl dafür, wie gut das Unternehmen geführt wird. Man geht gewöhnlich

Bilanz der »Fast Food GmbH« der letzten zwei Jahre		1. Jahr	2. Jahr
Investiertes Kapital (gesamt)		€	€
Anlage-vermögen	Möbel und Geschäftsräume	25 000	60 220
	abzüglich Abschreibung		4 000
Buchwert			56 330
Umlauf-vermögen	Lagerbestand	20 000	24 000
	Außenstände	26 000	26 000
	Bargeld	200	1000
Umlaufvermögen (gesamt)		46 200	51 000
Abzüglich kurzfristige Verbindlich-keiten	Kontoüberziehung	10 000	12 000
	Lieferantenkredite	3 380	11 000
Kurzfristige Verbindlichkeiten (gesamt)		13 380	23 000
Nettoumlaufvermögen		32 820	28 000
Gesamtvermögen		57 820	48 220
Abzüglich Fremdkapital	Bankdarlehen	20 000	20 000
Eigenkapital (gesamt)		37 820	64 220
Finanziert durch	Grundkapital	20 000	37 880
	Rücklagen (nicht ausgeschüttete Gewinne)	17 820	26 340
Grundkaptial und Rücklagen (gesamt)		37 820	64 220

Bilanz der »Fast Food GmbH«

Zieht man sämtliche Verbindlichkeiten des Unternehmens von seinem Anlage- und Umlaufvermögen ab, ergibt sich das Eigenkapital. Diese Zahl entspricht dem Betrag, den die Inhaber in die Firma investiert haben.

davon aus, dass finanzielle Entscheidungen vom Eigentümer, nicht vom Management eines Unternehmens getroffen werden (wobei es sich in kleinen Firmen aber sowieso meist um dieselbe Person handelt). Ferner nimmt man an, dass Zins- und Steuersätze von den Banken bzw. den Regierungsorganen oder anderen äußeren Faktoren bestimmt werden und das Management darauf keinen Einfluss hat.

$$\text{Betriebsgewinnspanne} = \frac{\text{Betriebsergebnis}}{\text{Umsatz}} \times 100$$

Für die »Fast Food GmbH« beträgt die Betriebsgewinnspanne im ersten Geschäftsjahr:

$$\text{Betriebsgewinnspanne} = \frac{34\ 000}{200\ 000} \times 100 = 17\ \%$$

Im zweiten Jahr steigt sie leicht auf 18,5 Prozent, was zum größten Teil daran liegt, dass die Ausgaben nur um 10 000 Euro wachsen (76 000 Euro gegenüber 66 000 Euro), während der Umsatz um 60 000 Euro zunimmt.

NETTOGEWINNSPANNE

Diese Kennziffer kann man entweder vor Steuern oder nach Steuern berechnen. In der Variante nach Steuern, die hier dargestellt wird, verkörpert sie die Summe, die für die Zahlung von Dividenden oder für die Reinvestition in das Unternehmen zur Verfügung steht.

$$\text{Nettogewinnspanne} = \frac{\text{Nettogewinn}}{\text{Umsatz}} \times 100$$

Daher errechnet sich die Nettogewinnspanne von »Fast Food« für das erste Jahr wie folgt:

$$\text{Nettogewinnspanne} = \frac{23\ 760}{200\ 000} \times 100 = 11,88\ \%$$

Das ist eine respektable Größe, denn üblicherweise bewegt sich diese Kennziffer zwischen fünf und 25 Prozent.

Im zweiten Geschäftsjahr steigt die Nettogewinnspanne auf 13,5 Prozent, wofür dieselben Gründe verantwortlich sind, die zum Anstieg des Betriebsgewinns führen. Dass die Kreditkosten nicht stiegen, weil das Wachstum durch

Gewinnrücklagen finanziert wurde, trug ebenfalls dazu bei, die Spanne zu erhöhen.

ERTRAG AUS KAPITALEINLAGEN

Diese Ziffer ist die wichtigste Messzahl für die Entwicklung eines Unternehmens. Wenn etwa 20 000 Euro, die auf der Bank angelegt sind, im Jahr 1000 Euro Zinsen bringen, beläuft sich der Ertrag auf das investierte Kapital auf fünf Prozent (1000 € + 20 000 € = 21 000 €).

In einem Unternehmen berechnet man diese Kennzahl, indem man den Betriebsgewinn (Gewinn vor Zinsen und Steuern) auf das gesamte eingesetzte Kapital bezieht – sowohl das Anlagevermögen als auch das Betriebskapital (in der Bilanz Nettoumlaufvermögen genannt):

$$\text{Ertrag} = \frac{\text{Betriebsgewinn}}{\text{Anlagevermögen} + \text{Nettoumlaufvermögen}} \times 10$$

Die Summe Anlagevermögen plus Nettoumlaufvermögen entspricht der Summe aus dem Grundkapital plus Rücklagen zuzüglich aller Bankdarlehen.

Im ersten Jahr berechnet sich der Ertrag der »Fast Food GmbH« folgendermaßen:

$$\text{Ertrag} = \frac{34\ 000}{25\ 000 + 32\ 820} \times 100 = 59\ \%$$

Im zweiten Geschäftsjahr liegt der Ertrag kaum verändert bei 57 Prozent.

EIGENKAPITALRENDITE

Anteilseigner sind natürlich an einer guten Rendite auf ihr eingesetztes Kapital interessiert. Hier geht es also um den verbleibenden Gewinn nach Abzug von Zinsen und Steuern. Die Anteilseigner haben alle bisherigen Gewinne in das Unternehmen reinvestiert.

$$\text{Eigenkapitalrendite} = \frac{\text{Nettogewinn nach Zinsen und Steuern}}{\text{Grundkapital (gesamt)}} \times 100$$

Für »Fast Food« ergibt sich folgende Rendite:

$$\text{Eigenkapitalrendite} = \frac{23\ 760}{37\ 820} \times 100 = 63\ \%$$

Bei kleinen Unternehmen bewegt sich die Kennziffer für die Eigenkapitalrendite zwischen einigen wenigen Prozent und bis zu 35 Prozent. Ergebnisse wie im Beispiel der »Fast Food GmbH« gelten als ausgezeichnet.

ERTRAG PRO MITARBEITER

Wenn Ihre wichtigsten »Vermögenswerte« Ihre Mitarbeiter sind, also nicht Kapitalgüter wie Maschinen, müssen Sie ermitteln, welche Wertsteigerung Ihre Beschäftigten erbringen.

$$\text{Ertrag pro Mitarbeiter} = \frac{\text{Nettogewinn (nach Zinsen, aber vor Steuern)}}{\text{Anzahl der Mitarbeiter}}$$

Im Fall der »Fast Food GmbH« errechnet sich der Ertrag pro Mitarbeiter im ersten Geschäftsjahr folgendermaßen:

$$\text{Ertrag pro Mitarbeiter} = \frac{29\ 700}{2} = 7425\ €$$

Im folgenden Jahr sinkt der Ertrag pro Kopf deutlich auf 10 974 Euro. Das ist nicht ungewöhnlich, weil gerade kleine Unternehmen oft in Sprüngen wachsen. Stellt ein Unternehmen, das 30 Mitarbeiter beschäftigt, zwei weitere ein, wirkt sich dieser relativ kleine Schritt kaum auf die Finanzen aus. Bei »Fast Food« würde dies jedoch einer Verdoppelung der Mitarbeiterzahl und damit der Fixkosten entsprechen.

Wenn man den Umsatz pro Mitarbeiter errechnet, lässt sich auch die geschäftliche Aktivität besser erfassen. Aus der Tabelle rechts geht hervor, dass bei »Fast Food« die Geschäftstätigkeit zurückging und der Ertrag pro Mitarbeiter von 14 850 Euro auf 10 974 Euro fiel.

Nun könnte man die »Fast Food GmbH« mit anderen Unternehmen der Branche vergleichen (siehe S. 111). In der Grafik auf Seite 117 werden die Durchschnittswerte anderer Kleinunternehmen, aufgeschlüsselt nach Wirtschaftssektoren,

ANALYSE DER ENTWICKLUNG
Auf der Grundlage aller bisher berechneten Kennziffern lässt sich die Rentabilität analysieren. Hier erkennt man auf einen Blick, wie sich »Fast Food« entwickelt hat.

hinsichtlich Ertrag auf das investierte Kapital und Ertrag pro Mitarbeiter der Situation von »Fast Food« gegenübergestellt.

Es zeigt sich, dass bei der »Fast Food GmbH« der Ertrag pro Mitarbeiter steigerungsbedürftig ist. Der Ertrag auf das investierte Kapital jedoch liegt über dem Durchschnitt. Die Investitionen in neue Maschinen beginnen sich also auszuzahlen, aber die Beschäftigten müssen noch bessere Ergebnisse erbringen. Eine Möglichkeit hierzu könnten Anreizsysteme bieten, bei denen gute Leistungen belohnt werden.

Liquidität ermitteln

D ie Liquidität zeigt, wie weit ein Unternehmen in der Lage ist, seinen laufenden und künftigen finanziellen Verpflichtungen nachzukommen. Doch deshalb immer genügend Geld oder Betriebskapital verfügbar zu halten ist nur scheinbar die beste Lösung. Je höher das Betriebskapital, desto höher ist auch der gesamte Kapitalbedarf. Das bedeutet, dass die Gewinne

RENTABILITÄT DER »FAST FOOD GMBH«		
	1. JAHR	2. JAHR
BRUTTOGEWINNSPANNE	50 %	48 %
BETRIEBSGEWINNSPANNE	17 %	18,5 %
NETTOGEWINNSPANNE	11,88 %	13,51 %
ERTRAG AUS KAPTIALEINLAGEN	59 %	57 %
EIGENKAPITALRENDITE	63 %	55 %
ERTRAG PRO MITARBEITER	€ 14 850	€ 10 974

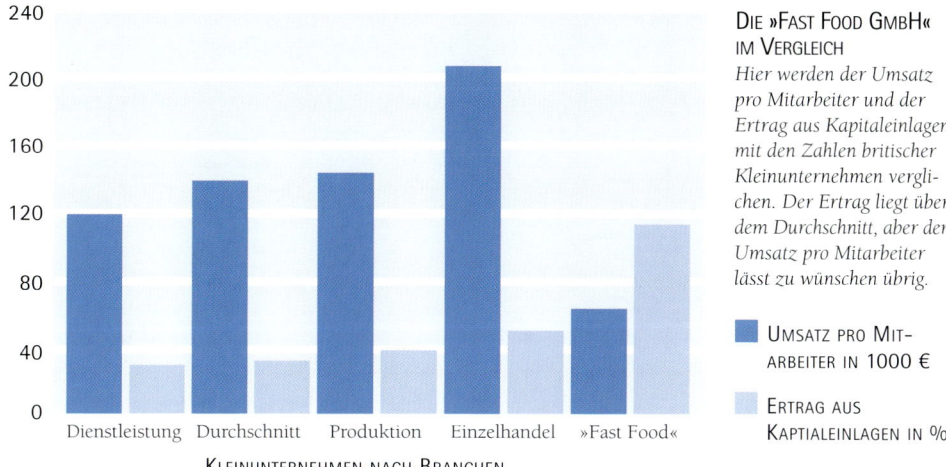

DIE »FAST FOOD GMBH«
IM VERGLEICH
*Hier werden der Umsatz
pro Mitarbeiter und der
Ertrag aus Kapitaleinlagen
mit den Zahlen britischer
Kleinunternehmen vergli-
chen. Der Ertrag liegt über
dem Durchschnitt, aber der
Umsatz pro Mitarbeiter
lässt zu wünschen übrig.*

■ UMSATZ PRO MIT-
ARBEITER IN 1000 €

■ ERTRAG AUS
KAPTIALEINLAGEN IN %

KLEINUNTERNEHMEN NACH BRANCHEN

entsprechend höher ausfallen müssen, um denselben (oder einen höheren) Ertrag auf das investierte Kapital zu erzielen.

Folgende Kennziffern und Methoden helfen
die Liquidität eines Unternehmens zu bewerten
und einen Liquiditätsengpass zu erkennen:
- Liquidität dritten Grads
- Liquidität zweiten Grads
- Kreditüberwachung
- Fälligkeit von Forderungen
- durchschnittliche Zahlungseingangsfrist
- durchschnittliche Zahlungsfrist
- Lagerbestandskontrolle (Inventur)
- Umlauf des Betriebskapitals.

Diese Kennziffern werden nachfolgend am
Beispiel der »Fast Food GmbH« dargestellt,
sodass Sie die Berechnungsverfahren und die
Bedeutung dieser Instrumente kennen lernen.

LIQUIDITÄT DRITTEN GRADS

Diese Kennziffer errechnet sich wie folgt:

$$\text{Liquidität dritten Grads} = \frac{\text{Umlaufvermögen}}{\text{kurzfristige Verbindlichkeiten}}$$

Die Bilanz der »Fast Food GmbH« weist im
ersten Geschäftsjahr 46 200 Euro Umlaufvermögen und 13 380 Euro kurzfristige Verbind-

lichkeiten aus. Die Rechnung sieht also so aus:

$$\text{Liquidität dritten Grads} = \frac{46\,200}{13\,380} = 3{,}4$$

Die kurzfristigen Verbindlichkeiten sind also
3,4fach gedeckt, was mit 3,4:1 ausgedrückt
wird. Im zweiten Jahr verringert sich die Quote
auf 2,2:1 (51 000 € ÷ 23 000 € = 2,2).

Zunächst mag letztere Zahl schlechter aussehen als jene aus dem ersten Jahr. Die kurzfristigen Verbindlichkeiten sind stärker gestiegen als
das Umlaufvermögen, aber bis zu einem gewissen Grad ist das erstrebenswert, weil es bedeutet, dass die Firma weniger Geld aufbringen
muss, um ihr Betriebskapital zu finanzieren.

Die Liquidität dritten Grads, so besagt eine
Regel, sollte so nahe am Verhältnis 1:1 liegen,
wie ein gefahrloser Geschäftsgang es erlaubt.

Doch dabei sind Branchenunterschiede zu
beachten. Ein Ladengeschäft, das Fertigwaren
auf Kredit einkauft und gegen Bargeld an Kunden verkauft, lässt sich problemlos mit einem
Verhältnis von 1,3:1 betreiben. Für einen Handwerksbetrieb dagegen, der Material lagert und
Kunden Kredite einräumt, ist ein Verhältnis
über 2:1 sinnvoll. Der Handwerker muss
schließlich länger auf die Zahlungen der Kunden warten als der Einzelhändler.

LIQUIDITÄT ZWEITEN GRADS

Für diese Kennziffer werden Vermögenswerte, die sich schnell realisieren lassen, wie ausstehende Kundenzahlungen und Kassenbestände, gegen kurzfristige Verbindlichkeiten aufgerechnet.

$$\text{Liquidität zweiten Grads} = \frac{\text{Außenstände} + \text{Bargeld}}{\text{kurzfristige Verbindlichkeiten}}$$

Im Fall von »Fast Food« wird der Lagerbestand in Höhe von 20 000 Euro aus der Summe herausgenommen. Die Rechnung für das erste Geschäftsjahr sieht daher so aus:

$$\text{Liquidität zweiten Grads} = \frac{26\,200}{13\,380} = 1,9$$

Im zweiten Geschäftsjahr fällt die Ziffer auf 1,2:1 (27 000 € ÷ 23 000 €). Eine Liquidität zweiten Grades von 0,8:1 gilt in den meisten Branchen als akzeptabel.

KREDITÜBERWACHUNG

Jedes Unternehmen, das seinen Kunden Kredit gewährt, weiß, wie schnell der Cash-Flow zu einem Problem werden kann. Das gilt vor allem dann, wenn wenige Großkunden den größten Anteil am Gesamtumsatz ausmachen.

Überraschenderweise stellen uneinbringliche Forderungen ein geringeres Problem dar als schleppende Zahlungen. Viele Firmen lassen sich drei Monate mit der Zahlung Zeit. Selbst wenn in Ihren Lieferbedingungen 30 Tage als Zahlungsziel angegeben sind, kann es oft bis zu 45 Tage dauern, bis Sie Ihr Geld erhalten.

DAS SPART ZEIT

Man kann sich leicht einen Überblick über die Liquidität verschaffen, wenn man die Außenstände jenem Betrag gegenüberstellt, den man selbst Lieferanten schuldet. Sind die Zahlen ungefähr gleich groß, dürfte es nicht schwer fallen, fällige Rechnungen zu bezahlen. Je höher das Verhältnis zu Ihren Gunsten ausfällt, desto besser.

Das hängt zum Teil davon ab, wie häufig Rechnungen versandt werden. Wenn Sie nicht täglich Rechnungen verschicken und Ihre Kunden Zahlungen nur einmal im Monat vornehmen, ergeben sich lange Fristen. Die beiden folgenden Methoden schaffen Abhilfe.

FÄLLIGKEIT VON FORDERUNGEN

Eine sehr einfache Möglichkeit, die Forderungen besser zu überwachen, besteht darin, sie entsprechend der Fälligkeit aufzulisten (siehe Tabelle auf S. 119). Auf diese Weise kann man vor allem Problemfälle gut im Auge behalten.

ZAHLUNGSEINGANGSFRIST

Hierbei ermittelt man, wie lange es durchschnittlich dauert, bis Kunden ihre Rechnungen bezahlen. Dabei werden die Außenstände eines Unternehmens zu seinen auf Kredit getätigten Verkäufen ins Verhältnis gesetzt. Dann bezieht man diese Zahl auf die Länge der Handelsperiode im betreffenden Zeitraum.

$$\text{Durchschnittliche Zahlungseingangsfrist} = \frac{\text{Außenstände} \times 365}{\text{Umsatz}}$$

Nehmen wir an, dass die »Fast Food GmbH« ihren gesamten Umsatz auf Kredit tätigt und es sich bei der Rechenperiode um Jahre mit 365 Tagen (keine Schaltjahre) handelt. So ergibt sich für das erste Jahr folgende Rechnung:

$$\text{Zahlungseingangsfrist } \emptyset = \frac{26\,000}{200\,000} \times 365 = 47 \text{ Tage}$$

Im zweiten Geschäftsjahr beläuft sich diese Frist auf 36 Tage (26 000 € ÷ 260 000 € x 365 = 36). Die GmbH zieht ihre Forderungen im zweiten Jahr also elf Tage früher ein als im ersten. Der Gesamtbetrag der Außenstände ist im zweiten Jahr unverändert, der relative Betrag jedoch niedriger. Die Umsätze der »Fast Food GmbH« sind um 30 Prozent auf 260 000 Euro gestiegen, die Außenstände blieben konstant.

Diese anschauliche Kontroll-Kennziffer gibt also an, wie viel es ein Unternehmen kostet, seinen Kunden Kredit einzuräumen. Zahlt die

AUSSENSTÄNDE »FAST FOOD« (ENDE 1. GESCHÄFTSJAHR)

SCHULDNER	2 MONATE MAX. (€)	3 MONATE (€)	4 MONATE (€)	ÜBER 4 MONATE (€)	GESAMT (€)
SCHMIDT & CO.	2 000				
BRAUN & SOHN	2 000				
BASLER		6 000			
ELLIOT		5 000			
RUTTINGER			1 000		
LAAR & CO.			5 000		
BRINGS GMBH				5 000	
GESAMT	4 000	11 000	6 000	5 000	26 000

AUFLISTUNG DER FORDE-RUNGEN NACH FÄLLIGKEIT
Wenn Sie alle Forderungen entsprechend der Fälligkeit auflisten, die Sie mit Ihren Kunden vereinbart haben, bekommen Sie einen guten Überblick darüber, wie hoch Ihre Forderungen sind.

»Fast Food GmbH« zum Beispiel zehn Prozent Kontokorrentkreditzinsen, dann kostet ein Kredit von 13 000 Euro über 36 Tage 256,44 Euro (10 % x 26 000 € ÷ 365 = 256,44 €).

DURCHSCHNITTLICHE ZAHLUNGSFRIST

Jedes Unternehmen muss natürlich auch selbst hin und wieder Lieferantenkredite in Anspruch nehmen. Normalerweise wird ein Lieferant Sie

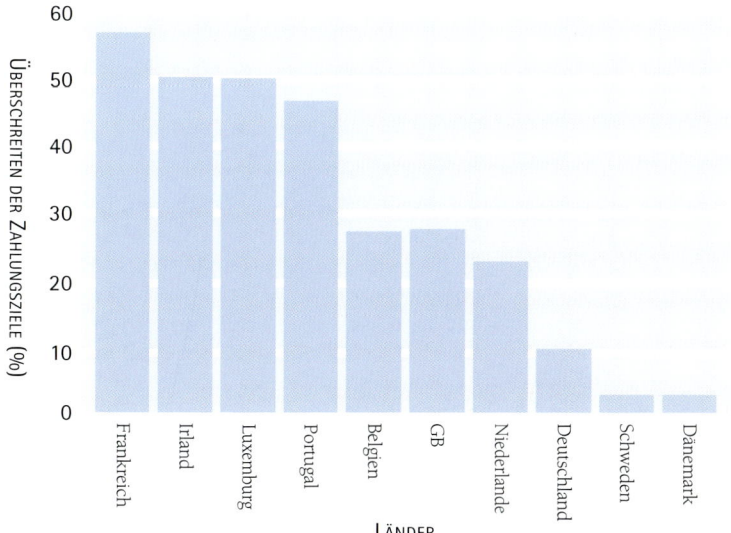

UNTERSCHIEDE BEI DER ZAHLUNGSMORAL
Dieses Diagramm zeigt anhand einiger ausgewählter europäischer Länder den prozentualen Anteil der Unternehmen, die vereinbarte Zahlungsfristen überschreiten. Wenn Sie Waren exportieren, müssen Sie sich darauf einstellen.

über die Höhe Ihrer Schulden auf dem Laufenden halten. Doch um einen Gesamtüberblick zu erhalten, empfiehlt es sich, zusammenzustellen, für wie viele Tage Sie im Durchschnitt Lieferantenkredite in Anspruch nehmen. Das Verfahren zur Ermittlung dieser Kennziffern ähnelt jenem zur Berechnung der durchschnittlichen Zahlungseingangsfrist.

$$\text{Zahlungsfrist Ø} = \frac{\text{Lieferantenkredite x 365}}{\text{Materialkosten}}$$

Für die »Fast Food GmbH« ergibt sich:

$$\text{Zahlungsfrist Ø} = \frac{3380}{60\,000} \text{ x 365} = 21 \text{ Tage}$$

Im zweiten Jahr steigt diese Zahl auf 47 Tage (11 000 € ÷ 86 000 € x 365 = 47 Tage). Der Unterschied spiegelt wahrscheinlich die verbesserte Kreditwürdigkeit der Firma wider (beim Betrag für die Einkäufe geht man davon aus, dass das gesamte Material im fraglichen Zeitraum abgeschafft wurde). Je länger Ihnen Ihre Lieferanten Kredit einräumen, desto besser.

Es gibt noch zwei weitere Kennziffern, die einem Unternehmer helfen die Zahlen im Blick zu behalten: das Verhältnis der gewährten zu den in Anspruch genommenen Krediten und die Fälligkeit von Lieferantenkrediten.

VERHÄLTNIS GEWÄHRTER UND IN ANSPRUCH GENOMMENER KREDITE

Eine Technik besteht darin, die Dauer der gewährten zur Dauer der in Anspruch genommenen Kredite ins Verhältnis zu setzen.

Im ersten Geschäftsjahr gewährte die »Fast Food GmbH« ihren Kunden 47 Tage Kredit, nahm von den Lieferanten aber nur 21 Tage in Anspruch. Im zweiten Geschäftsjahr verbesserte sich dieses Verhältnis auf 36 bzw. 47 Tage.

LIEFERANTENKREDITE ÜBERBLICKEN

Bei diesem Verfahren werden die Lieferantenkredite genauso aufgelistet wie die Forderungen (siehe S. 118). So erkennen Sie auf einen Blick, welchem Lieferanten Sie welche Summen schulden und seit wann.

LAGERBESTANDSKONTROLLE (INVENTUR)

Ein Produktionsbetrieb etwa muss Material einkaufen und dieses weiterverarbeiten, um seine Produkte zu erzeugen. Sein Lager setzt sich aus drei Arten von Güterkategorien zusammen: Rohmaterial, unfertige Erzeugnisse und Fertigwaren. Eine Baufirma aber wird kaum Lagerhaltung betreiben, sondern Material je nach Bedarf und nach Auftragslage einkaufen. Ein Einzelhändler wird wahrscheinlich nur Fertigwaren auf Kredit einkaufen und diese gegen Barzahlung verkaufen. Nimmt man an, dass das gesamte Lager der »Fast Food GmbH« aus Fertigwaren besteht, lässt sich folgende Kennziffer errechnen:

$$\text{Lagerzeit Fertigwaren} = \frac{\text{Fertigwaren x Tage Rechnungsperiode}}{\text{Absatzkosten}}$$

Beachten Sie, dass hier die Absatzkosten herangezogen werden, weil sie exakt den Lagerbestand wiedergeben, während der Umsatz auch noch andere Größen umfasst, wie etwa die Gewinnmarge. Wenn Sie sich die Unterlagen einer fremden Firma ansehen, enthalten diese meist nur die Umsatzzahlen. Diese können immerhin als Annäherungswert herangezogen werden.

Für die »Fast Food GmbH« ergibt sich im ersten Geschäftsjahr folgende Kennzahl:

$$\text{Lagerzeit Fertigwaren} = \frac{20\,000}{100\,000} \text{ x 365} = 73 \text{ Tage}$$

Im zweiten Jahr beträgt diese Kennziffer 64 (24 000 € ÷ 136 000 € x 365 = 64 Tage).

Generell gilt: Ein Unternehmen muss so viel Lagerware halten, dass es den Anforderungen nachkommen kann, ein Einzelhändler sollte seine Lagerware stets griffbereit haben. Wenn die Lieferanten der »Fast Food GmbH« zuverlässig innerhalb von 14 Tagen liefern, ist es nicht nötig, Lagerbestände für 73 Tage vorzuhalten.

Dasselbe gilt für Rohmaterial und unfertige Erzeugnisse. Bei der Berechnung für das Material muss man in der Gleichung jedoch die Absatzkosten durch die Materialkosten (aus der Gewinn- und Verlustrechnung) ersetzen.

Die Bedeutung dieser Kennziffer liegt darin, dass sie es ermöglicht, schnell und einfach zu berechnen, wie viel es kostet, einen bestimmten Lagerbestand aufrechtzuerhalten.

Eine Lagerbestandskontrolle lässt sich auch durchführen, indem man berechnet, wie oft das Lager im Lauf eines Jahrs umgeschlagen wurde.

$$\text{Lagerumschlag} = \frac{\text{Absatzkosten}}{\text{Lagerbestand}}$$

Für »Fast Food« errechnet sich diese Kennziffer wie folgt:

$$\text{Lagerumschlag} = \frac{100\ 000}{20\ 000} = 5$$

UMLAUF DES BETRIEBSKAPITALS

Während die Liquidität dritten Grads Rückschlüsse auf die Zahlungsfähigkeit eines Unternehmens zulässt, sagt sie wenig darüber aus, wie effektiv des Geld genutzt wird, das im Betriebskapital gebunden ist.

Die Bilanzen der »Fast Food GmbH« der letzten beiden Jahre (siehe S. 114) zeigen, dass das Nettoumlaufvermögen bzw. das Betriebskapital von 32 820 Euro auf 28 000 Euro gesunken ist. Dieser Rückgang ist nicht dramatisch, betrachtet man aber diese Zahlen unter dem Aspekt der geschäftlichen Aktivität in jedem dieser Jahre, gewinnen sie eine andere Bedeutung.

Die Kennziffer für den Umlauf des Betriebskapitals berechnet sich folgendermaßen:

$$\text{Umlauf des Betriebskapitals} = \frac{\text{Umsatz}}{\text{Nettoumlaufvermögen}}$$

Für die »Fast Food GmbH« ergibt sich:

$$\text{Umlauf des Betriebskapitals} = \frac{200\ 000}{32\ 820} = 6$$

Aus einem Euro Betriebskapital werden im Fall der »Fast Food GmbH« also sechs Euro Umsatz erwirtschaftet. Im zweiten Geschäftsjahr beträgt die Kennziffer neun (260 000 € ÷ 28 000 € = 9).

Aus dieser Berechnung ersehen Sie, dass die »Fast Food GmbH« im zweiten Jahr nicht nur weniger Geld in Betriebskapital gebunden hatte, sondern ihr Betriebskapital auch effizienter einsetzte. Der Umlauf ihres Betriebskapitals hat sich erhöht. Aus einem Euro Betriebskapital werden jetzt neun Euro Umsatz generiert, gegenüber sechs Euro im ersten Geschäftsjahr. Da mehr Umsatz auch mehr Gewinn bedeutet, folgt daraus, dass die Rendite umso höher ist, je schneller das Betriebskapital umläuft.

Das Diagramm auf Seite 122 macht deutlich, wie sich die Gewinne eines Unternehmens entwickeln, wenn der Umlauf des Betriebskapitals schrittweise vom Faktor eins auf den zugegebenermaßen sehr beeindruckenden Faktor zehn erhöht wird.

KONTROLLE DER LAGERBESTÄNDE
Jedes Einzelhandelsgeschäft muss dafür sorgen, dass immer ausreichend Lagerware vorhanden ist, und kontinuierlich die Regale auffüllen. Aus diesem Grund ist ein effizientes Lagerwirtschaftssystem nötig.

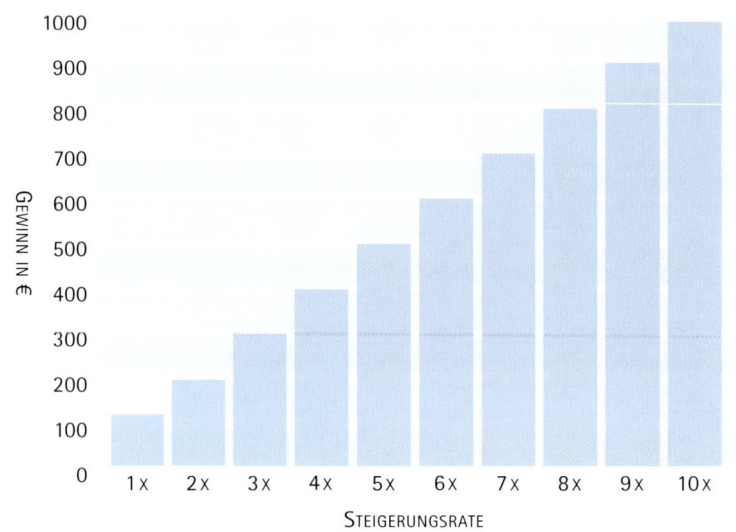

UMLAUF DES BETRIEBS-
KAPITALS ERHÖHEN
*Diese Grafik zeigt, wie sich
in einem Unternehmen,
das pro 100 Euro Umsatz
50 Euro Bruttogewinn er-
zielt, der Gewinn verän-
dert, wenn der Umlauf des
Betriebskapitals gesteigert
wird.*

Zahlungsfähigkeit ermitteln

Während sich die Liquidität auf den kurzfristigen Bereich bezieht, beschreibt die
Solvenz oder Zahlungsfähigkeit die langfristige
finanzielle Situation eines Unternehmens. Firmen, die ihre geschäftlichen Aktivitäten weiterführen, obwohl sie eigentlich insolvent, also
zahlungsunfähig sind, handeln rechtswidrig.

Die langfristige finanzielle Situation eines
Unternehmens lässt sich anhand des Verhält-
nisses der Fremd- zu den Eigenmitteln beurteilen und der Frage, inwieweit das Unternehmen
den Zinszahlungen für die aufgenommenen
Kredite nachkommen kann.

VERSCHULDUNGSGRAD

Je mehr Geld sich ein Unternehmen leiht, im
Verhältnis zum Grundkaptial und den Rücklagen, desto höher ist sein Verschuldungsgrad.

Hoch verschuldete Firmen können leicht in
Schwierigkeiten kommen, wenn die Umsätze
drastisch zurückgehen, wie etwa in einer Rezes-
sion, oder die Zinsen stark steigen, z. B. in einer
Boomphase. Folgt durch einen konjunkturellen
Umschwung eines dem anderen, werden diese

Unternehmen doppelt hart getroffen, was
verheerende Folgen nach sich ziehen kann.

$$\text{Verschuldungsgrad} = \frac{\text{Fremdkapital (Bankdarlehen)} \times 100}{\text{Grundkapital} + \text{Rücklagen}}$$

Für »Fast Food« stellt sich die Situation im
ersten Geschäftsjahr folgendermaßen dar:

$$\text{Verschuldungsgrad} = \frac{20\,000}{(20\,000 + 37\,820)} \times 100 = 35\,\%$$

Das heißt, dass 35 Prozent des Kapitals im
ersten Geschäftsjahr geliehen war. Im zweiten
Jahr fiel dieser Wert auf 24 Prozent (20 000 € ÷
[20 000 € + 64 220 €] x 100 = 24 %).

Bei Kleinunternehmen bewegt sich der Verschuldungsgrad zwischen 60 und 30 Prozent.
Viele kleine Firmen sind überschuldet, vor
allem in Phasen der Expansion, und werden
dadurch leicht verwundbar.

ABDECKUNG DES ZINSAUFWANDS

Neben dem Verschuldungsgrad muss auch die
Fähigkeit des Unternehmens berücksichtigt
werden, die anfallenden Zinszahlungen zu leisten. Wenn Sie 500 000 Euro geerbt haben und
sich für eine Million Euro ein Landhaus kaufen,
sind Sie zwar nur zu 50 Prozent verschuldet.

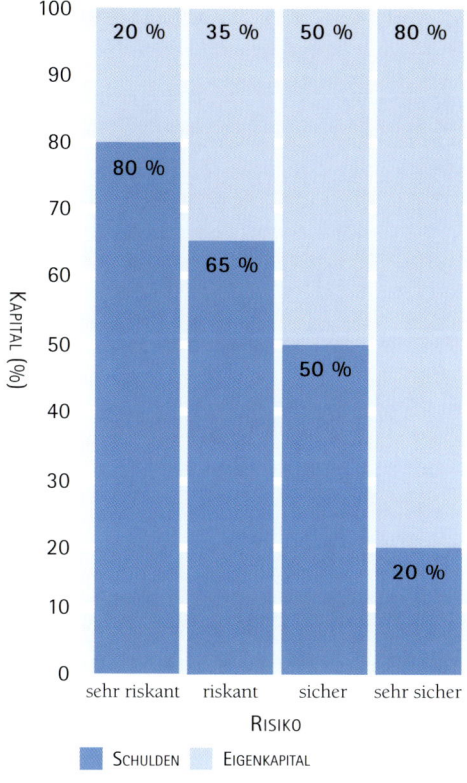

FINANZIELLE RISIKEN

Überschuldete Unternehmen haben ein hohes Risiko, weil der Anteil der Fremdmittel an der Kapitalausstattung sehr hoch ist. Mehr Sicherheit lässt sich erreichen, wenn das Verhältnis zwischen Eigen- und Fremdmitteln auf ein ausgewogenes Niveau zurückgeführt wird.

Schwierig könnte es jedoch werden, die monatlichen Zinsen von 4000 Euro für den Kredit über 500 000 Euro aufzubringen.

$$\text{Zinsdeckung} = \frac{\text{Bertriebsergebnis}}{\text{Kreditzinsen}}$$

Für »Fast Food« ergibt sich im ersten Jahr:

$$\text{Zinsdeckung} = \frac{34\,000}{4300} = 8$$

Im zweiten Geschäftsjahr steigt dieser Wert auf knapp zwölf (48 000 € ÷ 4100 €).

Kennziffern, die über dem Wert vier liegen, gelten als günstig, bei Werten unter drei wird es allerdings kritisch.

Wachstum ermitteln

Die wichtigsten Messgrößen für das Wachstum sind der Umsatz und die Zahl der Beschäftigten, doch aussagekräftig werden sie erst, wenn man den Gewinn berücksichtigt. Viele Firmen streben rasches Umsatzwachstum an, ohne die Rentabilität im Auge zu behalten. Gesundes Wachstum setzt jedoch voraus, dass Umsatz und Gewinn proportional zunehmen.

Bei kleinen Unternehmen unterscheidet man fünf verschiedene Wachstumstypen. Nur zwei davon sind positiv zu werten, die restlichen bergen Gefahrenpotenziale oder zeigen an, dass es mit dem Unternehmen abwärts geht.

CHAMPIONS

Als Champions bezeichnet man Unternehmen, deren Umsatz und Gewinn jährlich jeweils um mindestens 25 Prozent wachsen. Ein derartiges Wachstum verschafft einem Unternehmen eine starke Stellung im Markt und eine finanzielle Basis, die es ihm ermöglicht, neue Produkte oder Dienstleistungen zu entwickeln, ohne auf Kredite zurückgreifen zu müssen.

Die »Fast Food GmbH« gehört demnach zu den Champions. Ihre Gewinne wachsen um 41 Prozent, der Umsatz um 30 Prozent.

PROFITSTEIGERER

Diese Unternehmen konzentrieren sich allein darauf, den Gewinn zu steigern. Diese Firmen, deren Gesamtanteil an allen Unternehmen ähnlich niedrig ist wie jener der Champions, können verwundbar werden, weil sie auf einer relativ statischen Kundenbasis aufbauen.

MITLÄUFER

Diese Unternehmen entwickeln sich in einem Tempo, das dem Wachstum ihres Markts ent-

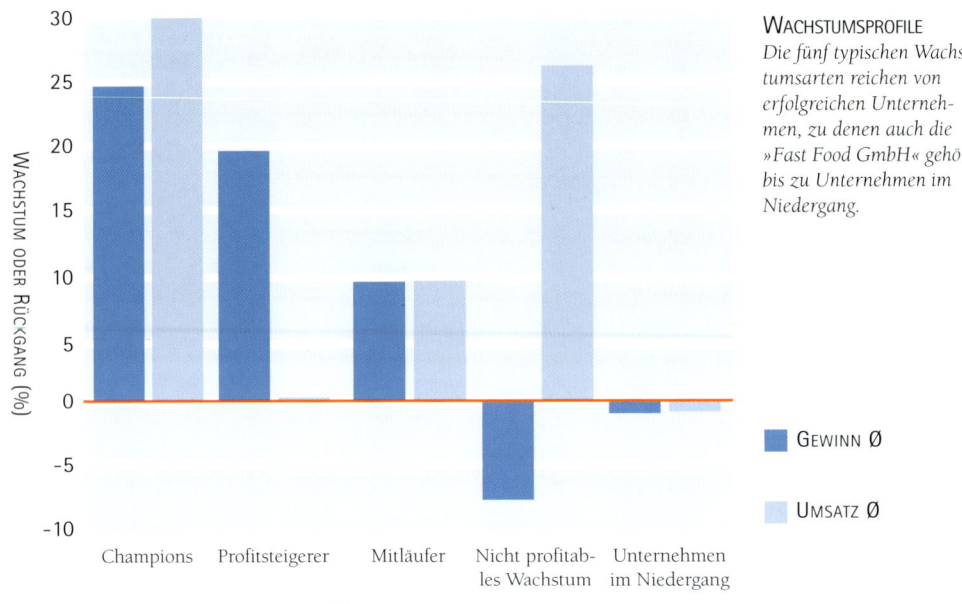

WACHSTUMSPROFILE
*Die fünf typischen Wachs-
tumsarten reichen von
erfolgreichen Unterneh-
men, zu denen auch die
»Fast Food GmbH« gehört,
bis zu Unternehmen im
Niedergang.*

spricht, vergleichbar einem Boot, das sich von
der Flut treiben lässt. Doch dieses Boot kann ins
Schlingern kommen, wenn die See unruhig wird.

NICHT PROFITABLES WACHSTUM

Es tritt ein, wenn der Umsätze stark ansteigt,
während die Gewinne auf dem bisherigen Niveau verharren oder sinken – eine besonders
gefährliche Entwicklung. Als Folge des Umsatzwachstums steigen auch die Kosten für Herstellung und Vertrieb – z. B. höhere Lagerbestände,
neue Maschinen und mehr Personal –, die aus
den stagnierenden Gewinnen gedeckt werden

müssen. Firmen in dieser Situation können
schon auf Grund eines einzigen Zahlungsausfalls
oder auch nur durch Zahlungsverzögerungen in
große Schwierigkeiten geraten.

UNTERNEHMEN IM NIEDERGANG

Wird die Marktposition schwächer und gehen
die Umsätze zurück, erzielt das Unternehmen
nicht genügend Gewinn, um sich auf neue Ge-
schäftsfelder auszurichten.

Ordnen Sie Ihr Unternehmen in der oben
abgebildeten Grafik ein, und vergleichen Sie
Ihre Position mit der Ihrer Konkurrenten.

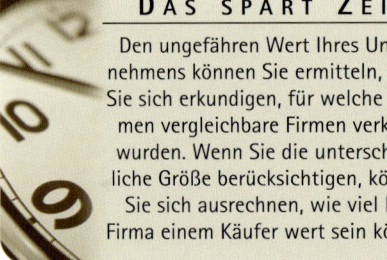

DAS SPART ZEIT

Den ungefähren Wert Ihres Unternehmens können Sie ermitteln, wenn
Sie sich erkundigen, für welche Summen vergleichbare Firmen verkauft
wurden. Wenn Sie die unterschiedliche Größe berücksichtigen, können
Sie sich ausrechnen, wie viel Ihre
Firma einem Käufer wert sein könnte.

Unternehmenswert
ermitteln

Auch wenn Sie augenblicklich überhaupt
nicht daran denken, Ihr Unternehmen zu
verkaufen, ist es durchaus interessant, gelegentlich seinen Wert zu ermitteln.

Bei einem Verkauf bieten sich Ihnen mehrere
Optionen. Sie können das Unternehmen an das

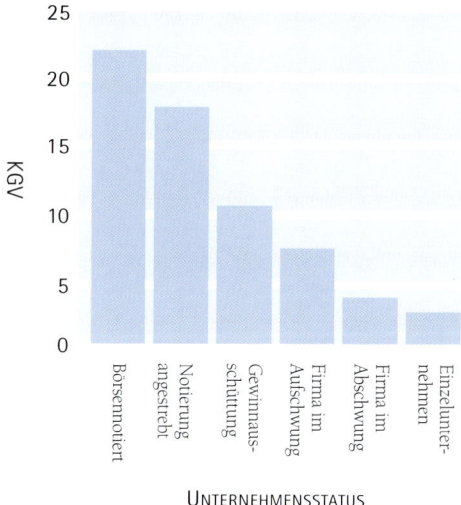

UNTERNEHMENSSTATUS

(Diagramm-Achsenbeschriftung: KGV mit Werten 0, 5, 10, 15, 20, 25; Kategorien: Börsennotiert, Notierung angestrebt, Gewinnausschüttung, Firma im Aufschwung, Firma im Abschwung, Einzelunternehmen)

das Kurs-Gewinn-Verhältnis (KGV). Es gibt an,
mit dem Wievielfachen des jährlichen Gewinns
ein Unternehmen bewertet wird. Das Kurs-
Gewinn-Verhältnis berechnet sich wie folgt:

$$\text{KGV} = \frac{\text{Kurswert}}{\text{Ertrag pro Aktie}}$$

Um diese Kennziffer zu ermitteln, muss man
zuerst den Ertrag pro Aktie berechnen, indem
man den Nettogewinn durch die Zahl der
Aktien teilt. Wenn zum Beispiel ein Unternehmen 160 000 Euro Nettogewinn erzielt hat
und 100 000 Anteilscheine ausgegeben sind,
beträgt der Ertrag pro Aktie 1,60 Euro. Liegt der
Kurs der Aktien dieser Firma bei 20 Euro,
beträgt das KGV 12,5. Die Firma wird also mit
dem 12,5fachen seines Jahresgewinns bewertet.

Wer Unternehmen aus dem Internet-Sektor
betrachtet, konnte in der Vergangenheit Kurs-
Gewinn-Verhältnisse von 100 oder 200 finden.

Sind Sie in der Lebensmittelbranche tätig, wo
das KGV durchschnittlich 12,5 beträgt, würden
Kaufinteressenten diese Kennziffern als Bezugs-
grundlage für die Bewertung Ihres Unternehmens
heranziehen. Um zu einer abschließenden
Bewertung zu gelangen, müssen jedoch noch
weitere Faktoren einbezogen werden:
- Abschlag für nicht börsennotierte
  Unternehmen
- unnötige Betriebskosten
- der Konjunkturzyklus.

Management verkaufen, auf Familienmitglieder
übertragen oder an andere Firmen veräußern.
In jedem Fall muss jedoch der Wert Ihres Unternehmens festgestellt werden. Dafür gibt es
zwei Möglichkeiten: Man ermittelt den Marktwert der Vermögensgegenstände oder berechnet
das Kurs-Gewinn-Verhältnis.

MARKTWERT
Hierbei wird ermittelt, wie viel die verschiedenen Vermögensteile des Unternehmens auf dem
freien Markt wert sind. Fahrzeuge, Gebäude, Maschinen usw. lassen sich auf diese Weise schätzen. Von der Summe, die sich ergibt, muss man
Schulden bei Lieferanten und Banken, Steuern
und Abfindungszahlungen abziehen. Diese Bewertung bietet sich an, wenn das Unternehmen
kurz vor der Einstellung des Geschäftsbetriebs
steht, dürfte aber nicht unbedingt den optimalen Unternehmenswert ergeben.

KURS-GEWINN-VERHÄLTNIS
Oft ist das Einzige, was eine kleine Firma potenziellen Interessenten anzubieten hat, die Fähigkeit, Gewinn zu erwirtschaften. An diesem Punkt
setzt auch die Diskussion über den Unternehmenswert an. Die am häufigsten verwendete
Kennziffer zur Ermittlung dieses Potenzials ist

ABSCHLAG BEI EINEM NICHT BÖRSENNOTIERTEN UNTERNEHMEN
Zunächst wird ein Abschlag vorgenommen, weil
Ihr Unternehmen nicht an der Börse gehandelt
wird. Privatunternehmen werden im
Allgemeinen um ein Drittel niedriger bewertet
als Firmen, deren Aktien an der Börse notiert

DAS SPART ZEIT

Reden Sie mit jemandem aus Ihrer Branche, der kürzlich sein Unternehmen verkauft hat und mit seiner Beratung und dem Ergebnis zufrieden war. Lassen Sie sich die Namen der Berater geben. Das spart Zeit und erlaubt Ihnen sich von Anfang an auf die wichtigen Dinge zu konzentrieren.

sind. Das liegt daran, dass die Anteile eines börsennotierten Unternehmens wesentlich liquider sind. Es gibt mehr Aktien und damit mehr Käufer und Verkäufer. »Fast Food« könnte also folgendermaßen bewertet werden:

$$KGV = \frac{12,00}{1,50} = 8$$

Handelt es sich bei der Firma um ein Einzelunternehmen, könnte das KGV auf vier halbiert werden. Hintergrund für diese Abwertung ist die Annahme, dass sich die Kunden an den alten Firmeninhaber gebunden fühlen und diese Loyalität nicht automatisch auf den neuen übertragen, was die Rentabilität beeinträchtigt.

UNNÖTIGE BETRIEBSKOSTEN

Kosten, die als unnötig für die Aufrechterhaltung des Geschäftsbetriebs zu betrachten sind, werden rausgerechnet. Falls etwa Familienangehörige beschäftigt werden, die mehr Kosten verursachen, als sie Umsatz erwirtschaften, sollten Sie diesen Betrag aussparen, wodurch sich der Gewinn entsprechend erhöht.

Der Betriebsgewinn ist die Kennziffer, die in diesem Zusammenhang zusätzlich zum KGV von vier bzw. acht (siehe S. 125) herangezogen wird. Wenn es Ihnen gelingt, einen Interessenten davon zu überzeugen, dass »Fast Food« kein Ein-Mann-Unternehmen und der gegenwärtige Geschäftsführer nicht überbezahlt ist, könnte sich der

Ihre junge Firma muss möglichst schnell profitabel werden, sonst geht Ihnen bald das Geld aus.

Unternehmenswert zwischen 192 000 Euro (4 x 48 000 €) und 592 000 Euro (8 x [48 000 € + 26 000 € Gehälter]) bewegen. Bei der Bewertung ist dieser Eindruck sehr wichtig.

KONJUNKTURZYKLUS

Auch der Konjunkturzyklus beeinflusst die Bewertung. In einem Abschwung werden kleine Privatunternehmen mit einer durchschnittlichen Multiple zwischen sechs und acht verkauft. In einer Aufschwungphase kann die gleiche Firma auch für das Zehn- oder Zwölffache ihres Jahresgewinns veräußert werden.

All diese Zahlen können nur Anhaltspunkte liefern. Jeder Unternehmensverkauf wird durch spezifische Faktoren beeinflusst, die das Ergebnis und damit die Bewertung verändern können.

Sicherheitsmarge ermitteln

Um die Fixkosten sowie die Aufwendungen für Material und Personal zu decken, ist ein bestimmter Mindestumsatz nötig. Der Punkt, an dem Kosten und Erträge gleich groß sind, wird als Rentabilitätsschwelle oder Break-Even-Point bezeichnet. Wird dieser Punkt erreicht – sind also die Umsätze höher als die Kosten –, beginnt das Unternehmen profitabel zu arbeiten.

Eine Firma, die ständig in der Nähe der Rentabilitätsschwelle wirtschaftet, setzt sich unnötigen Risiken aus, denn sie darf sich keine Fehler erlauben. Schon ein kleiner Umsatzrückgang kann fatale Folgen haben.

Je mehr Output jenseits der Rentabilitätsschwelle Sie produzieren, etwa durch zusätzliche Plätze in einem Café oder freie Kapazitäten in einer Fabrik, desto besser. Das Verhältnis zwischen der gesamten Verkaufskapazität und der Rentabilitätsschwelle bezeichnet man als Sicherheitsmarge, die üblicherweise in Prozent ausgedrückt wird.

RENTABILITÄTSSCHWELLE

Die Analyse der Rentabilitätsschwelle ist ein wichtiges Instrument des Business-Plans, aber auch bei der täglichen Unternehmensführung. Die Gefahren hoher Fixkosten zu erkennen und den Unterschied zwischen fixen und variablen Kosten zu verstehen sind entscheidend für die Berechnung des Break-Even-Points.

GEFAHR HOHER FIXKOSTEN

Nicht wenige Jungunternehmer scheitern daran, dass sie einen zu großen Teil ihres Startkapitals in Anlagevermögen investieren.

Einige Ausrüstungsgegenstände sind am Anfang zweifellos unverzichtbar, andere können aber durchaus noch später angeschafft werden. Das bedeutet, dass man bestimmte Maschinen zunächst für einen gewissen Zeitraum mieten sollte. Das mag etwas unbequem sein, aber wenn zum Beispiel Farbkopierer, Notebooks oder Lieferfahrzeuge gleich nach Gründung des Unternehmens gekauft werden, bilden sie einen wesentlichen Teil der Fixkosten.

Je höher der Anteil der Fixkosten, desto länger dauert es in der Regel, bis die Rentabilitätsschwelle überschritten wird. Doch gerade für neu gegründete Unternehmen ist es besonders wichtig, möglichst schnell in die Gewinnzone zu kommen.

VERSCHIEDENE KOSTENARTEN

Einige Kosten verändern sich nicht, unabhängig davon, wie sich der Umsatz entwickelt: die Fixkosten. Für ein Ladengeschäft bildet die Miete eine weitgehend unveränderliche Größe.

Die Höhe der Umsatzaufwendungen für im Laden verkauften Produkte hängt jedoch ausschließlich vom Umsatzvolumen ab. Je mehr Sie verkaufen, desto mehr kostet es, das Lager wieder aufzufüllen. Das sind die variablen Kosten oder Herstellungskosten. Sie müssen zuerst den Umsatz schätzen, bevor Sie diese Kosten zu den Fixkosten addieren und die Gesamtkosten errechnen können.

BREAK-EVEN-POINT BERECHNEN

Der Break-Even-Point wird so berechnet:

$$\text{Rentabilitätsschwelle (Break-Even-Point)} = \frac{\text{Fixkosten}}{\text{Deckungsbeitrag}}$$

Unter »Deckungsbeitrag« versteht man die Summe, die von den Umsatzerlösen übrig bleibt, wenn alle Herstellungskosten abgezogen

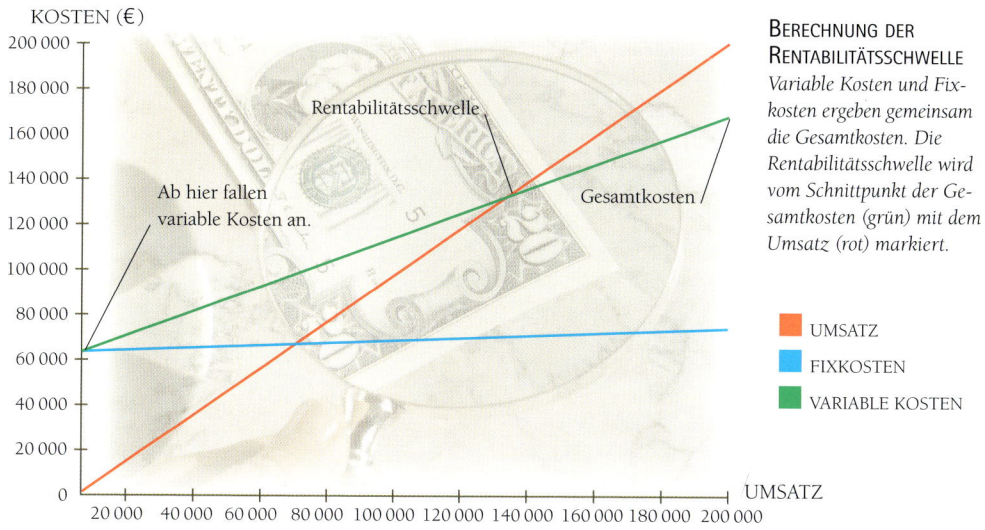

BERECHNUNG DER RENTABILITÄTSSCHWELLE
Variable Kosten und Fixkosten ergeben gemeinsam die Gesamtkosten. Die Rentabilitätsschwelle wird vom Schnittpunkt der Gesamtkosten (grün) mit dem Umsatz (rot) markiert.

■ UMSATZ
■ FIXKOSTEN
■ VARIABLE KOSTEN

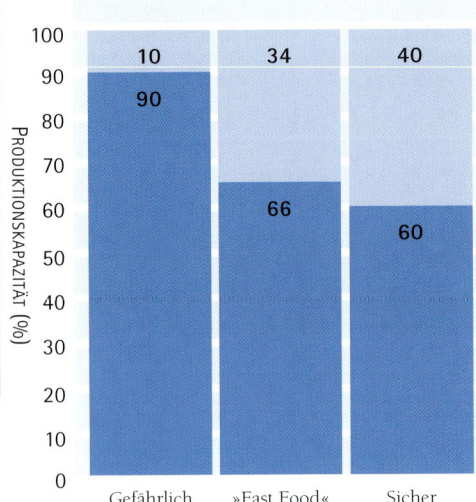

RENTABILITÄTSSCHWELLEN UND SICHERHEITSMARGEN

▪ RENTABILITÄTSSCHWELLE

▪ SICHERHEITSMARGE

sind. Bei »Fast Food« beträgt er 50 Cent pro Euro (200 000 € Umsatz abzüglich 100 000 € Herstellungskosten oder variable Kosten).

$$\text{Rentabilitätsschwelle} = \frac{66\,000}{0,5} = 132\,000\ \text{€}$$

BREAK-EVEN-POINT FÜR »FAST FOOD«

Die Grafik auf Seite 127 zeigt die Rentabilitätsschwelle der »Fast Food GmbH«. Es wurde davon ausgegangen, dass der maximale Umsatz im ersten Geschäftsjahr 200 000 Euro beträgt.

Zunächst wurden die Fixkosten (blau) eingezeichnet, sie betragen 66 000 Euro. Diese Kosten bleiben konstant, egal, ob der Umsatz 200 oder 200 000 Euro beträgt.

Der nächste Graph (grün) bezieht sich auf die variablen Kosten. Bei »Fast Food« bestehen sie aus den 100 000 Euro Umsatzaufwendungen. Dieser Graph beginnt dort, wo auch der für die Fixkosten ansetzt, sodass sich am Ende die Gesamtkosten ergeben. Die »Fast Food GmbH« wendet 100 000 Euro variable Kosten für Material und Personal auf, um 200 000 Euro Umsatz

»Fast Foods« Rentabilitätsschwelle bei 66 000 € Umsatz ist mit einer Sicherheitsmarge von 34 Prozent gerade noch akzeptabel. Jede Verbesserung würde mehr Sicherheit bedeuten. Läge die Rentabilitätsschwelle bei 90 000 €, würde die Sicherheitsmarge nur gefährliche zehn Prozent betragen.

zu erzielen. Daher muss der Graph vom Anfangspunkt bei 66 000 Euro um 100 000 Euro in Richtung 200 000 Euro steigen. Die Gesamtkosten belaufen sich somit auf 166 000 Euro.

Die Umsatz steigt von null in Richtung 200 000 Euro. Wenn Sie nichts verkaufen, haben Sie keine Einnahmen, wenn Sie alles absetzen können, nehmen Sie 200 000 Euro ein.

Der Break-Even-Point wird vom Schnittpunkt des Graphen »Gesamtkosten« und »Umsatz« gebildet und liegt bei 132 000 Euro. Wenn »Fast Food« also einen Umsatz von 132 000 Euro oder mehr erzielt, kommt es in die Gewinnzone.

SICHERHEITSMARGE

Die Produktionsleistung, die nach Erreichen der Rentabilitätsschwelle zur Verfügung steht, wird auch als Sicherheitsmarge bezeichnet. Je höher dieser Prozentsatz liegt, desto größer die Marge. Eine niedrige Marge lässt nur wenig Raum für eine profitable Geschäftstätigkeit.

»Fast Food« bleiben aus dem Gesamtumsatz von 200 000 Euro nach Erreichen der Rentabilitätsschwelle noch 34 000 Euro (200 000 € minus 132 000 €), also eine Sicherheitsmarge von 34 Prozent, die gerade noch akzeptabel ist.

Angenommen, der Break-Even-Point der »Fast Food GmbH« liegt bei 180 000 Euro und die Umsatzobergrenze bei 200 000 Euro, dann verbleiben lediglich 20 000 Euro Umsatz, aus denen der Jahresgewinn erwirtschaftet werden muss. Das wäre eine gefährlich niedrige Sicherheitsmarge von zehn Prozent.

Berechnen Sie die wichtigsten Kennziffern für Ihr Unternehmen, sowohl für das laufende als auch das letzte Geschäftsjahr, und betrachten Sie die Entwicklung. Vergleichen Sie Ihre Kennziffern mit denen Ihres größten Konkurrenten. Identifizieren Sie anschließend die Bereiche, die verbessert werden müssen, und stellen Sie einen Aktionsplan auf.

AKTIONSPLAN MIT SCHLÜSSEL-KENNZIFFERN UND VERBESSERUNGSMÖGLICHKEITEN

	LETZTES JAHR	AKTUELLES JAHR	LEISTUNGSBEURTEILUNG IN %	HAUPTKONKURRENTEN	LEISTUNGSBEURTEILUNG IM VERGLEICH ZU UNS (IN %)	MASSNAHMEN
RENTABILITÄT						
BRUTTOGEWINNSPANNE						
NETTOGEWINNSPANNE						
ERTRAG PRO MITARBEITER						
ERTRAG AUS KAPITALEINLAGEN						
LIQUIDITÄT						
LIQUIDITÄT DRITTEN GRADS						
LIQUIDITÄT ZWEITEN GRADS						
ZAHLUNGSEINGANGSFRIST Ø						
ZAHLUNGSFRIST Ø						
ZAHLUNGSFÄHIGKEIT/SOLVENZ						
VERSCHULDUNGSGRAD						
ZINSDECKUNG						
WACHSTUM						
UMSATZWACHSTUM (%)						
GEWINNWACHSTUM (%)						
SICHERHEIT						
RENTABILITÄTSSCHWELLE						
SICHERHEITSMARGE (%)						
WEITERE KENNZIFFERN IHRES UNTERNEHMENS						

ERSTELLEN EINES BUDGETS

Ihre Leistungen können Sie am besten daran messen, indem Sie prüfen, wie weit Sie Ihren selbst gesetzten Zielen nahe kommen oder diese gar übertreffen. Ein Budget hilft Ihnen nach vorne zu blicken, Ziele zu formulieren, Aufgaben zu delegieren und Ihre Mitarbeiter zu motivieren. Wenn Sie später Ihre Fortschritte mit Ihrer Planung vergleichen, sehen Sie, wo Sie eingreifen müssen, um Ihr Unternehmen auf Kurs zu halten. Ein Budget bringt eine gewisse Berechenbarkeit in eine unsichere Welt.

Während der Business-Plan die strategische Ausrichtung des Unternehmens formuliert, beschreibt das Budget detailliert, wie die jährlichen Zielvorgaben erreicht werden sollen.

Im Budget werden, ähnlich wie in der Gewinn- und Verlustrechnung, die wichtigsten Einnahme- und Ausgabequellen für den jeweiligen Zeitraum aufgeführt. Entsprechend der wirtschaftlichen Dynamik des Unternehmens wird das Jahr in Wochen oder Monate unterteilt.

ZEITPUNKT DER BUDGET-ERSTELLUNG

Es empfiehlt sich, zunächst ein Budget für ein Jahr zu erstellen und quartalsweise zu überprüfen. Dabei fügen Sie jeweils ein weiteres Viertel-jahr an, sodass Sie immer einen Budget-Plan für ein gesamtes Jahr vor sich haben.

Zunächst mag dies aufwändig erscheinen, aber je früher die Budgetierung zu einem Routinevorgang wird, desto präzisere Voraussagen erhalten Sie. Das erleichtert nicht nur die Planung, Ihr Unternehmen kann auch an Kreditwürdigkeit gewinnen. Eine Firma, die regelmäßig ihre Planzahlen erfüllt, wird die Banken eher von ihren Gewinnerwartungen überzeugen als eine, die das nicht schafft.

Sollten Sie am Ende eines Quartals feststellen, dass Sie 25 Prozent unter Ihren Planvorgaben liegen, können Sie sich damit trösten, dass Sie immerhin zu 75 Prozent Erfolg hatten.

FALLBEISPIEL: Ein Budget für die Expansion

ACHIM HOLME besuchte jedes Jahr eine Handwerksmesse, um seine Produkte zu verkaufen. Nachdem er dabei einen Großauftrag eines ausländischen Kunden erhalten hatte, begann er verstärkt über den Export seiner Produkte nachzudenken, zumal er überzeugt war, dass sein Unternehmen mittlerweile auf sicheren Beinen stand. Nach seinem Gespräch mit diesem Kunden glaubte er auch, dass es für ihn in diesem Land noch weitere Absatzchancen gab. Doch der Kunde verlangte einen Exklusivvertrag, sodass sich Herr Holme nach anderen Absatzregionen umsehen musste.

Er einigte sich mit dem Kunden darauf, dass die Exklusivitätsklausel zunächst für zwei Jahre gelten solle. Der Kunde verpflichtete sich regelmäßig eine bestimmte Mindestmenge zu bestellen und fristgerecht zu zahlen. Daher erhöhte Herr Holme sein Produktions-Budget für das folgende Jahr. Er beauftragte seinen besten Vertriebsmitarbeiter mit der Betreuung des Kunden und setzte das Ziel, zehn Prozent mehr Bestellungen zu aquirieren, als die Vereinbarung als Minimum vorsah.

REGELN DER BUDGET-ERSTELLUNG

Bei der Aufstellung und dem Einsatz eines Budgets sind einige allgemeine Regeln zu beachten:

- **REALISTISCHE ZIELE SETZEN** Das Budget muss auf erreichbaren, aber dennoch ehrgeizigen Vorgaben beruhen. Zu diesen Zielen gelangt man, indem man Annahmen darüber, was möglich und wahrscheinlich ist, sowohl mit einem Top-down-Ansatz (von oben nach unten) als auch nach der Bottom-up-Methode (von unten nach oben) interpretiert. Ist etwa Ihr Umsatz in den vergangenen Jahren je um zehn Prozent gestiegen, dürfte dies auch für das kommende Jahr realistisch sein. Sieht Ihr Business-Plan größere Umsatzsteigerungen vor, ist ein Ziel von 15 Prozent zwar ehrgeizig, aber durchaus erreichbar.
- **DIE RICHTIGEN LEUTE FRAGEN** Das Budget sollte von den Mitarbeitern erstellt werden, die es letztlich umsetzen müssen. So sollte die Verkaufsabteilung für das VerkaufsBudget verantwortlich zeichnen, die Produktionsabteilung für das Produktions-Budget. Sie müssen den Kommunikationsprozess so organisieren, dass alle Beteiligten über die Planungen der anderen im Bilde sind.
- **ZUSTIMMUNG EINHOLEN** Das Budget sollte eindeutige Zustimmung finden. In der Aufstellungsphase sollten mehrere Versionen diskutiert werden. Eventuell wollen Sie den Umsatz auf vier Millionen Euro steigern,

GRÜNDE FÜR DIE BUDGETIERUNG

1 Ermöglicht finanzielle Planungen und deren regelmäßige Anpassung

2 Liefert einen Maßstab, mit dem man die Unternehmensergebnisse messen kann

3 Weist auf Schwachstellen innerhalb des Unternehmens hin

4 Erlaubt es, Verantwortung für bestimmte Aspekte der Gewinnerzielung und der Kostenkontrolle zu delegieren

5 Sorgt dafür, dass man nie in Zahlungsschwierigkeiten kommt

während Ihr Verkaufsmanager von 3,5 Millionen ausgeht. Schließlich wird man sich vielleicht auf 3,8 Millionen Euro einigen. So kommt eine Vereinbarung zu Stande, die die eine Seite (das Verkaufsteam) verpflichtet entsprechende Anstrengungen zu unternehmen, während Sie als Unternehmer in der Pflicht stehen, dafür die Rahmenbedingungen zu schaffen. Es empfiehlt sich, solche Vereinbarungen schriftlich festzuhalten.

- **TERMIN EINHALTEN** Die Budget-Planung sollte mindestens einen Monat vor Beginn des Geschäftsjahrs abgeschlossen sein. Je früher alle ihre Ziele kennen, desto früher können sie mit der Arbeit beginnen.
- **REGELMÄSSIG ÜBERPRÜFEN** Das Budget sollte im Lauf des Jahrs in bestimmten Abständen überprüft werden, um sich zu vergewissern, dass alle Grundannahmen noch Gültigkeit besitzen. Vielleicht wächst ein Markt schneller, als Sie erwartet haben, sodass Ihre Ziele nach oben angepasst werden können. Schwierige Zeiten können andererseits auch dazu zwingen, Ziele nach unten zu korrigieren.
- **ZAHLEN SOFORT ABGLEICHEN** Um die Planung umzusetzen, brauchen Sie rasche und genaue Informationen. Die Geschäftszahlen sollten sieben bis zehn Tage nach Monatsende vorliegen.

INSIDER-TIPP

Eine »Liquiditätsklemme trotz hoher Rendite« tritt auf, wenn eine Firma über ihre finanziellen Möglichkeiten hinaus expandiert. Dadurch wird immer mehr Geld in Beständen und Kundenkrediten gebunden. Andererseits müssen die steigenden Kosten bezahlt werden. Der nahe liegende Ausweg ist ein Überziehungskredit oder die Aufstockung eines bestehenden Darlehens.

EINFACHER BUDGET-PLAN				
	MONAT		GESAMTJAHR (BIS JETZT)	
	TATSÄCH-LICH (€)	BUDGET (€)	TATSÄCHLICH (KUMULIERT) (€)	BUDGET (KUMULIERT) (€)
UMSATZ	16 576	15 000	49 920	46 500
DIREKTE UMSATZ-KOSTEN Material	4 950	4 500	15 054	13 650
Arbeit	4 126	3 900	12 496	11 850
Gemeinkosten	1 350	1 300	4 142	3 900
UMSATZ (GESAMT)	10 426	9 700	31 692	29 400
BRUTTOSPANNE	6 150	5 300	18 228	17 100
AUSGABEN Fabrik	2 280	2 200	7 054	6 750
Vertrieb	750	800	2 402	2 340
Technik	616	600	1 926	1 830
Buchhaltung	490	480	1 514	1 470
Verwaltung	670	690	2 160	2 100
AUSGABEN (GESAMT)	4 806	4 770	15 056	14 490
BEITRAG ZUM JAHRESGEWINN	1 344	530	3 172	2 610

AUFBAU EINES BUDGET-PLANS

In diesem Beispiel eines einfachen Budget-Plans werden die Geschäfts-zahlen für einen Monat und die kumulierten Zahlen für das gesamte Jahr aufgeführt. Sie sehen, dass der Umsatz mit 8288 Euro über der Planzahl von 7500 Euro liegt. Dieser Umsatzanstieg treibt auch in allen anderen Bereichen des Budgets, mit Ausnahme der Vertriebs- und Verwal-tungskosten, die Zahlen nach oben.

Überwachung der Geschäftsentwicklung

Während des Jahrs muss man die Entwicklung im Hinblick auf die Budget-Vorgaben genau überwachen und gegebenenfalls korrigierend eingreifen. Die Situation muss in monatlichen, eventuell auch kürzeren, Abständen geprüft werden, wobei man den jeweiligen Zeitraum wie auch das gesamte Jahr betrachtet.

Im Beispiel (oben) sehen Sie, dass das Unternehmen beim monatlichen Absatz unter den Planzahlen liegt, auf Jahressicht jedoch die Erwartungen schon übertroffen hat. Üblicherweise setzt man negative Abweichungen in Klammern. Höhere Umsätze erscheinen also nicht in Klammern, höhere Materialkosten jedoch schon.

Sie sehen ferner, dass der Gewinn die Planzahlen bereits übertrifft, die Gewinnmarge jedoch leicht rückläufig ist (-0,3 Prozent). Das liegt teilweise daran, dass andere direkte Kosten, vor allem Arbeits- und Vertriebskosten, die im Budget fixierten Zielgrößen überschritten haben.

Bei der Prüfung der Ergebnisse sollten Sie auch Schwankungen berücksichtigen und Rückstellungen bilden, für den Fall, dass Umsatzsteigerungen zu erhöhten Investitionsausgaben führen.

STARRES BUDGET						
	MONAT			GESAMTJAHR (BIS JETZT)		
BEZEICHNUNG	BUDGET (IN 1000 €)	TATSÄCHLICH (IN 1000 €)	ABWEICHUNG (IN 1000 €)	BUDGET (IN 1000 €)	TATSÄCHLICH (IN 1000 €)	ABWEICHUNG (IN 1000 €)
UMSATZ	1 610	1 506	(104)	12 716	14 628	1 912
MATERIAL	1 254	1 134	120	9 884	11 408	(1 524)
MATERIAL (MARGE)	356	372	16	2 832	3 220	384
DIREKTE KOSTEN	148	158	(10)	1 190	1 378	(188)
BRUTTOGEWINN	208	214	6	1 640	1 842	202
PROZENTSATZ	12,92 %	14,21 %	1,29 %	12,90 %	12,60 %	(0,30 %)

ANALYSE EINES STARREN BUDGET-PLANS
Im starren Budget wird die geschäftliche Entwicklung den ursprünglichen Zielen gegenübergestellt. Hier wurden im betreffenden Monat 52 000 Euro weniger Umsatz erzielt als erwartet, in Bezug auf das gesamte Jahr jedoch wurde die Zielgröße um 956 000 Euro überschritten.

ABWEICHUNGEN

Das Budget beruht auf Umsatzzielen, die in der Praxis nur selten exakt erreicht werden dürften. Am Beispiel eines starren Budgets (oben) sehen Sie, dass für 1 524 000 Euro mehr Material verbraucht wurde, als veranschlagt war. Da aber auch mehr Waren verkauft wurden (für 1 912 000 Euro), ist das nicht überraschend.

Solche Abweichungen werden in das starre Budget einbezogen, indem man es flexibilisiert. So können Sie darstellen, welche Kostensteigerungen Sie angesichts des tatsächlichen Umsatzwachstums erwarten. Dazu werden die

Kennziffern des Budgets auf die tatsächlichen Daten bezogen. Im Beispiel sollten die Materialkosten 22,9 Prozent des Umsatzes ausmachen. Bezieht man diesen Satz auf den tatsächlichen Monatsumsatz, erhält man Materialkosten in Höhe von 1 174 000 Euro statt 1 254 000 Euro, wie im starren Budget veranschlagt.

Trägt man diese neue Zahl in das flexibilisierte Budget ein (unten), zeigt sich, dass die Mehrausgaben für Material in Bezug auf den bereits erzielten Umsatz lediglich 38 000 Euro betragen, eine wesentlich überschaubarere Größe als 1 524 000 Euro.

ANALYSE EINES FLEXIBILISIERTEN BUDGET-PLANS
Passt man die Umsatzzahlen aus dem starren Budget-Plan den tatsächlichen Zahlen aus dem vorangegangenen Monat an, verändern sich die relativen Materialkosten. Die Abweichung reduziert sich von minus 1 524 000 Euro auf minus 38 000 Euro.

FLEXIBILISIERTES BUDGET						
	MONAT			GESAMTJAHR (BIS JETZT)		
BEZEICHNUNG	BUDGET (IN 1000 €)	TATSÄCHLICH (IN 1000 €)	ABWEICHUNG (IN 1000 €)	BUDGET (IN 1000 €)	TATSÄCHLICH (IN 1000 €)	ABWEICHUNG (IN 1000 €)
UMSATZ	1 506	1 506	–	14 628	14 628	–
MATERIAL	1 174	1 134	40	11 370	11 408	(38)
MATERIAL (MARGE)	332	372	40	3 258	3 220	(38)
DIREKTE KOSTEN	138	158	(20)	1 370	1 378	(8)
BRUTTOGEWINN	194	214	20	1 888	1 842	(46)
PROZENTSATZ	12,92 %	14,21 %	1,29 %	12,90 %	12,60 %	(0,30 %)

Ähnlich verhält es sich mit anderen direkten Kosten, die den Budget-Satz um 188 000 Euro zu überschreiten scheinen. Berücksichtigt man jedoch den zusätzlichen Umsatz im flexibilisierten Budget, belaufen sich die Mehrausgaben bei den direkten Kosten nur auf 8000 Euro – eine deutlich niedrigere Summe, als aus dem starren Budget hervorging.

Das flexibilisierte Budget ermöglicht es, sich auf die realen Abweichungen in der geschäftlichen Entwicklung zu konzentrieren.

TRENDS UND SAISONALE EINFLÜSSE

Für jede Rechnungsperiode werden im Budget unterschiedliche Zahlen angeführt. Eine jährliche Umsatzplanung von 2,4 Millionen Euro führt nicht zu einem Umsatz von exakt 200 000 Euro pro Monat, denn die monatlichen Ergebnisse sind unter anderem von Trends abhängig.

Deshalb nimmt man etwa an, dass sich die Umsätze zu Beginn der Rechnungsperiode auf 160 000 Euro im Monat belaufen, am Ende auf 240 000 Euro. Im Schnitt also 200 000 Euro, das heißt 2,4 Millionen Euro für das gesamte Jahr.

Auf Grund saisonaler Schwankungen kann jeder einzelne Monat vom Trend abweichen. So

kann man zum Beispiel davon ausgehen, dass der Absatz von Heizöl im Herbst seinen Höhepunkt erreicht und gegen Ende des Frühjahrs wetterbedingt nachlässt. Der Verkauf von Gartenmöbeln nimmt im Sommer zu, Spielzeug und Luxusartikel verkaufen sich vor Weihnachten besonders gut.

RÜCKSTELLUNGEN FÜR INVESTITIONSAUSGABEN

Das Budget wirkt sich nicht nur auf Gewinn und Verlust aus. Sind die Ziele sehr hoch gesetzt, muss vielleicht mehr Geld aufgewendet werden, um zusätzliche Maschinen zu kaufen. Wenn mehr Mittel aufgebracht werden müssen, um die Produktivität zu erhöhen, verändert sich die Kapitalbasis der Firma.

Auch der Cash-Flow kann beeinflusst werden. Wächst der Absatz von Fertigwaren sehr schnell, müssen für Rohstoffe und Löhne sowie für die Finanzierung von Außenständen große Summen aufgewendet werden. Solange sich das Umsatzwachstum beschleunigt, nimmt auch der Geldverbrauch zu. Das ist nicht immer nachteilig, aber muss in der Cash-Flow-Prognose im Budget berücksichtigt werden.

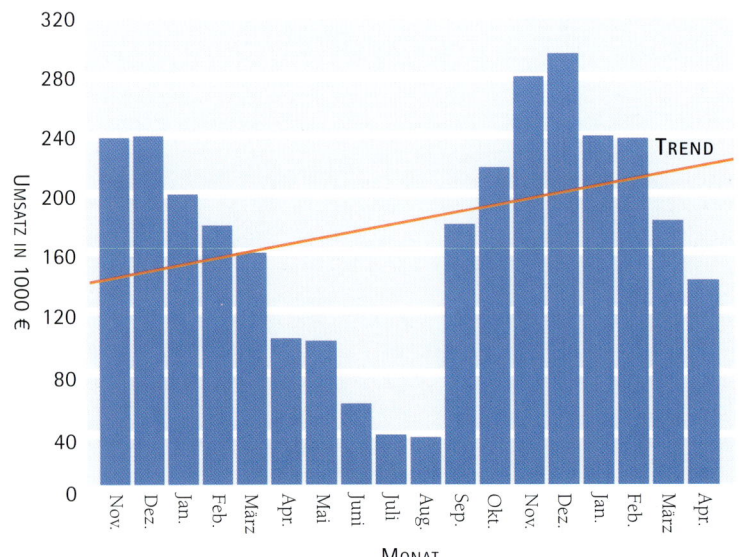

JAHRESZEITLICHE SCHWANKUNGEN
Eine Firma, die Heizöl verkauft, wird in den Wintermonaten wesentlich größere Mengen absetzen als im Frühjahr und Sommer. Aus den Höhen und Tiefen lässt sich der durchschnittliche Umsatz errechnen. Man erkennt daraus auch den generellen Umsatztrend, der in diesem Fall nach oben weist.

GEWINN- UND VERLUSTRECHNUNG IM BUDGET						
	MONAT			GESAMTJAHR (BIS JETZT)		
	BUDGET (€)	AKTUELL (€)	ABWEICHUNG	BUDGET (€)	AKTUELL (€)	ABWEICHUNG
UMSATZ						
UMSATZKOSTEN						
BRUTTOGEWINN						
ABZÜGLICH AUSGABEN — Verwaltung						
Verkauf						
Marketing						
Vertrieb						
GESAMTAUSGABEN						
BETRIEBSGEWINN						
ZUSAMMENFASSUNG DER HAUPTGRÜNDE FÜR GRÖSSERE ABWEICHUNGEN UND VORGESCHLAGENE MASSNAHMEN						
1						
2						
3						

Ein Budget-Modell erstellen

Bei der Aufstellung eines Budgets müssen verschiedene Abteilungen eines Unternehmens in die Diskussion einbezogen werden. Dabei werden sicherlich ganz unterschiedliche Zahlen vorgelegt.

Verwendet man für das Budget-Modell ein Tabellenkalkulationsprogramm, lässt sich schnell ermitteln, wie sich die Veränderung einer bestimmten Zahl auf das gesamte Budget auswirkt. Man muss lediglich entscheiden, in welcher Beziehung die verschiedenen Elemente des Budgets zueinander stehen sollen.

Vielleicht gehen Sie in Ihrer Bilanz davon aus, dass Außenstände nach 45 Tagen bezahlt werden, oder Sie setzen in der Gewinn- und Ver-

BUDGET-MODELL

Wenn Sie herausgefunden haben, wie die unterschiedlichen Aspekte Ihres Budgets zueinander in Beziehung stehen, können Sie ein Modell entwerfen und Ihr Budget festlegen, so wie in diesem Beispiel zu sehen.

lustrechnung den Bruttogewinn mit 50 Prozent an. Veränderungen der Umsatzzahlen, die sich während der Aufstellung des Budgets ergeben, werden in das Modell eingearbeitet, wodurch auch die Gewinn- und Verlustrechnung sowie die Bilanzdaten aktualisiert werden.

Ein solches Modell erweist sich auch als hilfreich, wenn das Budget im Lauf des Jahrs angepasst oder revidiert werden muss. Dadurch sind Sie stets auf dem neuesten Stand. Wenn Sie mit einer Buchführungssoftware arbeiten, werden Sie darin wahrscheinlich auch eine Vorlage für ein Budget-Modell finden.

VERBESSERUNG DER ERGEBNISSE

Bei der Überprüfung der Geschäftsentwicklung stoßen Sie möglicherweise auf Bereiche, die unbefriedigende Ergebnisse liefern. Das ist kein Grund zur Panik – auch in optimal geführten Unternehmen entwickeln sich manche Gebiete nicht so gut wie andere –, dennoch sollte man so schnell wie möglich Maßnahmen ergreifen. Beziehen Sie Ihre Mitarbeiter in Ihre Entscheidungen mit ein.

Wenn Sie das Gefühl haben, dass Ihr Unternehmen hinter seinen Möglichkeiten zurückbleibt, finden Sie meist in folgenden Bereichen die Ursachen der Probleme:

■ Preisgestaltung
■ Kostenentwicklung
■ Kapital, das für den täglichen Betriebsablauf nötig ist.

Kleinunternehmer setzen häufig am Anfang falsche Preise fest. Die Annahme, kleine oder junge Firmen könnten etablierte Wettbewerber preislich unterbieten, beruht oft auf einer falschen Einschätzung der wahren Kosten bzw. der tatsächlichen Höhe von Fixkosten.

Hinsichtlich der Fixkosten wird von Kleinunternehmern oft darauf hingewiesen, dass die etablierte Konkurrenz luxuriöse Büros unterhalte und viele überbezahlte Marketing-Leute beschäftige und daher höhere Preise verlangen

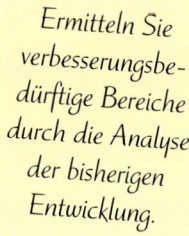

Ermitteln Sie verbesserungsbedürftige Bereiche durch die Analyse der bisherigen Entwicklung.

müsse. Der Irrtum besteht darin, dass teure Geschäftsräume nicht zu den Fixkosten im negativen Sinn gehören und häufig sogar mehr zum Gewinn beitragen als die Hauptprodukte des Unternehmens (Ladengeschäfte, Restaurants und Hotels fallen in diese Kategorie). Teure Geschäftsräume können, vor allem wenn sie mit einer guten Adresse verbunden sind, auch dazu beitragen, das Image eines Produkts und damit dessen Preis zu erhöhen.

Zum anderen mögen die Mitarbeiter der Marketing-Abteilung sehr gut bezahlt werden, aber nur dann, wenn Sie ausreichend Umsatz erwirtschaften.

Natürlich müssen Sie sich an den Preisen orientieren, die auch Ihre Konkurrenz verlangt, aber Sie dürfen nicht vergessen, dass die Preise für ein großes, etabliertes Unternehmen jene Größe darstellen, die sich im Marketing-Mix am

---

FALLSTUDIE: Die Gefahren niedriger Preise

ADRIAN PETERSEN entschloss sich nach seinem Studium eine eigene Firma zu gründen. In den Ferien hatte er in einem Schnellimbiss gearbeitet und glaubte nun auch selbst einen solchen Laden betreiben zu können. Er entschied sich seinen früheren Arbeitgeber zu unterbieten, um dadurch gleich von Anfang an

gute Umsätze zu erzielen. Bei der Formulierung des Business-Plans mit seinem Steuerberater stellte sich jedoch heraus, dass er bei den von ihm angestrebten Preisen niemals die Fixkosten würde decken können und auch den Break-Even-Point nicht erreichen würde. »Fixkosten« und »Break-Even-Point« waren für Herrn Petersen bis dahin Fremdwörter gewesen.

ehesten variieren lässt. Ein großer Mitbewerber kann viel leichter Ihre Preise nach unten drücken und Sie zur Aufgabe zwingen, als dass Sie ihm durch niedrigere Preise Kunden abwerben werden.

Gewinnorientierte Preispolitik

Während die meisten kleinen Unternehmen ihre Preise anhand der Kosten festsetzen und dabei mit der Formel »Kosten plus x« (zum Beispiel Material plus 50 Prozent) oder einem Vielfachen der Kosten (etwa den dreifachen Materialkosten) arbeiten, orientieren sich die Kunden am Wert und suchen immer häufiger (oft über das Internet) nach dem günstigsten Preis für eine Ware. Das eröffnet viel Spielraum für die Preispolitik. Der Preis ist jenes Element im Marketing-Mix, das die Rentabilität am stärksten beeinflusst.

Oft ist es für eine junge Firma profitabler, eine geringe Zahl von Produkten zu relativ hohen Preisen zu verkaufen. Hat sich das

Unternehmen später etabliert, kann man das Sortiment erweitern und die Preise senken. Entscheidend ist, dass man gute Gewinnmargen erwirtschaftet.

DIE WIRKUNG STEIGENDER PREISE

Die Tabelle auf Seite 138 zeigt die Auswirkung von Preisveränderungen auf den Bruttogewinn, wenn die Zahl der Kunden gleich bleibt oder sich in Fünf-Prozent-Schritten verändert. Am Beispiel von »Fast Food« sehen Sie, was passiert wäre, hätte die Firma ihre Preise erhöht, statt den Umsatz von 200 000 auf 260 000 Euro zu steigern. Nehmen wir also an, dieses Wachstum wurde vollständig dadurch erzielt, dass mehr Waren an mehr Kunden verkauft wurden.

Hätte »Fast Food« die Preise um fünf Prozent erhöht und keine Kunden verloren, hätte das Unternehmen 10 000 Euro mehr Bruttogewinn erzielt. Da alle Ausgaben abgedeckt sind, würde sich dieser Zuwachs auch beim Reingewinn entsprechend niederschlagen.

Wären durch die Preiserhöhung fünf Prozent der Kunden verloren gegangen, wäre der Umsatz auf 190 000 Euro gesunken, die Bruttomarge aber von 50 auf

KUNDEN ACHTEN VOR ALLEM AUF DEN PREIS

Für viele Kunden ist Preis ein zuverlässiger Indikator für die Qualität eines Produkts. Je mehr man für etwas bezahlt, desto mehr bekommt man auch dafür, so die gängige Meinung. Hätte also James Dyson seinen Staubsauger, der wesentlich mehr zu leisten versprach als andere Reinigungsgeräte, billiger verkauft als seine Konkurrenten ihre Produkte, wäre dieser Anspruch in Frage gestellt worden.

Die geringere Leistung gleich teurer Geräte soll Dyson zu seinem Staubsauger inspiriert haben. Er wollte ein Produkt schaffen, für das auch der sechsfache Preis

gerechtfertigt erschien. Auch wenn der Preis am oberen Ende der Skala für elektrische Haushaltsgeräte liege, so lautete die Botschaft, würde dieser Staubsauger überproportional mehr leisten als die preiswerteren Geräte. Der überwältigende Erfolg von Dysons Staubsauger in einem schon stark gesättigten Markt scheint diesen Ansatz zu bestätigen.

WIE PREISÄNDERUNGEN DEN BRUTTOGEWINN BEEINFLUSSEN

Eine Preiserhöhung um fünf Prozent ohne Kundenverlust führt zu einem Anstieg des Bruttogewinns um fünf Prozent. Bei einem Kundenrückgang um 15 Prozent wäre eine Verringerung des Bruttogewinns um 3,25 Prozent die Folge.

55 Prozent gestiegen, weil das Unternehmen mehr eingenommen hätte. Dadurch würde sich ein Bruttogewinn von 104 500 Euro ergeben (190 000 € x 55 %). Die Ausgaben wären mit 66 000 Euro unverändert, wodurch ein Betriebsgewinn von 38 500 Euro verbliebe. Diese Summe liegt um 4500 Euro über dem Betrag von 34 000 Euro, der durch einen höheren Umsatz zum ursprünglichen Preis erzielt worden wäre.

Wenn Sie die übrigen Zahlen analysieren, erkennen Sie, dass Sie keine wirtschaftlichen Probleme bekommen, vorausgesetzt Sie verlieren nicht mehr als zehn Prozent Ihrer Kunden, wenn Sie die Preise um fünf Prozent erhöhen. Eine Preiserhöhung um 15 Prozent führt sogar dann zu einem höheren Gewinn, wenn Ihnen mehr als 15 Prozent der Kunden den Rücken kehren. Im Fall von »Fast Food« betrug dieser Anteil 50 Prozent. Je niedriger der Bruttogewinn, desto weniger Kundschaft darf durch eine Preiserhöhung verloren gehen.

Erhöht man die Preise an Stelle des Umsatzvolumens, kann man außerdem die Lagerbestände verringern, hat weniger Rechungen einzutreiben, braucht weniger Kapital und nutzt die Maschinen nicht so schnell ab.

AUSWIRKUNG DER PREISERHÖHUNG

PROZENTUALE VERÄNDERUNG	VERÄNDERUNG DER KUNDENZAHL (IN %)			
	0	-5	-10	-15
+5 %	5	2,25	-0,5	-3,25
+10 %	10	7	4	1
+15 %	15	11,75	8,5	5,25

Kosten reduzieren

Kosten sind immer mit Aufwand verbunden. Aber da der Aufwand oft wenig effektiv ist, wie das Pareto-Prinzip (auch als 80/20-Regel bekannt) eindrucksvoll zeigt (siehe Grafik auf S. 139 ganz rechts), gibt es meist mehr Einsparmöglichkeiten, als man denkt.

Anhand der Tabelle unten und der linken Abbildungen auf Seite 139 werden die Folgen einer Kostensenkung dargestellt.

Besorgen Sie sich eine Kalkulationstabelle, oder richten Sie in Ihrer Buchführungssoftware eine Funktion ein, die die wichtigsten Kostenfaktoren Ihres Unternehmens auflistet und sie mit jenen aus der vorherigen Rechnungsperiode vergleicht. Der Aufwand dafür ist gering im Verhältnis zu den potenziellen Einsparungen.

KOSTENSENKUNG ZAHLT SICH AUS

	VORHER		NACH KOSTEN-SENKUNG (2 %)		DIFFERENZ	
	1000 €	%	1000 €	%	1000 €	%
UMSATZ	2000	100	2000	100	–	–
KOSTEN	1900	95	1860	93	-40	-2
GEWINN	100	5	140	7	+40	+40

KOSTEN REDUZIEREN

Senkt ein Unternehmen, das fünf Prozent Reingewinn erzielt, seine Kosten nur um zwei Prozent, steigt der Gewinn um 40 Prozent (von 100 000 auf 140 000 Euro). Um bei unveränderten Preisen den gleichen Effekt zu erzielen, müsste es zehn bis 20 Prozent mehr Kunden finden.

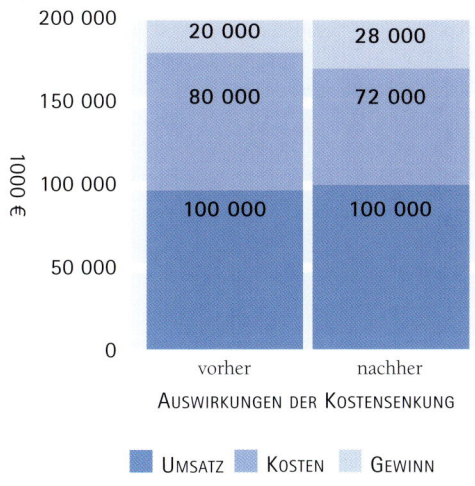

AUSWIRKUNGEN DER KOSTENSENKUNG

■ UMSATZ ■ KOSTEN ▨ GEWINN

KLEINE SENKUNG – GROSSE WIRKUNG

Der Vorteil von Kostensenkungen liegt darin, dass schon kleine Reduzierungen überproportional auf die Gewinne durchschlagen. Durch eine Kostensenkung um zehn Prozent konnten hier die Gewinne um 40 Prozent gesteigert werden.

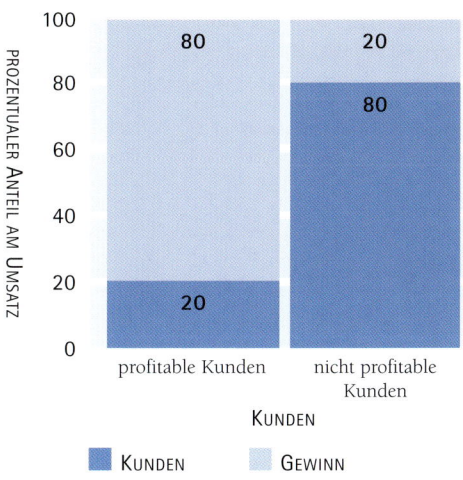

KUNDEN

■ KUNDEN ▨ GEWINN

DAS PARETO-PRINZIP (80/20-REGEL)

Eine Überprüfung Ihrer Kundenkartei dürfte ergeben, dass 20 Prozent Ihrer Kunden den Großteil Ihres Umsatzes und vielleicht den gesamten Gewinn erbringen. Dennoch widmen Sie unprofitablen Kunden ebenso viel Zeit.

Betriebskapital richtig nutzen

G elder, die Sie in eigene Geschäftsräume, Firmenfahrzeuge oder Maschinen investiert haben, gehören zum gebundenen Kapital. Irgendwann entsprechen diese Dinge vielleicht nicht mehr Ihren Bedürfnissen und die Investitionen haben nur noch geringen Wert. Im Gegensatz zu diesem Anlagevermögen können Sie über Ihr Betriebskapital verfügen. Dennoch sollten Sie versuchen den Anteil des Betriebskapitals so niedrig wie möglich zu halten.

BETRIEBSKAPITAL VERRINGERN

1 Wenn Sie auf Kredit verkaufen, geben Sie auf Ihren Rechnungen immer die Zahlungsfrist an. Die Kunden müssen wissen, wann Sie ihre Zahlung erwarten.

2 Finden Sie heraus, wann Ihre Hauptkunden ihre monatlichen Überweisungen tätigen, und stellen Sie Ihre Rechnungen entsprechend.

3 Mahnen Sie säumige Kunden sofort, und fassen Sie telefonisch nach.

4 Holen Sie stets Auskünfte über die Bonität von Neukunden ein, wenn Sie diesen Kredite einräumen.

5 Führen Sie genau Buch über Ihren Lagerbestand, und beobachten Sie Waren, die sich nur langsam umschlagen lassen.

6 Erstellen Sie präzise Absatzprognosen, damit Sie das Lager und den Bestand an unfertigen Erzeugnissen dem Bedarf anpassen können.

7 Nutzen Sie Lieferantenkredite gänzlich aus. Versuchen Sie mit wichtigen Lieferanten längere Zahlungsfristen auszuhandeln, wenn sich die Geschäftsbeziehung gut eingespielt hat.

8 Lassen Sie Ihr Geld für sich arbeiten. Bei Internet-Banken können Sie Geld auch kurzfristig verzinslich anlegen, anstatt es nutzlos auf einem Girokonto herumliegen zu lassen.

9 Häufig ist es sinnvoller, Rechnungen sofort zu bezahlen, um das Skonto zu nutzen, das viele Lieferanten anbieten (siehe S. 140). Manche Lieferanten bieten hohe Skonti bei

Betriebskapital nutzen

Einiges weist darauf hin, dass Kleinunternehmen ihr Betriebskapital ineffizient nutzen. Und zwar je kleiner die Firmen sind, desto ineffizienter, wie diese Grafiken zeigen. Ein sehr kleines Unternehmen erhält in der Regel später sein Geld von den Kunden und hat einen langsameren Lagerumschlag als ein mittelgroßes Unternehmen. Beides führt zu Einnahmeverlusten.

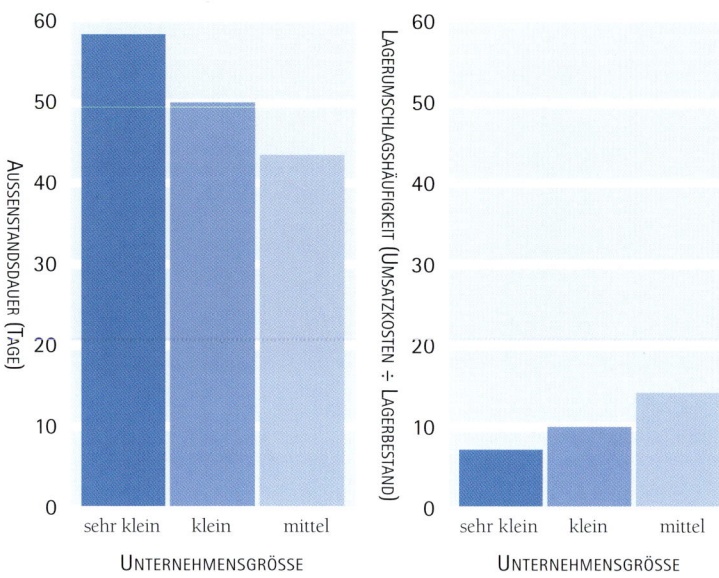

prompter Bezahlung mittels Scheck, Bargeld oder Überweisung. Wenn Lieferanten 2,5 Prozent Nachlass offerieren, sofern Sie sofort statt erst in zwei Monaten bezahlen, entspricht dies einem auf das Jahr bezogenen Zinssatz von 15 Prozent (12 ÷ 2 x 2,5 %).

10 Bringen Sie Schecks und Bargeld sofort zur Bank. Das ist nicht nur die sicherste Art der Aufbewahrung, sondern auch rentabel. Je früher das Geld auf dem Konto ist, desto schneller sparen Sie Kontokorrentkreditzinsen oder können Guthabenzinsen kassieren.

Reduziertes Betriebskapital, erhöhter Gewinn

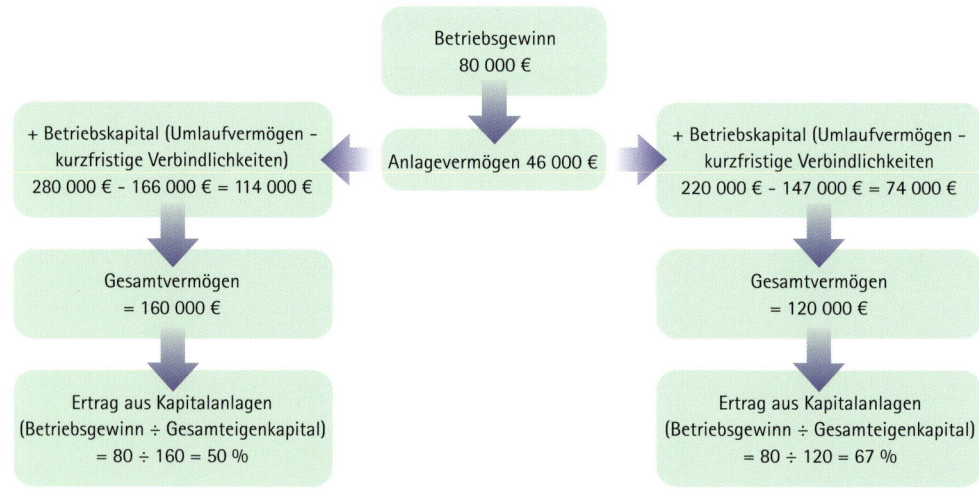

BEWERTUNG VON SKONTO-ANGEBOTEN

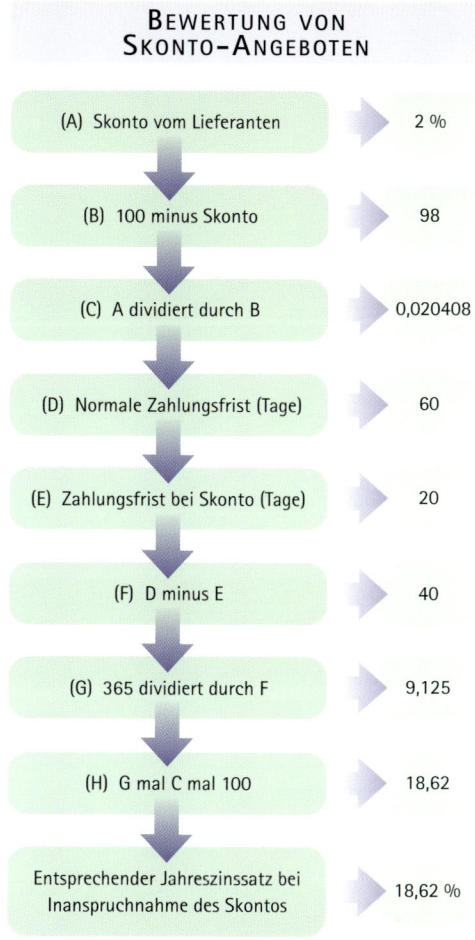

(A) Skonto vom Lieferanten	2 %
(B) 100 minus Skonto	98
(C) A dividiert durch B	0,020408
(D) Normale Zahlungsfrist (Tage)	60
(E) Zahlungsfrist bei Skonto (Tage)	20
(F) D minus E	40
(G) 365 dividiert durch F	9,125
(H) G mal C mal 100	18,62
Entsprechender Jahreszinssatz bei Inanspruchnahme des Skontos	18,62 %

BEWERTUNG EINES SKONTO-ABZUGS FÜR FRÜHZAHLER

Mittels der hier aufgeführten Schritte können Sie errechnen, ob es sich lohnt, ein Skonto-Angebot anzunehmen. Wenn Sie in diesem Beispiel Ihre Rechnungen 40 Tage früher bezahlen als üblich, erzielen Sie auf das Jahr gerechnet eine Verzinsung Ihres Gelds von 18,62 Prozent.

diesem Beispiel 120 000 Euro, um 20 000 Euro Betriebsgewinn zu erzielen. Im Beispiel werden vier Kapitalstrukturen angeführt: Sie reichen von vollständigem Eigenkapital (keine Verschuldung) bis zu fast völliger Fremdfinanzierung. Für das Fremdkapital müssen zwölf Prozent Zinsen aufgewendet werden. Die Fremdmittel sind zeitlich nicht begrenzt, denn wenn ein Kredit ausläuft, wird er durch einen neuen ersetzt.

Aus der Tabelle ergibt sich, dass die Eigenkapitalrendite infolge einer Veränderung des Verschuldungsgrads von 16,6 auf 30,7 Prozent steigt. Lägen die Darlehenszinsen niedriger, würde die Rendite noch weiter verbessert werden, aber je höher die Zinsen sind, desto geringer fällt die relative Ertragssteigerung aus. In Niedrigzinsphasen neigen Unternehmen daher dazu, die Fremdmittelaufnahme auszuweiten, statt das Eigenkapital zu erhöhen.

PROBLEME DER VERSCHULDUNG

Zunächst erscheint ein hoher Verschuldungsgrad wie eine Geldvermehrungsmaschine. Verständlicherweise möchten Unternehmer lieber fremdes statt eigenes Geld zur Finanzierung ihres Wachstums einsetzen, wenn sie dadurch den Ertrag ihrer Investitionen steigern können.

Probleme entstehen, wenn das Unternehmen nicht die erwarteten 10 000 Euro Betriebsgewinn erwirtschaftet. Bei vielen kleinen Firmen führt ein Umsatzrückgang um 20 Prozent schon zu einer Halbierung der Gewinne. Würden in unserem Beispiel die Gewinne um die Hälfte sinken, könnte die Firma ihre Kredite nicht mehr bedienen. Zahlungsunfähigkeit wäre die Folge.

Banken halten bei Kleinunternehmen im Allgemeinen einen Verschuldungsgrad von 1:1 für angemessen, manchmal gehen sie aber auch deutlich höher.

Auswirkungen der Verschuldung

Ein hoher Verschuldungsgrad kennzeichnet die Situation von Unternehmen, die viel Fremdkapital aufgenommen haben. Sich stark zu verschulden ist besonders reizvoll für Unternehmen, die eine hohe Rendite auf das eingesetzte Eigenkapital anstreben (siehe S. 115f.).

Die Tabelle auf Seite 142 zeigt, wie sich eine Veränderung des Verschuldungsgrads auf die Kapitalrendite auswirkt. Die Firma benötigt in

AUSWIRKUNG DER VERSCHULDUNG AUF DIE EIGENKAPITALRENDITE

		KEINE VERSCHULDUNG (€)	DURCHSCHNITTLICHE VERSCHULDUNG 1:1 (€)	HOHE VERSCHULDUNG 2:1 (€)	SEHR HOHE VERSCHULDUNG 3:1 (€)
KAPITAL-STRUKTUR	Eigen-/Stammkapital	120 000	60 000	40 000	30 000
	Fremdkapital (zu 12 %)	–	60 000	80 000	90 000
GESAMTKAPITAL		120 000	120 000	120 000	120 000
GEWINNE	Betriebsgewinn	20 000	20 000	20 000	20 000
	abzüglich Kreditzinsen	–	7 200	9 600	10 800
REINGEWINN		20 000	12 800	10 400	9 200
EIGENKAPITALRENDITE		20 000/120 000	12 800/60 000	10 400/40 000	9 200/30 000
IN PROZENT		16,6 %	21,3 %	26 %	30,7 %
MULTIPLIZIERT MIT ERTRAGSZINSEN		–	20 000/7 200	20 000/9 600	20 000/10 800
MULITPLIKATOR		–	2,8 x	2,1 x	1,8 x

Zusammenführung der Einzelmaßnahmen

Wenn Sie in den wichtigsten Bereichen Verbesserungen erzielen – gewinnorientierte Preispolitik, Kostensenkung und Effektivierung des Betriebskapitals, wird sich auch Ihr Betriebsgewinn erhöhen. Je mehr Problemgebiete Sie erfolgreich umstrukturieren, desto stärker wird der Gewinn steigen. So könnte eine Firma beispielsweise ihre Materialkosten um fünf Prozent reduzieren, den Lagerumschlag um sechs Prozent steigern, die durchschnittliche Außenstandsdauer um vier Prozent senken, die Bruttospanne um vier Prozent verbessern und die Verbindlichkeiten um sieben Prozent verringern. Durch diese Maßnahmen würde der Betriebsgewinn um 200 Prozent steigen.

DEN VERSCHULDUNGSGRAD VERÄNDERN
Hier werden die Auswirkungen einer veränderten Verschuldung auf die Eigenkapitalrendite dargestellt. Während der Reingewinn von 20 000 Euro auf 9200 Euro fällt, erhöht sich die Rendite von 16,6 auf 30,7 Prozent.

EIGENE ZIELE FESTLEGEN
Wenn Sie die Entwicklung in der Vergangenheit analysiert und verbesserungsbedürftige Bereiche ermittelt haben, können Sie beginnen einen Aktionsplan auszuarbeiten (siehe Beispiel auf S. 143). Formulieren Sie für jeden Unternehmensbereich Ziele, und legen Sie fest, wie diese Ziele erreicht werden sollen. Fangen Sie mit jenen Zielen an, die die größten Chancen bieten und den geringsten Aufwand erfordern. Bearbeiten Sie ein Gebiet nach dem anderen, und nehmen Sie anschließend auch die schwierigsten Problembereiche in Angriff.

AKTIONSPLAN ZUR VERBESSERUNG DER GEWINNE			
GESCHÄFTSBEREICHE	MASSNAHMEN	VOLLZUGSDATUM (FRIST ZUR DURCHFÜHRUNG DER MASSNAHMEN)	ERWARTETE VERBESSERUNGEN (IN €)
PREISE			
ROHSTOFFE			
AUSSCHUSS UND RETOUREN			
ARBEITSKOSTEN			
AUSRÜSTUNGSKOSTEN			
GEBÄUDE			
FUHRPARK UND REISEN			
LAGER			
AUSSENSTÄNDE			
VERBINDLICHKEITEN			
VERSCHULDUNG			
ERWARTETE KOSTEN-SENKUNG (GESAMT)			

VERBESSERUNG DER GESAMTENTWICKLUNG

Legen Sie für jeden Geschäftsbereich Ziele fest. Übernehmen Sie die Maßnahmen, die zur Erreichung dieser Ziele notwendig sind, in Ihre nächste Budget-Planung.

.69 2.10 1.84
.44 1.59 1.02 2.11
.83 4.46 3.72 2.04
.13 2.28 1.89
.09 5.00 1.89 2.10
.09 2.86 4.15 2.02
2.54 2.02
1.75 2.87 12.06
2.14 15.22
28.37

1.4

1.2

1.0

0.8

WEITERE Informationen

Um sicherzustellen, dass Sie in Ihrem Unternehmen nach Recht und Gesetz handeln, sollten Sie alle gesetzlichen Vorschriften kennen. Als Unternehmer müssen Sie außerdem über die wichtigsten Steuerarten informiert sein: Einkommensteuer, Körperschaftssteuer, Gewerbesteuer, Umsatzsteuer usw. Das folgende Kapitel stellt in Kürze wichtige Gesetze und Verordnungen vor, mit denen Sie als Unternehmer in Berührung kommen werden. Im Glossar finden Sie Erläuterungen zu wichtigen Fachtermini. Schließlich können Sie sich anhand des Adressen- und Literaturverzeichnisses weitere wertvolle Informationsquellen erschließen.

RECHTLICHE FRAGEN

Rein arithmetisch lässt sich die finanzielle Situation eines Unternehmens nicht in jedem Fall erschöpfend berechnen. Häufig sind die Risiken erheblich höher, als man zunächst wahrhaben möchte. Zwei plus zwei sollte eigentlich vier ergeben, doch wenn ein Summand in dieser Addition aus einem Kunden besteht, der nicht zahlen kann oder will, geht die Rechnung nicht mehr auf. In diesem Fall muss man als Unternehmer seine Rechte kennen und gegebenenfalls juristische Hilfe in Anspruch nehmen.

Der Gesetzgeber erlegt den Unternehmern zahlreiche Verpflichtungen auf, hilft ihnen andererseits aber auch in Streitfällen. Zu den Verpflichtungen zählen beispielsweise die fristgerechte Abgabe von Steuererklärungen und Jahresabschlüssen, das Bezahlen von Bankgebühren für Transaktionen, das Abführen der Lohnsteuern von abhängig Beschäftigten sowie des Arbeitgeberanteils an die Sozialversicherung sowie die pünktliche Bezahlung sämtlicher Verbindlichkeiten.

Jeder, der unternehmerisch tätig ist oder es in Zukunft werden will, sollte daher unbedingt mit den wichtigsten handels- und finanzrechtlichen Bestimmungen vertraut sein.

Wenn Kunden nicht bezahlen

Die Zahlungsmoral im geschäftlichen Geldverkehr hat sich in Deutschland in den letzten Jahren zunehmend verschlechtert. Die Zeiträume, innerhalb derer fällige Zahlungen beglichen werden, werden immer länger. Dies hat zu ernsthaften Problemen für die Wirtschaft geführt, insbesondere für kleine und mittlere Unternehmen, die wenig Eigenkapital haben und sich daher die erforderliche Zwischenfinanzierung nicht leisten können.

Große Unternehmen, die marktführend sind (darunter auch die öffentliche Hand), nutzen ihre dominante Stellung nicht selten aus und zahlen ihre Schulden erst lange Zeit nach deren Fälligkeit oder lassen sich sogar verklagen. Durch diese Praxis kommen sie auf Kosten ihrer unfreiwilligen Kreditgeber in den Genuss zinsloser Darlehen, noch dazu ohne dafür Sicherheiten stellen zu müssen. Unter Berufung auf Mängel werden gerade in der Baubranche, aber auch in anderen Dienstleistungsbranchen fällige Zahlungen häufig bis zur Aufklärung nach einer umfangreichen Beweisaufnahme zurückgehalten (»Mängel-Masche«).

Durch diesen Zahlungsverzug und die daraus folgende Belastung der Liquidität geraten viele kleinere Betriebe in eine existenzgefährdende Situation (Beeinträchtigung der Rentabilität, Gefährdung der Wettbewerbsfähigkeit usw.). Es kommt immer häufiger vor, dass lebensfähige Unternehmen nur deshalb insolvent werden, weil sie unberechtigt zurückgehaltene Forderungen nicht über einen längeren Zeitraum hinweg zwischenfinanzieren können.

GESETZ ZUR BESCHLEUNIGUNG FÄLLIGER ZAHLUNGEN

Der Gesetzgeber hat inzwischen auf diesen Missstand reagiert: Seit dem 1. Mai 2000 gilt in der Bundesrepublik Deutschland das »Gesetz zur Beschleunigung fälliger Zahlungen«. Ziel dieses Gesetzes ist es, die Verzögerung von Zahlungen für den Schuldner wirtschaftlich unattraktiv zu machen. Der Gläubiger soll mithilfe der im Beschleunigungsgesetz vorgesehenen Möglichkeiten schneller zu seinem Geld kommen.

Kernelemente des Gesetzes sind eine Erhöhung der Verzugszinsen und eine genaue Definition, ab wann der Zahlungsverzug eintritt. Hier die wichtigsten Maßnahmen im Überblick:

■ **VERZUG NACH 30 TAGEN** Gläubiger, die Geld für ihre Leistung sehen wollen, brauchen in Abweichung zur bisherigen Rechtslage keine Mahnung mehr zu schicken, um den Schuldner in Verzug zu setzen. Der Schuldner einer Geldforderung kommt künftig automatisch 30 Tage nach Rechnungseingang ohne Mahnung in Verzug (§ 284 Abs. 3 BGB). Im Streitfall hat der Gläubiger den Zugang der Rechnung zu beweisen.

Allerdings ist die Regelung dispositiv, das heißt, die Vertragsparteien können auch anderere Modalitäten für den Eintritt des Verzugs vereinbaren. Sie könnten beispielsweise übereinkommen, dass der Schuldner vor Ablauf einer 30-Tage-Fist gemahnt werden muss oder sich auf ein längeres Zahlungsziel einigen.

■ **VERZUGSZINSEN** Gesetzlich schuldet der Schuldner ab Verzug nunmehr fünf Prozent Zinsen über dem jeweiligen Basiszinssatz des Diskont-Oberleitungsgesetzes, der derzeit 2,68 Prozent beträgt, was einem Verzugszins von 7,68 Prozent entspricht.

Es ist aber weiterhin möglich, einen höheren Schaden nachzuweisen. So kann der Gläubiger nach Eintritt des Verzugs höhere Zinsen als Verzugsschaden geltend machen, wenn er beispielsweise nachweist, dass er bei seiner Bank eine entsprechende Zwischenfinanzierung einrichten musste.

■ **ABSCHLAGSZAHLUNGEN** Der Besteller von Werkleistungen wird verpflichtet für in sich abgeschlossene Teile der vom Unternehmer erbrachten Leistung, insbesondere für das zu Erfüllung des Auftrags beschaffte notwendige Material, Abschlagszahlungen bzw. Vorschüsse zu zahlen (§ 632 a BGB).

Allerdings: Abschlagszahlungen können nur für vertragsmäßige, also mängelfreie Leistungen gefordert werden. Vertragsgemäß ist eine Leistung nur, wenn der Unternehmer bereit und in der Lage ist, die von ihm versprochene Leistung auch zu Ende zu führen.

■ **ABNAHME VERWEIGERN** Die Abnahme erbrachter Werkleistungen kann vom Auftraggeber nicht mehr verweigert werden, wenn nur unwesentliche Mängel vorliegen (neuer Satz 3 § 650 Abs. 1 BGB).

Das bedeutet, dass kleine Mängel im Rahmen der Nachbesserung zwar beseitigt werden müssen, den Besteller aber nicht dazu berechtigen, den gesamten Werklohn zurückzuhalten. Zurückgehalten werden können nur die für die Mängelbeseitigung erforderlichen Teile des Werklohns nebst einem Druckzuschlag (die Höhe des Dreifachen der Kosten, die für die Beseitigung des Mangels erforderlich sind).

■ **RECHNUNGSTELLUNG OHNE ABNAHME** Der Gläubiger hat jetzt die Möglichkeit, die Vergütung für Werkleistungen auch ohne eine Abnahmeprozedur fällig zu stellen. Er kann selbst einen Gutachter beauftragen, um von diesem bestätigen zu lassen, dass er die versprochene Werkleistung mangelfrei erbracht oder nach der Überprüfung eventuell vorhandene Mängel beseitigt hat (Fertigstellungsbescheinigung). Der Unternehmer muss also nicht mehr auf Abnahme der Werkleistung klagen.

■ **NEBENFORDERUNGEN** Die Sicherheitsleistung gemäß § 648 a Abs. 1 BGB wird auch auf Nebenforderungen ausgedehnt. Demnach sind die Nebenforderungen mit zehn Prozent des zu übernehmenden Vergütungsanspruchs anzusetzen. Kündigt der Besteller wegen der Sicherheitsforderung des Unternehmens den Vertrag, kann der Unternehmer seinerseits Schadenersatz verlangen; für diesen Fall wird vermutet, dass der Schaden fünf Prozent der Vergütung beträgt.

Klarzustellen ist in diesem Zusammenhang, dass der automatische Eintritt des Verzugs nach 30 Tagen, also ohne Mahnung, ausschließlich Geldforderungen betrifft; sonstige Leistungen wie Werkleistungen müssen also weiterhin angemahnt werden.

Wie Sie doch noch zu Ihrem Geld kommen

Generell sollte man sich vor jedem Streitfall genau überlegen, ob sich der Gang zum Gericht überhaupt lohnt. Gerade bei geringen Forderungen stehen Anwalts- und Gerichtskosten oft in keinem Verhältnis.

Suchen Sie also zunächst nach alternativen Lösungsmöglichkeiten. Wenn ein schriftlicher Vertrag vorliegt, sollte man prüfen, ob darin für Streitigkeiten eine Schiedsstelle vorgesehen ist. Außerdem kann man sich Vergleichsmöglichkeiten überlegen. Wenn man mit einem Kunden oder Unternehmen im Streit ist und noch Hoffnung besteht, einen Teil der Geschäftsbeziehungen aufrechtzuerhalten, ist eine gütliche Einigung oder ein Schlichtungsverfahren in den meisten Fällen vorzuziehen.

SCHULDANERKENNTNIS

Wenn ein Kunde, der sich in Zahlungsschwierigkeiten befindet, Sie bittet von einer gerichtlichen Geltendmachung Ihrer Forderungen abzusehen, dann sollten Sie sich nur darauf einlassen, wenn dieser eine Schuldanerkenntnis unterzeichnet. Beispiel: Ich (Name des Schuldners) erkenne hiermit vorbehaltlos an, dem Unternehmen (…) auf Grund des Vertrags vom (…) die Summe von (…) Euro zu schulden. Verweigert er dieses schriftliche Schuldanerkenntnis, dann lässt das nichts Gutes vermuten. Die Forderungen aus einem solchen Schuldanerkenntnis verjähren erst nach 30 Jahren, der Anspruch aus Ihrer Tätigkeit dagegen schon nach zwei bzw. vier Jahren.

NOTARIELLES SCHULDANERKENNTNIS

Hierbei handelt es sich um einen rechtskräftigen Titel, mit dem Sie einen Gerichtsvollzieher beauftragen oder etwa Forderungspfändungen oder Lohn- und Gehaltspfändungen veranlassen können. Doch um diesen Titel zu erwirken, müssen Sie den Schuldner dazu bewegen, mit Ihnen gemeinsam beim Notar ein solches notariell beglaubigtes Schuldanerkenntnis zu unterschreiben.

WECHSEL UND BANKBÜRGSCHAFTEN

Bei gewerblichen Kunden bietet sich immer die Möglichkeit, sich deren eigene Forderungen abtreten zu lassen. Lassen Sie sich in so einem Fall aber unbedingt von einem Anwalt beraten, da die Vertragsgestaltung sehr kompliziert ist.

Generell sollten Sie einen Wechsel nur dann akzeptieren, wenn er innerhalb von drei Monaten nach Ausstellung fällig wird, denn nur dann ist die Auszahlung des Wechselbetrags durch die bezogene Bank gewährleistet.

Ihr Geschäftskunde kann Ihnen gegenüber die Zahlung aber auch durch eine Bankbürgschaft absichern.

VOLLSTRECKUNGSBESCHEID

Um Ihre Forderungen zwangsweise eintreiben zu können, müssen Sie einen rechtskräftigen Zahlungstitel erwirken – also entweder einen Vollstreckungsbescheid oder ein rechtskräftiges Urteil. Dazu müssen Sie zunächst einen Mahnbescheid beantragen. Senden Sie ein entsprechendes Formular (Schreibwarenladen) an das Amtsgericht an Ihrem Wohnsitz. Wenn der Gegner keinen Widerspruch einlegt, wird Ihnen das Gericht ein Antragsformular zum Vollstreckungsbescheid zusenden. Erfolgen auch zwei Wochen nach der Zustellung des Vollstreckungsbescheids keine Zahlung und kein Einspruch, dann können Sie den Gerichtsvollzieher mit der Zwangsvollstreckung beauftragen.

GERICHTSVERFAHREN

Legt der Schuldner bereits nach Erhalt des Mahnbescheids oder spätestens nach Erhalt des Vollstreckungsbescheids Widerspruch ein, wird das für den Rechtsstreit zuständige Amts- oder Landgericht Sie auffordern innerhalb von zwei Wochen eine Anspruchsbegründung einzureichen.

Je nach Streitwert ist das Amtsgericht (bis zu einem Streitwert von 5000 Euro) oder das Landgericht zuständig, und das Verfahren wird in ein gerichtliches Verfahren übergeleitet.

Buchführungs- und Bilanzpflicht

Im Zusammenhang mit der Aufstellung einer »ordentlichen« Bilanz (ob Handels- oder Steuerbilanz) gelten ganz allgemein die folgenden, zu den Grundsätzen der ordnungsgemäßen Buchführung gehörenden Bilanzierungsgrundsätze: Wahrhaftigkeit, Klarheit, Vollständigkeit, sachlich und zeitlich richtige Abgrenzung, Vergleichbarkeit und Stetigkeit.

HANDELSBILANZ

Gemäß den allgemeinen handelsrechtlichen Vorschriften (HGB §§ 242–247) muss jeder Kaufmann zu Beginn seines Handelsgewerbes und zum Schluss eines jeden Geschäftsjahrs neben dem Inventar eine Bilanz aufstellen, in der das Anlage- und Umlaufvermögen, das Eigenkapital sowie sämtliche Rechnungsabgrenzungsposten gesondert ausgewiesen und aufgegliedert sind. Im Handelsgesetzbuch sind die Bewertungsvorschriften aufgeführt (§§ 252–256 HGB).

Die Rechnungslegungsvorschriften sowie die handelsrechtlichen Bewertungsvorschriften sind durch das Bilanz-Richtlinien-Gesetz geregelt. Kapitalgesellschaften (AG, KG, GmbH) müssen allerdings noch ergänzende Vorschriften beachten (§§ 264–266 HGB), die sich beispielsweise auf die Gliederung der Bilanz beziehen. Die gesonderten Gesetze zu den unterschiedlichen Rechtsformen (Aktien-, GmbH-, Genossenschafts-Gesetz usw.) enthalten außerdem spezifische Bestimmungen zur Bilanzierung.

BUCHFÜHRUNGSPFLICHT

Wer als Kaufmann nicht im Handelsregister eingetragen ist, fällt nicht unter die Bilanzpflicht, wohl aber unter die Buchführungspflicht. Unternehmer unterliegen nach der staatlichen Abgabenordnung (AO) der steuerlichen Buchführungspflicht. Zu den Mindestanforderungen an die betriebliche Buchführung gehören die Aufzeichnungen des Wareneingangs und -ausgangs.

Des Weiteren sind für die Aufbewahrung von Geschäftsunterlagen Fristen gesetzlich vorgeschrieben.

So gilt für Bilanzen, Gewinn- und Verlustrechnungen, Handelsbücher, Inventare, Buchungsbelege für die offene Postbuchführung und Organisationsanweisungen, die für das Verständnis der Unterlagen von Bedeutung sind, eine Aufbewahrungsfrist von zehn Jahren. Handels- und Geschäftsbriefe, Buchungsbelege und sonstige Buchungsunterlagen müssen sechs Jahre lang aufbewahrt werden.

Der Unternehmer ist strafrechtlich für die Richtigkeit seiner Buchführung verantwortlich, auch dann, wenn er diese delegiert hat.

STEUERBILANZ

Neben der Handelsbilanz muss nach dem Einkommensteuergesetz (§§ 5–7) von Unternehmen eine Steuerbilanz erstellt werden, um das Einkommen aus dem Gewerbebetrieb zu ermitteln, das bei Einzelkaufleuten und Mitinhabern von Personengesellschaften der Einkommensteuer, bei Kapitalgesellschaften der Körperschaftsteuer unterliegt; aus diesem Einkommen wird der Reinertrag abgeleitet, von dem die Gewerbeertragsteuer zu entrichten ist. Für die Steuerbilanz ist die Handelsbilanz maßgebend.

JAHRESABSCHLÜSSE

Eine GmbH ist per Gesetz dazu verpflichtet, zum Ende des Geschäftsjahrs einen Jahresabschluss aufzustellen, bestehend aus der Bilanz einer Gewinn- und Verlustrechnung sowie gegebenenfalls einem Anhang. Wann die Jahresabschlüsse zum Handelsregister eingereicht werden müssen, ist von der Größe der Gesellschaft abhängig.

Falls die jeweiligen Fristen nicht eingehalten werden, sind Bußgelder zu entrichten. Die Pflicht, diese Jahresabschlüsse durch Wirtschaftsprüfer überprüfen zu lassen (Revision), tritt ab einer bestimmten Größe der GmbH, gemessen an der Bilanzsumme, den Umsatzerlösen und der Zahl der Beschäftigten, in Kraft.

Gesetzliche Steuertermine

Die Voranmeldungen von einbehaltener Lohn- und Umsatzsteuer sowie die jährlichen Einkommen-, Gewerbe und Umsatzsteuererklärungen müssen pünktlich abgeben werden. Die Steuertermine für die verschiedenen Steuerarten sind auf Seite 151 aufgeführt.

Die Abgabefrist für die Jahressteuererklärung endet am 31. Mai des Folgejahrs. Allein über einen Steuerberater ist eine Fristverlängerung bis Ende Februar des übernächsten Jahrs möglich, ansonsten nur bis zum 30. September des Folgejahrs.

LOHNSTEUERANMELDUNG

Gemäß § 41a EStG (Einkommensteuergesetz) ist bei der Lohnsteuer der Anmeldezeitraum der jeweilige Kalendermonat. Betrug die Lohnsteuer im vergangenen Kalenderjahr mehr als 800 Euro, jedoch weniger als 3000 Euro, ist das Quartal, lag sie unter 800 Euro, so ist das Kalenderjahr der Anmeldungszeitraum. Sie muss am 10. des Folgemonats abgeführt werden.

SÄUMNISZUSCHLAG

Für sämtliche Steuertermine räumen die Finanzbehörden eine Schonfrist von fünf Tagen ein. Überschreiten Sie diese Frist, ist für jeden angefangenen Monat ein Säumniszuschlag von einem Prozent zu zahlen. Geraten Sie allerdings mehr als einen Monat in Zahlungsrückstand, kommt die Vollstreckungsabteilung des Finanzamts ins Spiel. Falls Sie nicht fähig sind die Steuerschuld zu bezahlen, kann das Finanzamt pfänden lassen.

Wer seine Voranmeldung verspätet einreicht, muss damit rechnen, dass das Finanzamt die eventuell angefallene Steuerschuld durch Schätzung festlegt und in geschätzter Höhe einfordert.

STEUERSCHÄTZUNG

Das Finanzamt kann Zwangsgelder festsetzen, wenn Sie mit Ihrer Jahressteuererklärung in Verzug geraten. Sollten Sie dann immer noch keine Erklärung nachreichen, wird das Finanzamt Ihre Steuerschuld schätzen. Diese Schätzung fällt in der Regel empfindlich hoch aus. Solange der Bescheid nocht nicht als endgültig erklärt worden ist, kann die Steuerschätzung durch das Finanzamt nur durch den fristgerechten Einspruch, die sofortige Steuererklärung oder eine Betriebsprüfung aufgehoben werden.

GEWERBEVERBOT

Wenn Sie als steuerpflichtiger Unternehmer wiederholt keine Jahressteuererklärung abgeben, sämtliche Voranmeldungen, wenn überhaupt, nur unpünktlich absenden und die einbehaltenen Lohnsteuerabzüge nicht abführen, wird das Finanzamt Gewerbeverbot beantragen.

EXKURS: UMSATZSTEUERBEFREIUNG

Wenn Sie ein Kleinunternehmen betreiben und der Umsatz im laufenden Kalenderjahr voraussichtlich 50 000 Euro nicht übersteigen wird und Sie im Vorjahr nicht mehr als 16 250 Euro Umsatz gemacht haben, können Sie sich von der Umsatzsteuer befreien lassen.

Eine Umsatzsteuerbefreiung bedeutet aber auch, dass Sie alle Rechnungen ohne Mehrwertsteuer stellen und folglich auch keine Vorsteuer mehr geltend machen.

Sinnvoll ist die Umsatzsteuerbefreiung also vor allem dann, wenn keine hohen Investitionsaufwendungen mit entsprechend hohem Vorsteueranteil anfallen. Der Vorteil liegt auf der Hand: ein geringerer Verwaltungsaufwand mit dem Finanzamt für Sie als Unternehmer.

VERSCHIEBUNG DER UMSATZSTEUER-VORANMELDUNG

Sie können für Ihr Unternehmen beantragen, dass die Frist für die Abgabe der Umsatzsteuer-Voranmeldung um einen Monat verlängert wird. Diese Möglichkeit ist verlockend, denn gerade Einzelunternehmer empfinden diese Frist, auf Grund des Zeitaufwands, oft als ausgesprochen knapp. Nachteil: Bekommt man Geld zurück, so ist dies erst einen Monat später in der Kasse.

STEUERTERMINE FÜR DIE VERSCHIEDENEN STEUERARTEN

JANUAR

10.	LOHNSTEUER UND LOHNKIRCHENSTEUER UMSATZSTEUER (JEWEILS FÜR DEN VORMONAT BZW. DAS VORVIERTELJAHR)
15.	GRUNDSTEUER
20.	STRASSENGÜTERVERKEHRSTEUER

FEBRUAR

10.	LOHNSTEUER UND LOHNKIRCHENSTEUER UMSATZSTEUER (JEWEILS FÜR DEN VORMONAT) VERMÖGENSSTEUER FÜR DAS 1. VIERTELJAHR
15.	GRUNDSTEUER, GEWERBESTEUER (1. VIERTELJAHR)
20.	STRASSENGÜTERVERKEHRSTEUER

MÄRZ

10.	LOHNSTEUER UND UMSATZSTEUER (JEWEILS FÜR DEN VORMONAT) EINKOMMEN- UND KÖRPERSCHAFTSTEUER (JEWEILS FÜR DAS 1. VIERTELJAHR)
15.	GRUNDSTEUER
20.	STRASSENGÜTERVERKEHRSTEUER

APRIL

10.	LOHNSTEUER UND UMSATZSTEUER (JEWEILS FÜR DEN VORMONAT BZW. DAS VORVIERTELJAHR)
15.	GRUNDSTEUER
20.	STRASSENGÜTERVERKEHRSTEUER

MAI

10.	LOHNSTEUER UND UMSATZSTEUER (JEWEILS FÜR DEN VORMONAT) VERMÖGENSSTEUER FÜR DAS 2. VIERTELJAHR
15.	GRUNDSTEUER, GEWERBESTEUER (2. VIERTELJAHR)
20.	STRASSENGÜTERVERKEHRSTEUER

JUNI

10.	LOHNSTEUER UND LOHNKIRCHENSTEUER UMSATZSTEUER (JEWEILS FÜR DEN VORMONAT) VERMÖGENSSTEUER FÜR DAS 1. VIERTELJAHR
15.	GRUNDSTEUER, GEWERBESTEUER (1. VIERTELJAHR)
20.	STRASSENGÜTERVERKEHRSTEUER

JULI

10.	LOHNSTEUER UND UMSATZSTEUER (JEWEILS FÜR DEN VORMONAT BZW. DAS VORVIERTELJAHR)
15.	GRUNDSTEUER
20.	STRASSENGÜTERVERKEHRSTEUER

AUGUST

10.	LOHNSTEUER UND UMSATZSTEUER (JEWEILS FÜR DEN VORMONAT)
15.	GRUNDSTEUER, GEWERBESTEUER (3. VIERTELJAHR)
20.	STRASSENGÜTERVERKEHRSTEUER

SEPTEMBER

10.	LOHNSTEUER UND UMSATZSTEUER (JEWEILS FÜR DEN VORMONAT) EINKOMMEN- UND KÖRPERSCHAFTSTEUER (JEWEILS FÜR DAS 3. VIERTELJAHR)
15.	GRUNDSTEUER
20.	STRASSENGÜTERVERKEHRSTEUER

OKTOBER

10.	LOHNSTEUER UND UMSATZSTEUER (JEWEILS FÜR DEN VORMONAT BZW. DAS VORVIERTELJAHR)
15.	GRUNDSTEUER
20.	STRASSENGÜTERVERKEHRSTEUER

NOVEMBER

10.	LOHNSTEUER UND UMSATZSTEUER (JEWEILS FÜR DEN VORMONAT)
15.	GRUNDSTEUER, GEWERBESTEUER (4. VIERTELJAHR)
20.	STRASSENGÜTERVERKEHRSTEUER

DEZEMBER

10.	LOHNSTEUER UND UMSATZSTEUER (JEWEILS FÜR DEN VORMONAT), EINKOMMEN- UND KÖRPERSCHAFTSTEUER FÜR DAS 4. VIERTELJAHR
15.	GRUNDSTEUER
20.	STRASSENGÜTERVERKEHRSTEUER
31.	INVENTUR

Bankgarantien und Bürgschaften

Gerade von Unternehmen mit geringen Kapitaleinlagen werden im Fall der Kreditnahme Sicherheiten seitens der Inhaber verlangt. Bei einer GmbH verliert der Eigentümer damit den Risikoschutz, den er ansonsten durch die Rechtsform der GmbH genießt.

Sollte Ihre Bank tatsächlich mit der Forderung einer persönlichen Sicherheitsleistung auf Sie zukommen, was gängige Praxis ist, sind die folgenden acht Punkte zu beachten:

1 Versuchen Sie persönliche Sicherheiten nur in der unbedingt erforderlichen Höhe zu leisten. Vielleicht können Sie erreichen, dass man in Ihrem speziellen Fall auf eine persönliche Sicherheit verzichten kann.

2 Eventuell können Sie die Vermögenswerte als Sicherheit einsetzen, die Sie mit dem Kredit erwerben wollen – sie stellen meist eine ausreichende Sicherheitsleistung dar. Wenn die Bank diese Werte nicht zum üblichen Diskontsatz annimmt, sollten Sie die Investition nochmal überdenken (üblich sind 30 Prozent vom Warenwert, 50 Prozent von Forderungen aus Lieferungen und Leistungen sowie 80 Prozent auf Liegenschaften).

3 Wenn Sie um eine persönliche Haftung nicht umhinkommen, sollten Sie diese begrenzen – setzen Sie einen Höchstwert fest.

4 Versuchen Sie eine Bürgschaft auf einen bestimmten Vermögenswert zu begrenzen. Vielleicht können Sie die Bank überzeugen ihre Forderungen auf einen bestimmten Besitz zu beschränken, auch wenn Sie mit dem Kredit neue Ware kaufen wollen.

5 Setzen Sie eine klare Frist, wann die Bürgschaft abgelaufen ist, zum Beispiel, wenn Ihr Überziehungsbetrag auf den Stand zurückgegangen ist, auf dem er war, bevor Sie die neue Finanzierung angefordert haben. Wenn Sie keine Frist vereinbaren, wird die Bank diese persönliche Sicherheitsleistung für alle weiteren Geschäfte mit Ihnen beibehalten,

und das bedeutet, dass Sie auf Dauer einem gleich bleibenden Risiko ausgesetzt sind. Außerdem schränkt das Ihren Verhandlungsspielraum für weitere Finanzierungen ein.

6 Achten Sie darauf, dass die Bedingungen für die Zusatzfinanzierung klar umrissen sind. Eine zusätzliche Finanzierung hat meist einen Haken. So kann die Bank zum Beispiel bestimmen, wie viel von diesem Darlehen für welche Vermögenswerte zu verwenden ist. Angenommen die Finanzierung ist für den Erwerb von Ware gedacht, und Sie kaufen damit den neuen Geschäftswagen, den die Firma dringend benötigt, dann verstoßen Sie eindeutig gegen die Darlehensvereinbarungen, was zu einer Kündigung des Darlehens führen kann.

7 Wenn eine persönliche Sicherheitsleistung Ihrer Meinung nach das Risiko der Bank reduziert, sollten Sie versuchen einen niedrigeren Zinssatz auszuhandeln. Ein riskanteres Darlehen an eine kleine Firma wird häufig ein paar Prozent über dem günstigsten Zinssatz kalkuliert. Wenn Sie beispielsweise als Sicherheit eine zweite, unbelastete Wohnung im Wert von etwa 300 000 Euro anbieten und die Finanzierung 100 000 Euro betragen soll, dann können Sie bei einer derartig hohen Sicherheitsleistung einen günstigeren Zinssatz verlangen.

8 Denken Sie daran, dass im Geschäftsleben so gut wie alles Verhandlungssache ist, und Banken bilden in diesem Zusammenhang keine Ausnahme. Auch die Banken stehen miteinander im Wettbewerb. Sollte Ihre Bank also zu harte Bedingungen stellen, ist es vielleicht an der Zeit, sich bei der Konkurrenz nach günstigeren Konditionen umzusehen. Allerdings sollten Sie sich vor einem Wechsel Gedanken zu Ihrem Kreditbedarf machen. Es wird kaum das Vertrauen in Ihre unternehmerischen Fähigkeiten fördern, wenn Sie als Neukunde einer Bank schon zwei Tage nach der Eröffnung Ihres Geschäftskontos und nach Abschluss des ersten Kreditvertrags eine Zusatzfinanzierung verlangen. In diesem Fall macht sich wieder einmal ein Business-Plan bezahlt.

Persönliche Haftung einschränken

Nur, wenn Sie Gesellschafter einer Kapitalgesellschaft (GmbH oder AG) sind, können Sie die volle persönliche Haftung vermeiden. Als Einzelkaufmann, Betreiber einer GbR, OHG oder KG haften Sie dagegen mit Ihrem Pirvatvermögen. Doch selbst bei Kapitalgesellschaften werden die meisten Gläubiger bzw. Lieferanten nicht auf persönliche Sicherheiten seitens der Gesellschafter verzichten. Der Geschäftsführer einer GmbH wird also nur dann ein Bankdarlehen erhalten, wenn er ausreichende Sicherheiten, beispielsweise in Form einer Bürgschaft, anbieten kann.

Natürlich kann die Haftung durch vertragliche Regelungen begrenzt werden. Im Rahmen der Allgemeinen Geschäftsbedingungen (AGB) ist nur ein Haftungsausschluss im Falle leichter Fahrlässigkeit möglich. Durch einen gesonderten Vertrag könnte man theoretisch einen Ausschluss der Haftung bei grober Fahrlässigkeit oder Vorsatz ausschließen, doch wird man kaum einen Geschäftspartner finden, der solch einen Vertrag unterzeichnet.

HAFTUNGSFREISTELLUNG

An dieser Stelle soll noch auf einen Sonderfall hingewiesen werden: Wenn Sie als Kreditnehmer ein ERP-, KfW- oder DtA-Darlehen (ERP = European Recovery Program, KfW = Kreditanstalt für Wiederaufbau, DtA = Deutsche Ausgleichsbank) in Anspruch nehmen wollen und keine ausreichenden Sicherheiten zu bieten haben, kann Ihre Hausbank eine Haftungsfreistellung beantragen. Das hat folgenden Hintergrund: Sie, als Kreditnehmer, dem die Hausbank ein bewilligtes Förderprogramm-Darlehen auszahlt, haften der Hausbank gegenüber für die gesamte Kreditsumme. Ihre Haubank wiederum haftet ihrerseits dem Geldgeber (DtA, KfW)

gegenüber, und zwar ebenfalls für den gesamten Darlehensbetrag. Diese Haftung kann aber – auf Antrag – reduziert werden. Somit sinkt das Risiko der Hausbank im Falle einer Insolvenz des Kreditnehmers. Zweck dieser Haftungsfreistellung ist es, Banken und Sparkassen zu »motivieren« Gründern und Unternehmen mit geringen »bewertbaren« Sicherheiten Kredit zu gewähren.

- ▦ Haftungsfreistellung alte Länder: 40 Prozent (KfW, DtA)
- ▦ Haftungsfreistellung neue Länder: 50 Prozent (ERP, KfW, DtA)

Im Falle der Insolvenz werden die Sicherheiten des Kreditnehmers liquidiert. Der Erlös wird, je nach dem Prozentanteil der Haftung, zwischen der Hausbank und dem Förderprogrammgeber aufgeteilt.

AUSFALLBÜRGSCHAFTEN

Kreditinstitute verleihen nur dann Geld, wenn sie sicher sein können dieses Geld auch wieder zurückzubekommen. Diese Gewissheit erhalten sie auch durch Bürgschaften, die von privaten oder institutionellen Bürgen übernommen werden. Für viele Unternehmer, die einen Kredit benötigen, kommen in diesem Fall die Ausfallbürgschaften der Bürgschaftsbanken in Betracht.

Ausfallbürgschaften sind für Kreditinstitute vollwertige Kreditsicherheiten. Die Bürgschaftsbank bürgt in diesen Fällen für den Kreditnehmer bei dessen Hausbank für einen Kredit. Sie bürgt allerdings nur bis zu 80 Prozent des abzusichernden Kreditbedarfs. Die restlichen 20 Prozent bleiben im Eigenrisiko der Hausbank. Aber aufgepasst: Sie, als Kreditnehmer, haften immer für die gesamte Kreditsumme. Die Bürgschaft gleicht somit nur die fehlenden Sicherheiten aus.

Ausfallbürgschaften stehen allen gewerblichen Unternehmen und Freiberuflern (in einigen Bundesländern auch landwirtschaftlichen Betrieben, Gartenbau- und Fischereibetrieben) zur Verfügung, denen auf Grund fehlender »bewertbarer« Sicherheiten (also Grundschulden, Hypotheken, Bürgschaften, Lebensversicherungen, Bausparverträge, Festgelder, Sparguthaben, Sparbriefe, festverzinsliche Wertpapiere, Aktien, Sicherungsübereignungen und Forderungsabtretungen) kein oder kein ausreichender Kredit gewährt würde. Voraussetzung ist allerdings in jedem Fall, dass das Finanzierungsvorhaben sinnvoll ist.

Folgende Institutionen bieten Bürgschaften an: Bis 750 000 Euro die Bürgschaftsbanken der Bundesländer; von 750 000 bis zehn Millionen Euro die Bürschaftsprogramme der Länder (alte Länder) bzw. das DtA-Bürgschaftsprogramm (neue Länder); über zehn Millionen Euro Bürgschaftsprogramme der Länder (alte Länder) bzw. gemeinsame Bundes- und Landesbürgschaften (neue Länder).

Steuerberater und Wirtschaftsprüfer

E in guter Steuerberater – extern oder intern – hält Sie immer über die finanzielle Situation Ihres Unternehmens auf dem Laufenden. Ein schlechter Steuerberater dagegen kann Sie eine Menge Geld kosten. Wie findet man also den geeigneten Steuerberater bzw. Wirtschaftsprüfer? Die wichtigsten Kriterien wurden nachfolgend zusammengefasst:

■ Ihr Steuerberater bzw. Wirtschaftsprüfer sollte in einer Steuerberaterkammer bzw. Wirtschaftsprüferkammer eingetragen sein.

■ Welche Dienstleistungen benötigen Sie? Soll der Steuerberater die Umsatzsteuer-Voranmeldung abwickeln, Cash-Flow-Analysen aufstellen und den Jahresabschluss machen?

■ Welche Honorare werden verlangt? Eventuell ist es sinnvoller, etwas mehr für eine Buchhaltungssoftware auszugeben und die Buchhaltung intern erledigen zu lassen, als sie einer teuren Kanzlei zu überlassen.

■ Gehen Sie Empfehlungen von kompetenten Geschäftskollegen nach. Mund-zu-Mund-

Propaganda ist häufig die beste Werbung. Auf Empfehlungen von Banken, Behörden, Familie und Freunden ist meist weniger Verlass, da sie häufig ein Eigeninteresse an der Weitergabe der Adresse verfolgen.

■ Fragen Sie nach, für welche Kunden der Steuerberater sonst noch tätig ist. Er sollte nicht so ausgelastet sein, dass er sich um Ihre Belange kaum noch kümmern kann, und er sollte nach Möglichkeit nicht gerade Ihre Konkurrenz beraten.

■ Wie gründlich und verlässlich arbeitet die Kanzlei? Das Finanzamt hat kein Verständnis für versäumte Fristen!

■ Holen Sie Auskünfte über die Kunden des Steuerberaters ein, ebenso über die Person, die Ihnen die Kanzlei empfohlen hat. Es kann einfach nur ein zufriedener Mandant sein oder aber – rein »zufällig« – ein enger Verwandter.

■ Sehen Sie sich mindestens drei Kanzleien an, bevor Sie sich entscheiden. Achten Sie darauf, dass diese Unternehmen Betriebe Ihrer Größenordnung und auch größere betreuen. Sie wollen ja, wenn Ihre Firma wächst, nicht gleich den Steuerberater wechseln!

■ Lassen Sie sich am Anfang nur auf einen Probezeitraum ein. Geben Sie dem Steuerberater eine bestimmte Aufgabe, und überprüfen Sie, wie er damit zurechtkommt.

■ Legen Sie dem Steuerberater Ihre aktuellen Steuerunterlagen vor, und bitten Sie ihn um eine Analyse.

Abwicklung eines Betriebs

D ie durchschnittliche »Lebensdauer« von Unternehmen ist erstaunlich kurz – weit kürzer als ein Menschenleben. Die Gründe für ihr Ende reichen vom Verkauf bis zum Konkurs. Unternehmen werden verkauft, stillgelegt oder – in Grund und Boden gewirtschaftet. Die Verpflichtungen eines Unternehmers sind erst mit der Stilllegung des Unternehmens beendet.

UNTERNEHMENSVERKAUF

Um in relativ kurzer Zeit einen Spitzenpreis für sein Unternehmen zu erzielen, sollte man sich an eine entsprechende Finanzberatungsfirma wenden. Ohne mehrere Bieter an der Hand zu haben, läuft man leicht Gefahr, nur die Hälfte des tatsächlichen Firmenwerts zu erhalten. Ein Verkauf an einen befreundeten Kunden oder Geschäftspartner – was häufig vorkommt – ist für den Verkäufer meist ein schlechtes Geschäft.

Steht der Preis fest, muss man dafür sorgen, sein Geld auch zu bekommen. Gewährleistungen oder ein Steuerberater, der Sie nur unzureichend informiert, können dazu führen, dass vom vereinbarten Verkaufspreis für Sie nur noch 30 Prozent übrig bleiben.

Es folgen die wichtigsten Punkte, die man beim Verkauf seiner Firma beachten sollte:

1 Auch wenn Ihr Unternehmen sich nicht sehr rosig präsentiert oder in finanziellen Schwierigkeiten steckt, bringt ein Verkauf meist immer noch mehr als eine Stilllegung inklusive Verkauf der Vermögenswerte. Bevor Sie aufgeben, weil Sie glauben, dass Ihr Unternehmen sowieso niemand haben will, denken Sie daran, dass selbst marode Firmen aus diversen Gründen aufgekauft werden:

■ Der Käufer besitzt vielleicht ein ähnliches Unternehmen und kann die beiden Betriebe dann mit entsprechenden Synergieeffekten zusammenlegen. Vielleicht ist er sogar außerordentlich an bestimmten Werten Ihrer Firma interessiert, sei es die Lage, das qualifizierte Personal oder Ihre Internet-Adresse.

■ Der Käufer hat vielleicht mehr Kapital als Sie und ist in der Lage, den Kurs zu halten, bis sich Ihre Geschäftsidee doch noch auszahlt.

■ Der Käufer verfügt eventuell über mehr Branchenerfahrung als Sie und weiß, wie er die Firma umkrempeln muss, damit wieder schwarze Zahlen geschrieben werden.

■ Der Käufer ist der Ansicht, dass es ihn billiger kommt, Ihr Unternehmen aufzukaufen, als ein eigenes von null aufzubauen.

2 Lassen Sie sich nicht auf Käufer ein, die Ihnen ein schnelles Geschäft versprechen. Es kann vorkommen, dass ein Kaufinteressent 14 Millionen Euro bietet, wenn offensichtlich kein anderer Käufer auf den Plan tritt – doch bei der anschließenden Versteigerung werden für dasselbe Unternehmen glatt 32 Millionen Euro geboten.

3 Machen Sie möglichst viele Termine mit Finanz- und Steuerberatern aus, am besten gleich drei am Tag. Erstens drängt die Zeit, und zweitens können Sie auf diese Weise besser vergleichen.

4 Suchen Sie sich die richtigen Makler aus. Es bringt nichts, sich an die Top-Adresse zu wenden, wenn Sie eine Firma im Wert von 500 000 Euro verkaufen wollen, der Makler aber gewohnt ist mit mehrstelligen Millionenbeträgen zu jonglieren. Entscheiden Sie sich lieber für eine Firma, die mit Unternehmen Ihrer Größenordnung arbeitet.

5 Beim Verkauf eines Unternehmens ist vieles Verhandlungssache. Makler verlangen meist eine Beteiligung am Verkaufspreis, über deren Staffelung Sie sich individuell einigen sollten.

6 Handeln Sie mit dem Makler einen schriftlichen Vertrag aus, und lassen Sie diesen von Ihrem Anwalt überprüfen – womöglich übersehen Sie sonst wichtige Klauseln. Ist z. B. von zeitlicher Begrenzung die Rede, kann es passieren, dass Sie zu einem niedrigeren Preis verkaufen müssen oder die volle Beratergebühr auch dann fällig wird, wenn der Vertragszeitraum von sechs Monaten abgelaufen ist.

7 Wenn Sie einen Makler engagiert haben, sollten Sie ihm gegenüber alle Fakten wahrheitsgetreu offen legen, denn Sie können auch noch Jahre später für jede Verbindlichkeit, die Sie verschwiegen haben, haftbar gemacht werden.

8 Der Makler steht Ihnen mit Rat und Tat und – hoffentlich – auch Kaufinteressenten zur Seite. Schon zwei Kaufinteressenten genügen, um einen günstigen Preis auszuhandeln. Besser sind natürlich noch mehr.

9 Gehen Sie die vereinbarten Konditionen ganz besonders sorgfältig und Zeile für Zeile durch.

Der Kaufpreis ist lediglich ein, wenn auch wichtiger Faktor des Kaufvertrags, und er hängt davon ab, ob wertvolle Kunden oder leitende Angestellte an die Firma gebunden bleiben oder ob bestimmte, in der Entwicklungsphase befindliche Projekte rechtzeitig und zum geplanten Kostenumfang abgeschlossen werden.

10 Woraus sich der Preis schließlich berechnet – dem Firmenwert, den Umsätzen usw. –, ist lediglich ein Anhaltspunkt. Der Preis hängt immer davon ab, wer wann bereit ist wie viel für ein bestimmtes Unternehmen zu zahlen.

11 Ihr Anteil am Verkaufsgewinn kann deutlich schrumpfen, wenn Sie steuerlich schlecht beraten werden. (Bedenken Sie, dass sich der Gewinn am Preis der Aktienbezugsrechte errechnet, die vielleicht zu sehr günstigen Konditionen ausgegeben wurden.)

12 Ihre Vorstellungen vom Verkaufspreis werden Sie meist nicht durchsetzen können. Der Versteigerungsprozess treibt zwar den Preis nach oben, doch der Käufer kann sich mit Geschick einiges davon zurückholen. So kann er die Verhandlungen so lange hinauszögern, bis andere potenzielle Käufer das Interesse verloren haben und sich anderweitig umsehen. Oder der Kaufinteressent behauptet, er dachte etwas ganz anderes zu bekommen als das, was Sie tatsächlich anbieten. Dieser Gefahr lässt sich durch Sorgfalt im Analyseverfahren des Maklers entgegentreten.

13 Seien Sie im Bewertungsverfahren allen Beteiligten gegenüber absolut aufrichtig und ehrlich. Spätestens sobald Sie sich über die Verkaufsbedingungen einig sind, wird Ihr Unternehmen genau durchleuchtet.

Damit wird auch sichergestellt, dass der Käufer genau das bekommt, was er erwartet. Vermögenswerte, Patente und Urheberrechte werden genauestens unter die Lupe genommen, ebenso Projektplanungen und Cash-Flow-Prognosen.

In bestimmten Fällen sind Sie nach der Veräußerung des Betriebs zur Gewährleistung verpflichtet. So werden Rechnungen

VOR- UND NACHTEILE DES VERKAUFS

✓ Man kann sein Geld nun in vielen verschiedenen Unternehmen anlegen, anstatt nur ins eigene zu investieren.

✓ Man hat nun Zeit, um sich neuen Geschäftsideen oder persönlichen Interessen zu widmen.

✓ Sie erreichen für sich und ihre Familie eine größere finanzielle Sicherheit.

✗ Wer einmal sein eigener Chef war, wird sich in einem Angestelltenverhältnis schwer tun.

✗ Oft schmerzt es, zu sehen, wie die neuen Firmeninhaber das Unternehmen umkrempeln.

✗ Menschen, die sehr viel gearbeitet haben, fällt es oft schwer, plötzlich weniger zu arbeiten.

✗ Oft tritt beim Verkauf des eigenen Unternehmens ein Verlustgefühl auf.

✗ Wenn Familienmitglieder im Betrieb beschäftigt sind, verlieren sie eventuell ihre Stelle.

prompt an Sie weitergeleitet, wenn nach dem Verkauf irgendeine Verbindlichkeit auftauchen sollte, die nicht im Bewertungsverfahren oder in Ihrer Angebotsschrift erfasst war. Außerdem kann die Käuferseite erwarten, dass ein bestimmter Betrag als Rückstellung für eben diese Eventualitäten zur Seite gelegt wird – und das bis zu einem Zeitraum von sechs Jahren nach dem Verkauf.

Treten beim Bewertungsverfahren Probleme auf, gibt es gewöhnlich vier Möglichkeiten: Will der Käufer das Unternehmen unbedingt haben, kann er meist damit leben. Ist der Käufer nicht ganz so interessiert, lässt sich der Preis in Relation zu diesem Problem reduzieren. Alternativ dazu kann man dem Käufer spezielle Garantien oder Schadenersatz anbieten, oder er behält einen Teil des Kaufpreises ein. Viertens: Das Geschäft platzt.

Wenn sich das Unternehmen aufteilen lässt und man zum Beispiel das Grundstück getrennt anbietet, erzielt man unter Umständen insgesamt einen höheren Preis.

14 Oft ist es nötig, das Unternehmen vor dem Bewertungsverfahren noch einmal gründlich »aufzuräumen«. Unter Umständen sollten Sie den Wirtschaftsprüfer wechseln. Gerade wenn man sich mit Verkaufsabsichten trägt, ist es sinnvoll, ein namhaftes, großes Unternehmen zu beauftragen, das bei zukünftigen Kaufinteressenten Vertrauen weckt.

Gerade bei kleineren Betrieben laufen oft Ausgaben durch die Bücher, über die der neue Besitzer im günstigsten Fall nur die Stirn runzeln wird. So ist es schon vorgekommen, dass eine Firma ihre Veräußerung über drei Jahre hinauszögerte, bis der Posten »unfertige Erzeugnisse« aus der Bilanz genommen werden konnte – die Jacht des Geschäftsführers war endlich fertig!

Probleme gibt es auch, wenn persönliche Vermögenswerte in der Gesellschaft versteckt oder Mitarbeiter »schwarz« beschäftigt wurden. Das Unternehmen zeichnet dafür verantwortlich, und wenn solche Zustände über mehrere Jahre herrschen, ergibt sich ein katastrophales finanzielles Bild.

In den Jahren vor dem Verkauf sollte man sich bemühen seine Leistung im Vergleich zur Konkurrenz noch einmal zu steigern. Eine Kennziffernanalyse der Gewinn- und Verlustrechnung sowie der Bilanz zeigt verbesserungswürdige Bereiche auf. Sobald sich ein klarer Aufwärtstrend abzeichnet, wirken Ihre Prognosen auf einen potenziellen Käufer wesentlich beeindruckender.

Sie sollten außerdem einen Business-Plan mit strategischen Hochrechnungen für die nächsten drei Jahre anlegen. Damit stärken Sie Ihre Verhandlungsposition und demonstrieren Ihre Fähigkeiten als Manager, vor allem, wenn Sie nachweisen können, dass dem Unternehmen eine glänzende Zukunft beschieden ist.

UNTERNEHMENSSTILLLEGUNG

Wenn Ihr Unternehmen zwar nicht zahlungsunfähig ist, aber größtenteils nur aus Ihnen und Ihren Geschäftsbeziehungen zu Kunden und Lieferanten besteht, hat es kaum einen Verkaufswert. Eine Perspektive bestünde darin, dass ein Familienmitglied oder ein Angestellter die Firma übernimmt und Ihnen einen Anteil an den zukünftigen Gewinnen auszahlt. In diesem Fall genügt ein einfaches Übernahmeverfahren.

Ist dies nicht der Fall, müssen Sie den Betrieb ordnungsgemäß schließen, die Vermögenswerte liquidieren und Verbindlichkeiten begleichen. Der Überschuss fließt dann – abzüglich eventueller Kapitalertragssteuer – in ihre Tasche.

Im Falle einer Personengesellschaft sollten Sie Ihr Ausscheiden aus dem Unternehmen Ihren Kunden bekannt geben. Auf diese Weise lassen sich Missverständnisse vermeiden, wenn Ihre Partner den Betrieb oder die verbleibenden Teile davon weiterführen. Holen Sie in diesem Zusammenhang unbedingt den Rat von einem Rechtsanwalt ein.

INSOLVENZ

In der Bundesrepublik Deutschland nimmt die Zahl der Unternehmenspleiten von Jahr zu Jahr zu. Gerade bei den Jungunternehmen sind viele innerhalb der ersten fünf Jahre zahlungsunfähig. Nach dem neuen Insolvenzrecht, das seit 1. Januar 1999 gilt, können nun auch Gesellschaften bürgerlichen Rechts Insolvenzen beantragen – neben natürlichen Personen, juristischen Personen des Privatrechts, nicht rechtsfähigen Vereinen, Gesellschaften ohne Rechtspersönlichkeit (oHG, KG, GbR, Partenreederei), aufgelösten juristischen Personen oder aufgelöste Gesellschaften ohne Rechtspersönlichkeit bei vorhandenem Restvermögen usw.

Neu ist auch, dass die Firma nicht schon zahlungsunfähig sein muss, um das Insolvenzverfahren eröffnen zu können – es genügt bereits die drohende Zahlungsunfähigkeit. Vorteil: Je früher ein Unternehmen den Antrag auf Einleitung eines Insolvenzverfahrens stellt, desto größer sind die Chancen zur Sanierung und Weiterführung des Betriebs. Außerdem besteht für die Arbeitnehmer des Betriebs ab der Eröffnung des Konkursverfahrens Anspruch auf Entschädigung des Lohnausfalls (Insolvenzgeld).

Das Unternehmensinsolvenzverfahren auf Grund von drohender Zahlungsunfähigkeit, Zahlungsunfähigkeit oder Überschuldung läuft im Wesentlichen folgendermaßen ab:

■ **INSOLVENZANTRAG** Der Antrag kann entweder vom Schuldner selbst oder vom Gläubiger beim zuständigen Amtsgericht (Insolvenzgericht) gestellt werden. Wenn der Schuldner zahlungsunfähig ist, besteht Antragspflicht (Drei-Wochen-Frist). Bei drohender Zahlungsunfähigkeit kann er einen Antrag stellen. Juristische Personen wie GmbH oder AG können auch bei Überschuldung einen Antrag stellen.

■ **PRÜFUNG DES UNTERNEHMENSWERTS** Nachdem der Insolvenzantrag gestellt wurde, prüft das Gericht, ob genug Unternehmenswerte (z. B. Geld, Maschinen, Fahrzeuge) vorhanden sind, um die Verfahrenskosten zu decken. Erst nach dieser Prüfung wird das Insolvenzverfahren tatsächlich eröffnet und ein Insolvenzverwalter bestellt. Das Gericht kann aber auch die Eigenverwaltung anordnen und einen Sachwalter bestellen, d. h, dass der Schuldner die Aufgaben des Insolvenzverwalters selbst übernehmen muss.

■ **BERICHT ZUR SITUATION DES UNTERNEHMENS** Drei Monate nach der Verfahrenseröffnung muss der Insolvenzverwalter einen Bericht über die finanzielle Situation und die Chancen der Fortführung des Unternehmens vorlegen. Die Gläubigerversammlung entscheidet auf der Grundlage dieses Berichts, ob die Firma liquidiert oder saniert werden soll.

■ **SANIERUNG** Sollten sich die Gläubiger für eine Sanierung des Unternehmens entscheiden, kann sowohl vom Schuldner als auch vom Insolvenzverwalter ein Insolvenzplan vorgelegt werden.

■ **SICHERHEITEN** Übrigens dürfen Gläubiger, die Sicherheiten erhalten haben, z. B. Maschinen unter Eigentumsvorbehalt, diese nicht einfach aus dem Unternehmen abziehen. Achtung: Die Rechte dieser gesicherten Gläubiger können zu Gunsten der Fortführung des Unternehmens eingeschränkt werden.

■ **LIQUIDATION** Hat sich die Gläubigerversammlung dafür entschieden, dass das Unternehmen nicht saniert, sondern liquidiert werden soll, erhalten alle ungesicherten Gläubiger (also jene, die keine Sicherheiten vom Schuldner erhalten haben) aus dem Verkauf der verbleibenden Unternehmenswerte eine gleich hohe Quote.

Wenn das Unternehmen liquidiert und die Gläubiger aus dem Verkauf nur teilweise befriedigt wurden, bleiben vielen Unternehmern immer noch persönliche Schulden (z. B. bei der Bank). Diese haben dann die Möglichkeit, über ein Restschuldbefreiungsverfahren, das sich einem Insolvenzverfahren anschließt, von ihren Restschulden befreit zu werden.

STRAFBARE INSOLVENZ

Ein Unternehmer, der mit Vorsatz, aber auch fahrlässig die Zahlungsunfähigkeit seines Betriebs herbeiführt, macht sich strafbar. Das gilt auch, wenn er keinen Insolvenzantrag stellt, wozu ihn das Gesetzt verpflichtet.

So ist beispielsweise der Geschäftsführer einer GmbH gesetzlich dazu verpflichtet, bei Zahlungsunfähigkeit der Gesellschaft einen Insolvenzantrag zu stellen, und zwar spätestens ab drei Wochen nach Eintritt der Zahlungsunfähigkeit oder der Feststellung der Überschuldung. Hält er sich nicht an diese Pflicht, drohen Schadenersatzansprüche oder strafrechtliche Verfolgung.

FINANZIELLE FRAGEN

Das Wort »Steuern« ist für viele Menschen ein negativ besetzter Begriff – man bezahlt sie nur äußerst ungern und versucht die Steuerlast so gering wie möglich zu halten. Jedem Angestellten wird die Steuer ohnehin monatlich und pauschal vom Gehalt abgezogen; als Arbeitgeber müssen Sie die Lohnsteuer Ihrer Angestellten ausrechnen und ans Finanzamt abführen. Gerade Einzelunternehmer und Freiberufler sollten über die wichtigsten steuerlichen Pflichten Bescheid wissen, da man für die Berechnung und Richtigkeit seiner Steuerschuld selbst verantwortlich ist.

Steuern sind die wichtigsten Einnahmequellen des Staats. Nahezu in jedem Land der Welt müssen Steuern bezahlt werden, wenngleich die Art der Besteuerung und die Höhe der Abgaben von Land zu Land recht unterschiedlich sein können. Für die Bundesrepublik Deutschland gilt: Die Einkommensteuer und die Umsatzsteuer sind die aufkommensstärksten Steuern, während alle anderen Steuern (Bagatellsteuern) nicht mal 0,1 Prozent des Steueraufkommens ausmachen.

Mit Ihrer Gewerbeanmeldung genügen Sie gleichzeitig der steuerlichen Anmeldepflicht, denn die Gemeinde leitet eine Durchschrift Ihrer Gewerbeanzeige an das Finanzamt weiter. Freiberufler dagegen müssen die Aufnahme ihrer Tätigkeit selbst dem zuständigen Finanzamt mitteilen. Anschließend erhalten Sie vom Finanzamt einen Fragebogen bezüglich Ihrer Gewerbeanmeldung bzw. der Anmeldung einer freiberuflichen Tätigkeit sowie Hinweise über Ihre wesentlichen steuerlichen Verpflichtungen (Buchführungs- und Aufzeichnungspflicht, Aufzeichnung des Wareneingangs, Zahlung der Umsatz- und Lohnsteuer). Außerdem werden Ihnen Ihre Steuernummer und die Bankverbindung des Finanzamts mitgeteilt.

Sie sollten Ihre Steuerpflicht sehr genau nehmen. Wenn Sie Steuerzahlungen versäumen, droht die zwangsweise »Beitreibung« der Steuern oder eine Schätzung der Steuerlast, die schnell zu einer Liquiditätskrise führen kann.

Übrigens: Gerade junge Unternehmen zahlen in der Regel am Anfang wegen der hohen finanziellen Belastung kaum oder gar keine Steuern. Sobald jedoch die ersten Gewinne verbucht werden, kann das Finanzamt seine Forderungen drastisch erhöhen. Sorgen Sie also vor, indem Sie Rücklagen für diesen Fall schaffen.

Berechnung der Steuerschuld

Je höher der Bruttogewinn eines Unternehmens, desto mehr Steuern muss es gewöhnlich zahlen. Die genaue Art der Besteuerung hängt von der Rechtsform ab. Juristische Personen (GmbH, AG und Genossenschaften) unterliegen der Körperschaftsteuer, die ab 2001 nur noch 25 Prozent beträgt. Natürliche Personen (Personengesellschaft und Einzelunternehmer) dagegen sind einkommensteuerpflichtig.

Wer allein mit den Kennzahlen vor Steuern hantiert, wird sich verkalkulieren. Ausschlaggebend für den Erfolg eines Unternehmens ist der Nettogewinn nach Steuern. Das ist der Betrag, aus dem der Einzelunternehmer sein Kapital bildet und eine Aktiengesellschaft beispielsweise ihre Rücklagen schafft bzw. die Gewinnausschüttung finanziert.

Da gerade das deutsche Steuerrecht sehr kompliziert ist und sich die Steuergesetze jährlich ändern, ist jeder Selbstständige gut beraten sich von einem Steuerberater unterstützen zu lassen. Dieser kann helfen die Steuerlast zu senken und damit den Betriebsgewinn zu mehren.

Die wichtigsten Steuerarten

E inige Steuern werden als nachträgliche Zahlungen auf Grund nachprüfbarer Unterlagen fällig (Lohn-, Umsatz-, Grund-, Einkommen- und Gewerbesteuer), andere Steuern dagegen als Vorauszahlung auf Grund eines geschätzten Gewinns aus einer gewerblichen Tätigkeit. Darunter fallen die Einkommen-, Körperschaft- und Gewerbesteuer.

Zu den für Sie als Unternehmer wichtigsten Steuerarten gehören:

AUSWIRKUNGEN VON ABSCHREIBUNGEN
Wenn die Wertminderung mit 4000 Euro relativ niedrig angesetzt ist, ist der Gewinn vor Steuern entsprechend hoch (49 900 Euro). Kann man dagegen einen höheren Abschreibungssatz geltend machen (30 000 Euro), würde der zu versteuernde Gewinn weit niedriger ausfallen.

VERHÄLTNIS VON ABSCHREIBUNGEN UND RENTABILITÄT					
GEWINN- UND VERLUSTRECHNUNG		**2. JAHR (€)**	**NIEDRIGE AB-SCHREIBUNG (%)**	**2. JAHR (€)**	**HOHE AB-SCHREIBUNG (%)**
UMSATZ		260 000	100	260 000	100
UMSATZAUF-WENDUNGEN	Materialkosten	86 000	33	86 000	33
	Lohnkosten	50 000	19	50 000	19
	UMSATZKOSTEN	136 000		136 000	
BRUTTOGEWINN		124 000	48	124 000	48
KOSTEN	Miete/Raten	40 000		40 000	
	Gehälter	26 000		26 000	
	Werbung	6 000		6 000	
	Abschreibung	4 000		30 000	
KOSTEN (GESAMT)		76 000		102 000	
BETRIEBSGEWINN		48 000	18,5	22 000	11
abzüglich KREDITZINSEN		4 100		4 100	
NETTOGEWINN VOR STEUERN		43 900	16,8	17 900	6,88

- Einkommensteuer
- Körperschaftsteuer
- Gewerbesteuer
- Umsatzsteuer/Mehrwertsteuer
- Grunderwerbs- und Grundsteuer
- Veräußerungsgewinnsteuer.

EINKOMMENSTEUER

Die Einkünfte natürlicher Personen aus einem Gewerbebetrieb sind einkommensteuerpflichtig. Sie entsprechen dem Gewinn, der am Jahresende erwirtschaftet worden ist.

Um ihn zu ermitteln, werden innerhalb eines Jahresabschlusses Einnahmen und Ausgaben einander gegenübergestellt. Zu versteuern sind Einkünfte aus Land- und Forstwirtschaft, Gewerbebetrieb, selbstständiger und nicht selbstständiger Arbeit, Kapitalvermögen, Vermietung und Verpachtung sowie sonstige Einkünfte.

Ihr gegenüber stehen die betrieblichen Ausgaben etwa für den Arbeitgeberanteil zur Sozialversicherung, für Arbeitslöhne, Betriebssteuern, Bürokosten, Abschreibungen usw. Abzugsfähig sind Sonderausgaben (wie Steuerberaterkosten, Verluste aus vergangenen Kalenderjahren, Mitgliedsbeiträge, Spenden, Kirchensteuer), außergewöhnliche Belastungen (wie durch Krankheit entstandene Kosten) und Vorsorgeaufwendungen (wie Kranken-, Unfall-, Haftpflichtversicherung). Der Saldo dieser Summen ergibt das zu versteuernde Einkommen.

Auf der Basis Ihres Jahresabschlusses erstellen Sie Ihre Einkommensteuererklärung und reichen diese beim Finanzamt ein. Von dort erhalten Sie einen Einkommensteuerbescheid, der die Höhe Ihrer Einkommensteuerschuld ausweist.

Die Vorauszahlung wird vierteljährlich fällig. War der Betrag zu niedrig angesetzt, muss

innerhalb von vier Wochen eine Nachzahlung geleistet werden. War er zu hoch angesetzt, erstattet das Finanzamt ihn zurück. In der Anfangsphase zahlen junge Unternehmen in der Regel keine oder nur wenig Einkommensteuer, da die finanziellen Belastungen einer Existenzgründung angerechnet werden. Erwirtschaften Sie allerdings schon im ersten Geschäftsjahr hohe Gewinne, wird die gesamte Steuerschuld fällig. Richten Sie sich deshalb auf die mit dem Gewinn steigenden Steuerforderungen ein.

KORREKTUR ZUR ERMITTLUNG DES TATSÄCHLICH ZU VERSTEUERNDEN GEWINNS		
GEWINN UND VERLUST		(€)
BRUTTOGEWINN		124 000
KOSTEN	Miete/Raten	20 000
	Fuhrpark	20 000
	Gehälter	26 000
	Werbung	6 000
	Abschreibung	4 000
KOSTEN (GESAMT)		76 000
BETRIEBSGEWINN		48 000
ABZÜGLICH KREDITZINSEN		4 100
NETTOGEWINN VOR STEUERN		43 900
ZUZÜGLICH	25 % Fuhrpark	5 000
	Abschreibung	4 000
GESAMT		52 900
ABZÜGLICH ABSCHREIBUNGEN AUF ANLAGEVERMÖGEN		20 338
KORRIGIERTER GEWINN		32 562

KORRIGIERTER NETTOGEWINN VOR STEUERN

Zum Nettogewinn vor Steuern wurde vorsorglich ein privater Nutzungsanteil der Firmenfahrzeuge von 25 Prozent addiert, ebenso die Wertminderung in Höhe von 4000 Euro. Nach Abzug der Abschreibungen auf Anlagevermögen ergibt sich ein zu versteuernder Gewinn von 32 562 Euro.

BEISPIELE AUS DER AMTLICHEN AFA-TABELLE		
ANLAGEVERMÖGEN	ALTE ND I. J.	NEUE ND I. J.
HALLEN IN LEICHTBAUWEISE	10	14
PERSONENKRAFTWAGEN	5	6
LASTKRAFTWAGEN	7	9
WORKSTATIONS, PERSONALCOMPUTER	3	3
REGISTRIERKASSEN	5	6
BÜROMÖBEL	10	13
VERKAUFSTHEKEN	7	10

ABSCHREIBUNGEN AUF ANLAGEVERMÖGEN
Bei der Abschreibung für Abnutzung (AfA) wird die betriebsgewöhnliche Nutzungsdauer (ND) zu Grunde gelegt. Die hier gemachten Angaben gelten für alle Anlagegüter, die nach dem 31.12.2000 angeschafft worden sind.

KÖRPERSCHAFTSTEUER

Einkünfte juristischer Personen (Kapitalgesellschaften wie GmbH oder AG) unterliegen der Körperschaftsteuer. Der Gewinn wird anhand der doppelten Buchführung ermittelt (Bilanz sowie Gewinn- und Verlustrechnung). Nicht ausgeschüttete Gewinne des Unternehmens werden mit 45 Prozent, ausgeschüttete Gewinne mit 30 Prozent besteuert. Gesellschafter einer Kapitalgesellschaft können die bezahlte Körperschaftsteuer auf ihre Einkommensteuerschuld anrechnen lassen.

GEWERBESTEUER

Jeder Gewerbebetrieb muss an das Stadt- oder Gemeindesteueramt Gewerbesteuer abführen. Besteuert wird der jährlich erzielte Gewerbeertrag. Das Finanzamt ermittelt dann auf der Grundlage des Gewerbeertrags den Gewerbesteuermessbetrag, der in einem weiteren Schritt mit dem jeweiligen Hebesatz Ihrer Gemeinde multipliziert wird, um die konkrete Gewerbesteuerschuld zu berechnen. Gewerbeerträge unter 24 000 Euro sind gewerbesteuerfrei, die Steuerbefreiung gilt jedoch nur für Einzelkaufleute und Personengesellschaften, nicht für

STEUERSCHÄTZUNG FÜR EINEN EINZELUNTERNEHMER
Ein Einzelunternehmer kann vom korrigierten Gewinn im Jahr 2001 einen Grundfreibetrag von 7000 Euro abziehen. Der Eingangssteuersatz in der Einkommensteuer wird bis 2005 auf 15 Prozent gesenkt, der Spitzensteuersatz von heute 48,5 Prozent auf 42 Prozent.

Kapitalgesellschaften. Auch die Gewerbesteuer ist eine abzugsfähige Betriebsausgabe und mindert die Bemessungsgrundlage für den Gewinn und die Einkommensteuer.

Freiberufler (z. B. Ingenieure, Berater, Ärzte, Notare, Rechtsanwälte, Künstler) betreiben kein Gewerbe und unterliegen dann nicht der Gewerbesteuerpflicht, wenn sie nebenher keiner zusätzlichen gewerblichen Tätigkeit nachgehen.

UMSATZSTEUER/MEHRWERTSTEUER

Ihre Umsatzsteuerschuld errechnet sich aus Ihren Umsätzen. Den Prozentsatz, den Sie als Unternehmer an Umsatzsteuer an das Finanz-

BERECHNUNG DER EINKOMMENSTEUER EINES EINZELUNTERNEHMERS	
2. JAHR	**€**
GEWINN VOR STEUER	32 562,00
ABZÜGLICH GRUNDFREIBETRAG	7 000,00
	25 562,00
EINKOMMENSTEUERSATZ VON 20 %	5 112,40
KIRCHENSTEUER (8 %)	2 044,96
GEWERBESTEUER (1,895 %)	484,40
STEUER (GESAMT)	7 641,76

NUR NOCH 25 PROZENT KÖRPERSCHAFTSTEUER

Das Geschäftsführergehalt ist mit in den Kosten erfasst und wird vom Bruttogewinn abgezogen. Nach Abzug der Körperschaftsteuer ergibt sich der Gewinn der Kapitalgesellschaft, dieser kann entweder ausgeschüttet (Dividende) werden oder im Besitz der Gesellschaft bleiben (thesaurierte Gewinne).

STEUERKALKULATION EINER GMBH		
2. JAHR		**€**
BRUTTOGEWINN		124 000,00
KOSTEN	Miete/Raten	20 000,00
	Fuhrpark	15 000,00
	Geschäfts-führergehalt	26 000,00
	Werbung	6 000,00
	Abschreibungs-beträge	20 338,00
KOSTEN (GESAMT)		87 338,00
BETRIEBSGEWINN		36 662,00
ABZÜGLICH KREDITZINSEN		4 100,00
NETTOGEWINN VOR STEUERN		32 562,00
KÖRPERSCHAFTSTEUER (25 %)		8 140,50
GEWINN NACH STEUERN		24 421,50
DIVIDENDE		8 000,00
NICHT AUSGESCHÜTTETER GEWINN		16 421,50

amt abführen müssen, haben Sie bereits in Ihren Rechnungen an den Kunden als Mehrwertsteuer, die Sie auf den Nettorechnungsbetrag aufschlagen, weitergegeben.

Die Umsatzsteuer, die Ihnen andere Unternehmen (etwa Lieferanten oder Dienstleister) in Rechnung stellen, können Sie als so genannte Vorsteuer von Ihrer Umsatzsteuerschuld abziehen. (Formale Voraussetzung für diesen Vorsteuerabzug ist unter anderem die Tatsache, dass die Umsatzsteuer in der Lieferantenrechnung getrennt vom Nettobetrag ausgewiesen wird und die Rechnung Name und Anschrift des leistenden und empfangenden Unternehmens, Menge und Art der Lieferung sowie ein Rechnungsdatum enthält.)

Die Umsatzsteuer stellt für Ihren Betrieb also nur einen durchlaufenden Posten dar. Der Steuersatz beträgt derzeit 16 Prozent, in bestimmten Fällen sieben Prozent. Weitere Ausnahmefälle werden in der Anlage zum Umsatzsteuergesetz genannt. Die Umsatzsteuer wird jährlich abgerechnet. Sie müssen dem Finanzamt allerdings je nach Steuerhöhe in bestimmten Zeiträumen Voranmeldungen einreichen und Vorauszahlungen leisten.

Kleingewerbetreibende brauchen unter Umständen keine Umsatzsteuer zu entrichten, wenn der Vorjahresumsatz unter 16 250 Euro lag und der Umsatz des laufenden Jahrs voraussichtlich 50 000 Euro nicht übersteigen wird. Sie entfällt ebenfalls, wenn bei einer Neugründung der Umsatz im ersten Geschäftsjahr nicht höher als 16 500 Euro ist. In den Rechnungen darf dann keine Mehrwertsteuer ausgewiesen werden, und natürlich kann auch keine Vorsteuer geltend gemacht werden. Kleingewerbetreibende können auf die Umsatzsteuerbefreiung aber auch verzichten, wenn es für sie von Vorteil ist.

GRUNDERWERBS- UND GRUNDSTEUER

Wer ein Grundstück oder ein Gebäude erwirbt, muss 3,5 Prozent des Kaufpreises oder Einheitswerts als Grunderwerbssteuer an die Gemeinde abführen. Eigentlich handelt es sich bei der Grunderwerbssteuer um eine Landessteuer, die aber seit 1983 bundeseinheitlich geregelt ist. Sie ist nicht als Betriebsausgabe abzugsfähig, sondern gilt als Teil des Anschaffungspreises und ist mit dem Gebäude abzuschreiben.

STEUERLICHE VOR- UND NACHTEILE – EINZELUNTERNEHMEN/ PERSONENGESELLSCHAFT UND KAPITALGESELLSCHAFT IM VERGLEICH

EINZELUNTERNEHMEN/PERSONENGESELLSCHAFTEN	KAPITALGESELLSCHAFTEN
Keine Wirtschaftsprüfung vorgeschrieben	Wirtschaftsprüfung (Revision) gesetzlich vorgeschrieben
Keine Bilanzierungspflicht und keine Verpflichtung zur Veröffentlichung des Jahresabschlusses	Bilanzierungspflicht; Jahresabschluss muss veröffentlicht werden.
Einkommensteuer hängt von der Höhe des Einkommens ab. Der Eingangssteuersatz liegt zurzeit bei 19,9 Prozent, der Spitzensteuersatz bei 48,5 Prozent (bis 2005 bei 15 bzw. 42 Prozent).	Ab 2001 müssen Kapitalgesellschaften unabhängig von der Höhe ihres Nettogewinns nur noch 25 Prozent Körperschaftsteuer (Thesaurierungssatz) zahlen.
Niedrigere Versicherungsbeiträge, gleichzeitig aber auch weniger Vorteile	Hohe Versicherungsbeiträge für das Unternehmen und die Geschäftsführung, aber mehr Vorteile
Geringere Verwaltungs- bzw. Overhead-Kosten	Hohe Verwaltungs- bzw. Overhead-Kosten
Erzielt ein Unternehmer aus der Veräußerung seines Anteils an der Personengesellschaft oder des Einzelunternehmens einen Gewinn, so bleibt dieser nach § 16 Abs. 4 EStG unter bestimmten Voraussetzungen in begrenztem Umfang steuerfrei (Freibetrag 50 000 Euro).	Schüttet die Kapitalgesellschaft den Gewinn nach Körperschaftsteuer an den Anteilseigner aus, hat sie zu Lasten des Anteilseigners Kapitalertragsteuer einzubehalten. Die Kapitalertragsteuer beträgt 20 Prozent und wird auf die Bruttodividende berechnet (§ 43 a Abs. 1 EStG).
Der dort erwirtschaftete Gewinn wird einkommensteuerlich nur bei den Gesellschaftern bzw. beim Einzelunternehmer erfasst, wobei nicht zwischen einbehaltenem und entnommenem Gewinn unterschieden wird.	Die durchschnittliche Gesamtbelastung bei Kapitalgesellschaften aus Körperschaftsteuer und Gewerbesteuer beträgt nach der Steuerreform ca. 38 Prozent. Der Anteil der Gewerbesteuer an der Gesamtbelastung hat sich daher stark erhöht.

Auf Grundbesitz erheben die Gemeinden zudem Grundsteuer. Den Wert des Grundbesitzes legt das Finanzamt nach dem Einheitswert fest und berechnet einen Steuermessbetrag, der wiederum mit dem Hebesatz der jeweiligen Gemeinde multipliziert wird. Die Grundsteuer gilt als abzugsfähige Betriebsausgabe und mindert die Bemessungsgrundlage für Gewinn und Einkommensteuer. Von der Grundsteuer befreit ist nur der Grundbesitz der öffentlichen Hand, von Religionsgemeinschaften sowie Grundbesitz, der gemeinnützigen Zwecken dient.

VERÄUSSERUNGSGEWINNSTEUER

Gewinne, die durch Veräußerung eines gewerblichen oder freiberuflichen Betriebs, Teilbetriebs, Mitunternehmeranteils, einer Beteiligung an einer Kapitalgesellschaft oder Ähnlichem erzielt werden, unterliegen der Einkommensteuer, sofern bestimmte Freibeträge überschritten werden (siehe Beispiel aus der Tabelle oben, erste Spalte, Punkt sechs). Auf Antrag können Veräußerungsgewinne als außerordentliche Einkünfte mit einem ermäßigten Steuersatz versteuert werden.

Was bringt die Steuerreform?

Die am 14. Juli 2000 vom Deutschen Bundesrat verabschiedete Steuerreform bringt für alle steuerpflichtigen Erwerbstätigen finanzielle Entlastungen. Im Mittelpunkt stehen allerdings die Veränderungen bei der Unternehmensbesteuerung.

EINZELUNTERNEHMEN UND PERSONENGESELLSCHAFTEN

Für alle Unternehmer mit Einkünften aus Gewerbebetrieben vermindert sich durch die Reform die tarifliche Einkommensteuer; der Spitzensteuersatz sinkt im Jahr 2001 auf 48,5 Prozent, im Jahr 2003 auf 47 Prozent und im Jahr 2005 (unter Berücksichtigung des Steuerentlastungs-Ergänzungsgesetzes) auf 42 Prozent. Die Gewerbesteuer wird in pauschaler Form mit der Einkommensteuerschuld verrechnet. Der halbe durchschnittliche Steuersatz für die Veräußerung eines Betriebs bzw. dessen Aufgabe soll zur Verbesserung der Altersversorgung wieder eingeführt werden.

KAPITALGESELLSCHAFTEN

Für Kapitalgesellschaften sinkt der Körperschaftsteuertarif ab dem Jahr 2001 auf einheitlich 25 Prozent. Sämtliche Veräußerungsgewinne beim Kauf von Beteiligungen sind steuerfrei. Für Anteilseigner läuft das Vollanrechnungsverfahren im Jahr 2001 aus. Es wird durch das Halbeinkünfteverfahren ersetzt. Während einer Übergangsphase von 15 Jahren kann die Körperschaftsteuer des Unternehmens

ENTWICKLUNG DER EINKOMMENSTEUER

In den Jahren 2001 bis 2005 verringert sich die Einkommensteuer schrittweise. Die Übersicht gibt die Grundtabelle wieder; bei Zusammenveranlagung von Ehepartnern verdoppeln sich die Euro-Beträge. Der Entwurf des Steuersenkungs-Ergänzungsgesetzes sieht eine Absenkung des Spitzensteuersatzes ab 2005 auf 42 Prozent vor.

EINKOMMENSTEUER				
JAHR	**EINGANGSBEREICH**		**SPITZENBEREICH**	
	Grundfreibetrag	Eingangssteuersatz	Spitzensteuersatz	ab zu versteuerndem Einkommen
	€	%	%	€
BASIS 2000	6 902	22,9	51,0	58 643
2001	7 206	19,9	48,5	54 998
2002	7 235	19,9	48,5	55 007
2003	7 426	17,0	47,0	52 292
2004	7 426	17,0	47,0	52 292
AB 2005	7 664	15,0	43,0	52 151

WAS BEI DER BERECHNUNG IHRER STEUERSCHULD ZU BEACHTEN IST

1 Stellen Sie sicher, dass Sie alle abzugsfähigen Betriebsausgaben erfasst haben.

2 Wenn Sie Verluste gemacht haben, können diese für kommende Jahre geltend gemacht (Verlustvortrag) oder mit dem vergangenen Jahr (Verlustrücktrag: ab 2001 beschränkt auf 500 000 Euro) verrechnet werden.

3 Beiträge zur privaten Rentenversicherung (Pensionsrückstellungen) können zum Teil von der Steuer abgesetzt werden.

4 Wenn Sie in zusätzliches Anlagevermögen investieren, sollten Sie die Kosten vortragen, um einen maximalen Nutzen aus den Abschreibungsmöglichkeiten zu ziehen.

5 Weisen Sie geldwerte Vorteile wie Aktienbezugsrechte usw. gesondert aus.

6 Wenn Sie als Gesellschafter einer Aktiengesellschaft einen Teil Ihres Gehalts in Form von Aktien beziehen, kann sich das steuerlich günstig auswirken.

7 Wenn Ihr Ehepartner kein weiteres Einkommen bezieht, kann er in Ihrem Betrieb bis zu 315 Euro monatlich steuerfrei verdienen.

8 Ausgaben, die Sie im Hinblick auf Ihre Existenzgründung getätigt haben (wie z. B. Geschäftsreisen zu potenziellen Auftraggebern, Entwicklungskosten für ein Produkt oder der Erwerb eines Computers), können Sie wahrscheinlich als Betriebsausgaben geltend machen.

9 Wenn Anlagevermögen auf Raten gekauft wurde, kann man bei der Abschreibung unter Umständen den Gesamtpreis ansetzen.

GANZ LEGALE STEUERSPARMASSNAHMEN		(A) OHNE NUTZUNG STEUERSENKENDER VORTEILE (€)	(B) BEI NUTZUNG STEUERSENKENDER VORTEILE (€)
KORRIGIERTER ZU VERSTEUERNDER GEWINN		100 000	100 000
KORRIGIERTER ZU VERSTEUERNDER GEWINN, ABZÜGLICH:	Pensionsrückstellungen		2 400
	Abschreibung auf Anlagevermögen im ersten Geschäftsjahr		8 000
	Aufwendungen vor Gründung		6 000
	Gehalt des Ehepartners		3 780
	Verlustvortrag vom letzten Jahr		10 000
STEUERERSPARNIS (GESAMT)		0	30 180
ZU VERSTEUERNDER GEWINN		100 000	69 820
STEUERSATZ (A) 48 PROZENT, (B) 38 PROZENT		48 000	26 532

STEUERN SPAREN

An diesem Beispiel sieht man deutlich, wie hoch die Steuerersparnis sein kann, wenn man gewisse – legale – Steuersparmaßnahmen in Anspruch nimmt. Durch die Abzüge von Pensionsrückstellungen, Abschreibungen, des Gehalts des Ehepartners, der Aufwendungen vor der Existenzgründung und des Verlustvortrags vom letzten Jahr werden der zu versteuernde Gewinn sowie der Steuersatz und somit die Höhe der Einkommensteuer deutlich reduziert.

durch Ausschüttung von »altem«, belastetem Eigenkapital gemindert werden.

AUSBLICK

Die neuen Regeln zur Unternehmensbesteuerung verlangen einerseits Umstellungen in den Betrieben und ermöglichen andererseits ganz neue Steuer- und Sparstrategien. Der Mittelstand wird durch die monetäre Entlastung unabhängiger von Krediten. Wer Gewinn im Unternehmen belässt, wird zukünftig durch niedrigere Steuertarife belohnt. Die Eigenkapitalbasis kann wachsen. Das eröffnet zusätzliche Investitionspotenziale.

Welche Rechtsform ist die günstigste?

Die Besteuerung eines Unternehmens hängt in besonderem Maß von der jeweiligen Rechtsform ab. Allerdings sollte der Blick auf die Steuern nicht allein über die Wahl der jeweiligen Rechtsform entscheiden. (Hier spielt beispielsweise auch die Frage der Haftung des Gründers eine wesentliche Rolle.)

Allerdings kann man keine allgemeingültige Aussage dazu machen, welche Rechtsform (gerade was die Situation von Existenzgründern betrifft) in steuerlicher Hinsicht die optimalste ist. Dies gilt es, von Fall zu Fall individuell zu entscheiden. Hinsichtlich der steuerlichen Gesichtspunkte kann man die folgenden vier Ziele unterscheiden:
■ Verluste geltend machen
■ Einkommensteuer sparen
■ Gewerbesteuer sparen
■ Laufende Kosten (Betriebsausgaben) so weit wie möglich geltend machen.

VERLUSTE GELTEND MACHEN

Prinzipiell können unternehmerische Verluste, die ja gerade in der Gründungsphase die Regel sind, steuerlich geltend gemacht werden. Allerdings gilt das nicht für jede Rechtsform in gleicher Weise. Bei Einzelunternehmen oder – wenn mehrere Partner gemeinsam ein Unternehmen gründen – einer Gesellschaft bürgerlichen Rechts (GbR oder BGB-Gesellschaft, Partnergesellschaft) können Verluste aus der Gründungsphase beispielsweise nachträglich mit den Unternehmens-Einkünften des letzten Jahrs verrechnet werden, das Finanzamt muss alte Steuern erstatten (Verlustrücktrag).

Dieser Verlustrücktrag ist übrigens auch für Gründer von Einzelunternehmen und Personengesellschaften möglich, die im vorhergehenden Jahr noch Angestellte waren. Für Gründer ist das besonders wichtig zu wissen, denn Geld kann man als Jungunternehmer immer gebrauchen.

Bei der Gesellschaft mit beschränkter Haftung können Verluste nicht sofort mit anderen Einkünften verrechnet werden. Sie sind sozusagen eingefroren und können erst wenn die GmbH im Folgejahr Gewinne erwirtschaftet geltend gemacht werden.

Gerade für Existenzgründer ist die Rechtsform der GmbH daher nicht unbedingt von Vorteil: Wenn nämlich die GmbH in den ersten Jahren Verluste erwirtschaftet und für das eigene Geschäftsführergehalt auch noch Lohnsteuer bezahlt werden muss.

GEWERBESTEUER SPAREN

Jedes Unternehmen der gewerblichen Wirtschaft ist dazu verpflichtet, Gewerbesteuer zu bezahlen. Die Belastung durch die Gewerbesteuer lässt sich allerdings mindern:

Hier bietet die Kapitalgesellschaft Vorteile, weil das Geschäftsführergehalt als Betriebsausgabe absetzbar ist.

Auch bei einem Einzelunternehmen bzw. bei einer Personengesellschaft gibt es in Bezug auf die Gewerbesteuer Einsparmöglichkeiten: Diesen steht im Gegensatz zur Kapitalgesellschaft ein Gewerbesteuerfreibetrag in Höhe von 24 000 Euro zu. Gewerbeerträge, die darüber liegen, werden bis zu einer Gewinnhöhe von 73 626 Euro nach einem ermäßigten Staffeltarif besteuert. Ab diesem Betrag ist allerdings der Gewerbesteuerhöchstsatz fällig.

GESCHÄFTSFÜHRERGEHÄLTER UND RENTENBEITRÄGE GELTEND MACHEN

Geschäftsführer einer GmbH können, anders als Einzelunternehmer und Betreiber von Personengesellschaften, ihre Gehälter und auch die Aufwendungen für eine spätere Betriebsrente als Betriebsausgaben (Pensionsrückstellungen) von der Steuer absetzen.

Weil die Ausschüttungen einer GmbH an die Gesellschafter zu den Kapitalerträgen zählen, lassen sie sich außerdem bei der Einkommensteuer mit dem so genannten Sparerfreibetrag und der Werbungskostenpauschale verrechnen. Hier sind 1585 Euro für Ledige bzw. 3170 Euro für Ehepaare steuerfrei.

Gerade für Gründer besteht in diesem Punkt die Möglichkeit zur Steuerersparnis, da diese erfahrungsgemäß keine oder nur geringe Ersparnisse haben, die natürlich sonst auch berücksichtigt werden müssten.

FAUSTREGEL ZUR RECHTSFORMWAHL

Die meisten Unternehmensgründer beginnen ihre gewerbliche Tätigkeit mehr oder weniger formlos als Einzelunternehmen oder – wenn mehrere Partner gemeinsam starten – als Gesellschaft bürgerlichen Rechts (GbR oder BGB-Gesellschaft). In den allermeisten Fällen ist die Personengesellschaft in den ersten Jahren nach der Gründung tatsächlich auch die steuergünstigste Variante, später wendet sich das Blatt meist zu Gunsten der GmbH: Wenn die Gewinne des Unternehmens steigen und es Sinn macht, Geschäftsführergehälter und Zahlungen für eine eigene Bertriebsrente nun als Bestriebsausgabe von der Steuer abzusetzen. Bei geringeren Gewinnen macht die Umwandlung in eine GmbH allerdings keinen Sinn, da die mögliche Steuerersparnis die höheren Overhead-Kosten nicht

RESULTAT

In der Regel erweist sich die GmbH im vereinfachten Vergleich für junge Unternehmen zwar als steuerlich günstiger, erfordert aber in jedem Fall einen höheren Verwaltungsaufwand. Außerdem verursacht diese Rechtsform höhere Kosten (beispielsweise für den Steuerberater, der die Bilanz erstellen muss).

aufwiegt. So müssen nach wie vor Lohnsteuer für diese Gehälter abgeführt und auch die Kosten für die Erstellung der jährlichen Bilanz aufgebracht werden.

Was bringt die Ein-Personen-GmbH?

Ein Einzelunternehmer kann seinen Betrieb durch eine notariell beurkundete Erklärung in eine GmbH umwandeln. In dieser so genannten Ein-Personen-GmbH sind die Vorteile einer Personengesellschaft (Einzelunternehmer) mit denen der Kapitalgesellschaft (GmbH) vereint: Sie sind der Chef im eigenen Haus, führen als Angestellter Ihres Unternehmens die Geschäfte, haften aber nur in Höhe des Gesellschaftsvermögens und nicht mit Ihrem Privatvermögen.

STEUERVERGLEICH: EINZELUNTERNEHMEN ODER EIN-PERSONEN-GMBH	
EINZELUNTERNEHMEN	€
GEWINN VOR GEWERBESTEUER	40 900
GEWERBESTEUER	775
EINKOMMENSTEUER	7 188
STEUER (GESAMT)	7 963
EIN-PERSONEN-GMBH	€
GEWINN VOR GEWERBESTEUER	40 900
GESCHÄFTSFÜHRERGEHALT	40 900
GEWERBESTEUER	0
KÖRPERSCHAFTSTEUER	0
EINKOMMENSTEUER	7 428
STEUER (GESAMT)	7 428

Anhand des in der Tabelle auf Seite 169 vorgestellten Beispiels wird der Unterschied in Hinblick auf die Besteuerung besonders deutlich. Eine junge Firma hat einen fiktiven Gewinn von 40 900 Euro erwirtschaftet. Handelt es sich dabei um eine GmbH, so kann diese Summe komplett als Geschäftsführergehalt angesetzt werden. Lägen die Gewinne höher, wäre dies allerdings nicht mehr möglich.

Zu hohe bzw. nicht mehr angemessene Gehälter könnten vom Finanzamt als verdeckte Gewinnausschüttung ausgelegt und somit nicht anerkannt werden.

Ermittelt wurden im Beispiel auf Seite 168 nur die Körperschaftsteuer und die Gewerbesteuer (Beispiel-Hebesatz: 400 Prozent) sowie die Einkommensteuer des Unternehmers – nach Splittingtabelle Tarif 99. Je nach Einzelfall können viele andere steuerliche Belastungen oder Erleichterungen eine Rolle spielen (z. B. Investitionen, Familienverhältnisse, genutzte Immobilien usw.).

Was bringt die kleine AG?

Um die Eingenkapitalaufnahme für kleine und mittlere Unternehmen zu erleichtern, wurde 1994 in der Bundesrepublik Deutschland die kleine Aktiengesellschaft eingeführt.

Die kleine AG kann von einer und mehreren Personen gegründet werden. Existenzgründer haben jetzt auch die Möglichkeit, eine kleine AG allein zu gründen (als alleiniger Aktionär – und Vorstand –, jedoch zusätzlich mit drei Aufsichtsräten). Aktionäre können sowohl natürliche als auch juristische Personen sein.

Das Mindestgrundkapital der Aktiengesellschaft beträgt 50 000 Euro. Davon müssen 12 500 Euro bei der Gründung in die Gesellschaft einbezahlt werden. Bei der Ein-Personen-AG muss für die restlichen 37 500 Euro eine Sicherheit (etwa in Form einer Bankbürgschaft) geleistet werden. Die kleine AG ist also nichts für Kleinstgründer, sondern eine Gesellschaft

mit einer »kleinen« Zahl von Anteilseignern, keine kleine Gesellschaft, gemessen an Umsatz oder Arbeitnehmerzahl.

Hinzukommt der relaltiv hohe formale Aufwand. Die Gründung einer AG bedarf der notariellen Beurkundung. Die Aktien müssen mindestens auf einen Nennbetrag von einem Euro (ab 1. Januar 1999) lauten.

Dafür ist die kleine AG klar und übersichtlich strukturiert und eignet sich, um auf breiter Basis Eigenkapital zu akquirieren, da die Aktien sowohl im amtlichen Handel als auch auf sämtlichen Nebenmärkten ge- und verkauft werden können. Das hat den Vorteil, dass gar keine oder zumindest nur geringe Kreditsummen in Anspruch genommen werden müssen.

Als Inhaber einer kleinen Aktiengesellschaft können Sie weitere Anleger an Ihrem Vorhaben durch die Ausgabe von Aktien oder durch die Aufnahme von Kunden als Gesellschafter beteiligen.

AUSBLICK

Je nach der Höhe der erwirtschafteten Gewinne bietet jede Rechtsform unterschiedliche Möglichkeiten, Steuern zu sparen. Berechnen Sie daher gemeinsam mit Ihrem Steuerberater, welche Rechtsform in welcher Ausstattung und bei welcher Ertragslage das steuerliche Optimum bietet. (Bei der Unternehmensgründung kann dies durchaus eine ganz andere Rechtsform sein als nach einigen Jahren der positiven Geschäftsentwicklung.)

Ein einziges, allein gültiges Steuersparmodell gibt es auf keinen Fall. Bedenken Sie auch, dass je nach Rechtsform zusätzliche Steuern anfallen können, beispielsweise die Einkommensteur für das Geschäftsführergehalt bei der Gesellschaft mit beschränkter Haftung.

Außerdem: Publizitätspflichtige Unternehmen müssen ihre Bilanz – je nach Größe – der Öffentlichkeit zugänglich machen. Manch ein Unternehmer wird darin ein Risiko sehen, der Kokurrenz Daten sozusagen »frei Haus« zu liefern und dadurch Wettbewerbsnachteile in Kauf zu nehmen.

BEISPIEL EINER LOHNBUCHHALTUNG						
LÖHNE UND GEHÄLTER JANUAR 2002						
NAME	**GESAMT-BRUTTOLOHN (€)**	**STEUERN* (€)**	**SOZIALVERSICHE-RUNGSBEITR.** (€)**	**ABZÜGE (GESAMT) (€)**	**NETTOLOHN (€)**	**ARBEITGEBER-ANTEIL*** (€)**
I. GALTER	2 556,46	567,59	538,13	1 105,72	1 450,74	538,13
P. HARTMANN	1 154,53	251,03	243,03	494,09	660,44	243,03
S. SANDERS	2 085,05	404,26	411,80	816,06	1 268,99	411,80
GESAMT	5 796,04	1 222,88	1 192,96	2 415,87	3 380,17	1 192,96

Ihre Pflichten als Arbeitgeber

Erkundigen Sie sich genau über Ihre Rechte und Pflichten als Arbeitgeber, bevor Sie Mitarbeiter einstellen. Das Arbeitsrecht ist nicht etwa in einem eigenen Gesetzbuch zusammengefasst, sondern wird durch verschiedenste Einzelgesetze und -verordnungen gebildet. Einige wichtige Punkte wurden hier zusammengestellt. Weiterführende Informationen zum Thema Arbeitsrecht können Sie beim Bundesministerium für Arbeit und Sozialordnung und Ihrer Industrie- und Handelskammer bzw. Handwerkskammer anfordern.

■ **GERINGFÜGIG BESCHÄFTIGTE**

Eine Beschäftigung ist dann geringfügig, wenn sie regelmäßig weniger als 15 Stunden in der Woche ausgeübt wird und das monatliche Arbeitsentgelt regelmäßig 315 Euro nicht übersteigt. Der Unternehmer muss für geringfügig Beschäftigte seit 1999 pauschal Sozialversicherungsbeiträge abführen, und zwar zwölf Prozent an die Rentenversicherung und zehn Prozent an die Krankenversicherung. Der Pauschalbeitrag an die Krankenkasse entfällt, wenn der geringfügig Beschäftigte nicht krankenversichert ist. Der Arbeitnehmer muss in einem geringfügigen Beschäftigungsverhältnis nur seinen Anteil an der

GEHALTSAUFSCHLÜSSELUNG
Vom Bruttolohn werden Steuern* (hier: Lohnsteuer und Solidaritätsabgabe) und Sozialversicherungsbeiträge** (hier: Krankenkasse, Pflege-, Renten- und Arbeitslosenversicherung) abgezogen. Daraus ergibt sich das Nettogehalt pro Monat. Der Arbeitgeberanteil zur Sozialversicherung*** entspricht exakt dem Arbeitnehmeranteil.

Rentenversicherung zahlen. Arbeitslosen- und Pflegeversicherungsbeiträge entfallen für beide Seiten. Der geringfügig Beschäftigte bleibt steuerfrei, wenn er seinem Arbeitgeber durch eine Freistellungsbescheinigung nachweist, dass er monatlich nur 315 Euro verdient oder wenn er in die Lohnsteuerklassen I (allein Stehende), II (allein Erziehende mit Kind) oder III (verheiratet, Ehegatte bezieht keinen Arbeitslohn) fällt. Ansonsten behält der Arbeitgeber pauschal 20 Prozent Lohnsteuer sowie gegebenenfalls 5,5 Prozent Solidaritätszuschlag und sieben Prozent Kirchensteuer ein und führt diese an das Finanzamt ab. Für geringfügig Beschäftigte sind die gleichen Meldungen zu erstatten wie für versicherungspflichtige Arbeitnehmer. Informationsbroschüren zu diesem Thema hält der Deutsche Industrie- und Handelstag bereit.

■ **LÖHNE UND GEHÄLTER**

In der Gehaltsabrechnung müssen ersichtlich sein: Bruttogehalt, Abzüge wie Steuern und Sozialversicherungsbeiträge, Variablen wie Überstunden und Prämien sowie das daraus resultierende Nettogehalt. Bei Abzügen müssen Betrag, Zeitraum und die Gründe dafür angegeben sein. Andere Abzüge als steuerliche Abzüge bedürfen der schriftlichen Genehmigung des Arbeitnehmers.

■ STEUERN UND SOZIALVERSICHERUNGSBEITRÄGE

Als Arbeitgeber sind Sie verpflichtet Ihre Mitarbeiter bei der Krankenkasse zur Renten-, Kranken und Arbeitslosenversicherung und bei der Berufsgenossenschaft zur beruflichen Unfallversicherung anzumelden. Die Anmeldung zur gesetzlichen Krankenkasse gilt für Pflichtmitglieder auch als Meldung zur Pflegeversicherung. Des Weiteren muss der Unternehmer regelmäßig Beiträge abführen. Die Prämie der Berufsgenossenschaft bezahlt er allein. Von den Sozialversicherungsbeiträgen (einschließlich des Beitrags zur Pflegeversicherung) wird dem Arbeitnehmer die Hälfte vom Lohn einbehalten, die andere Hälfte übernimmt der Arbeitgeber. Auch Lohn- und Kirchensteuer sowie Solidaritätszuschlag behält der Arbeitgeber vom Gehalt des Arbeitnehmers ein und überweist diese Beträge direkt an das Finanzamt. Die Höhe der abzuführenden Lohnsteuer können Sie anhand der Angaben auf der Steuerkarte und einer (im Handel erhältlichen) amtlichen Lohnsteuertabelle bestimmen. Der Arbeitgeber ist für die richtige Berechnung der abzuführenden Beiträge verantwortlich und muss für jeden Arbeitnehmer ein eigenes Lohnkonto führen (Lohnbuchhaltung).

Umsatzsteuer-Voranmeldung

Jeder Unternehmer (Ausnahmen sind z. B. Ärzte oder Krankengymnasten) muss in der Regel zum 10. des Folgemonats nach einem Vorauszahlungszeitraum (Monat oder Quartal) eine Umsatzsteuer-Voranmeldung beim Finanzamt einreichen, aus der die Einkäufe und die darauf lastende Mehrwertsteuer sowie die Umsätze und die darauf eingenommene Mehrwertsteuer hervorgehen. Umsatzsteuereinnahmen und Umsatzsteuerausgaben werden darin miteinander verrechnet. Zum selben Zeitpunkt muss die Umsatzsteuer in der errechneten Höhe beim Finanzamt eingehen.

Für ein Unternehmen ist die Mehrwertsteuer somit ein Durchlaufposten – die Rechnung zahlt jeweils der Endverbraucher.

Wenn man in einem Monat bzw. Quartal mehr Mehrwertsteuer bezahlt als eingenommen hat, erhält man eine Rückerstattung. Aus diesem Grund ist es unter Umständen günstiger, sich nicht von der Umsatzsteuer befreien zu lassen, obwohl der Umsatz im laufenden Kalenderjahr 50 000 Euro nicht übersteigen wird und der im

---

UMSATZSTEUER IN DER PRAXIS

Das folgende Beispiel geht von einem Umsatzsteuersatz von 16 Prozent aus.

■ Ein Sanitärbetrieb kauft bei einem Lieferanten Waren ein. Auf der Rechnung des Lieferanten sind Armaturen zu einem Nettowarenwert von 50 Euro aufgeführt, getrennt davon werden acht Euro Mehrwertsteuer ausgewiesen. Der Bruttobetrag entspricht 58 Euro.

■ Der Sanitärbetrieb installiert diese Armaturen bei einem Kunden und berechnet die-

sem 200 Euro Lohnkosten und 60 Euro für die Armaturen, was einen Nettopreis von 260 Euro ergibt. Zuzüglich der Mehrwertsteuer von 41,60 Euro errechnet sich ein Bruttobetrag von 301,60 Euro.

■ An das Finanzamt führt der Sanitärbetrieb 41,60 Euro Umsatzsteuer ab (= Mehrwertsteuer, die dem Kunden berechnet wurde), abzüglich der acht Euro Vorsteuer (= Mehrwertsteuer, die dem Sanitärbetrieb vom Lieferanten in Rechnung gestellt wurde). Die Steuerschuld beträgt 33,60 Euro.

vorangegangenen Jahr nicht über 16 250 Euro lag – vor allem wenn man hohe Investitionsaufwendungen mit einem entsprechend hohen Vorsteueranteil tätigen muss.

Dem Finanzamt kommt es bei der Umsatzsteuer-Voranmeldung auf fünf Schlüsselzahlen an: Wie viel Mehrwertsteuer haben Sie mit dem Verkauf Ihrer Güter oder Dienstleistungen berechnet und eingenommen, wie viel Mehrwertsteuer (Vorsteuer) haben Sie selbst auf Einkäufe bezahlt, wie viel Vorsteuer müssen Sie also an das Finanzamt entrichten bzw. bekommen Sie erstattet, sowie den Nettowert Ihrer Umsätze und den Nettowert Ihrer Geschäftsaufwendungen (also jeweils ohne Mehrwertsteuer).

Die Umsatzsteuer-Voranmeldung muss von der Person unterzeichnet werden, die als umsatzsteuerpflichtig eingetragen ist. Bei einer Personengesellschaft oder einem Einzelkaufmann ist dies eine natürliche Person, bei einer Kapitalgesellschaft die Gesellschaft selbst als juristische Person. Umsatzsteuer-Voranmeldungen müssen zehn Jahre aufbewahrt werden; immerhin kann das Unternehmen jederzeit einer Steuerprüfung unterzogen werden.

Besteuerung von Anteilseignern

Gewinne werden nach dem neuen Körperschaftsteuerrecht auf der Unternehmensebene nur einmal besteuert.

Um eine Doppelbesteuerung zu vermeiden, ist daher eine Dividendenfreistellung eingeführt worden (§ 8 b Abs. 1 KStG). Somit sind Beteiligungserträge steuerfrei (allgemeines Dividendenprivileg). Die Steuerfreiheit gilt ab dem Zeitpunkt, an dem die ausschüttende Kapitalgesellschaft auf das neue Körperschaftsteuerrecht umgestellt hat.

VERÄUSSERUNG VON BETEILIGUNGEN AN KAPITALGESELLSCHAFTEN

Wenn Anteile an Kapitalgesellschaften durch eine Kapitalgesellschaft veräußert werden, bleiben die erzielten Veräußerungsgewinne grundsätzlich steuerfrei (§ 8 b Abs. 2 KStG).

Dabei spielt es im Übrigen keine Rolle, ob es sich um eine inländische oder ausländische Beteiligung handelt. Die Steuerbefreiung setzt jedoch voraus, dass die Veräußerungsgewinne mindestens ein Jahr lang behalten werden. Aus der Steuerfreiheit der Gewinne aus Beteiligungsveräußerungen folgt aber umgekehrt, dass auch Veräußerungsverluste, Teilwertabschreibungen und Wertaufholungen unberücksichtigt bleiben.

Achtung: Die Steuerbefreiung greift nach Ablauf des ersten Wirtschaftsjahrs nach Anwendung des neuen Körperschaftsteuersystems bei der Beteiligungsgesellschaft (§ 34 KStG). Demzufolge können frühestens ab dem 1. Januar 2002 Anteile steuerfrei veräußert werden.

NATÜRLICHE PERSONEN ALS ANTEILSEIGNER

Die definitive Vorbelastung auf der Ebene der Kapitalgesellschaft mit Körperschaftsteuer in Höhe von 25 Prozent wird auf der Ebene des Anteilseigners durch die Anwendung des so genannten Halbeinkünfteverfahrens berücksichtigt. In ähnlicher Form wird dieses Verfahren bereits in Österreich und Luxemburg praktiziert. Der Anteilseigner hat demnach nur die Hälfte der Dividenden als Einkünfte zu versteuern. Damit wird in pauschalisierter Form der Vorbelastung Rechnung getragen.

Die Beschränkung auf eine Besteuerung der halben Dividendeneinkünfte beim Anteilseigner wird gesetzestechnisch über den neuen § 3 Nr. 40 EStG erreicht. Danach bleibt die Hälfte der Dividende steuerfrei. Entsprechend können mit diesen Einnahmen zusammenhängende Werbungskosten ebenfalls nur zur Hälfte berücksichtigt werden (§ 3 c Abs. 2 EStG).

Das Halbeinkünfteverfahren fördert die Kapitalanlage in Aktien, weil der Sparerfreibetrag hier die doppelte Wirkung hat. Der nur hälftige Ansatz von Dividenden führt für die Kapitalerträge im wirtschaftlichen Ergebnis zu einer Verdoppelung des Sparerfreibetrags.

Steuerfehler vermeiden

Das deutsche Steuerrecht ist ausgesprochen kompliziert, daran haben auch alle bisherigen Reformen nichts geändert. Der Unternehmer steht also vor einem Problem: Einerseits werden viele seiner Entscheidungen und die Liquidität seiner Firma durch das Steuerrecht beeinflusst, andererseits ist er gar nicht in der Lage, sich ohne qualifizierte Hilfe in allen für das Steuerrecht relevanten Bereichen alleine zurechtzufinden. Lesen Sie hier, wie Sie die sechs häufigsten Steuerfehler von Existenzgründern vermeiden können:

■ **FALSCHE RECHTSFORM** Es ist nicht immer von Vorteil, wenn junge Unternehmen als GmbH starten, denn für das Geschäftsführergehalt fällt in jedem Fall Einkommensteuer an, auch dann, wenn das gegründete Unternehmen womöglich noch gar keinen Gewinn erzielt.

■ **ZU NIEDRIGE STEUERVORAUSZAHLUNGEN** In der Regel dauert es nach der Gründung zwei Jahre, bis der erste Einkommensteuerbescheid vorliegt. Bei zu niedrigen Einkommensteuer-Vorauszahlungen allerdings können Einkommensteuer-Nachzahlungen für zwei bis drei Jahre das junge Unternehmen in ernsthafte finanzielle Engpässe führen, daher ist eine freiwillige Anpassung der Vorauszahlung nach oben sinnvoll.

■ **FEHLENDE VERTRÄGE** Gerade in jungen Unternehmen und Gründerfirmen helfen häufig Familienangehörige tatkräftig mit, nicht selten ohne Arbeitsvertrag und Gehalt.

Allerdings verschenken die Familien dadurch Steuern, denn bei der Einkommensteuer hat jedes Familienmitglied, vom Großvater bis zum Enkel, eine ganze Reihe persönlicher Freibeträge, die oft ungenutzt verfallen.

Häufig leihen Familienangehörige jungen Gründern auch Geld oder stellen Räumlichkeiten zur Verfügung. In diesen Fällen ist es ebenfalls sinnvoll, Darlehens- bzw. Mietverträge abzuschließen.

■ **FALSCHES TIMING BEI DER UMSATZSTEUER** Viele Gründer beantragen in der Anfangsphase dauerhaft eine Fristverlängerung zur Voranmeldung der Umsatzsteuer. Dieser Vorteil hat allerdings auch Folgen: Gleichzeitig mögliche Vorsteuer-Erstattungen kommen dann erst einen Monat später.

■ **FEHLER BEI DER UMSATZSTEUER** Auf Grund nicht ordnungsgemäßer Belege (darunter fallen Rechnungsbelege für gekaufte Waren, auf denen die Mehrwertsteuer nicht ausgewiesen ist) wird der Vorsteuerabzug nicht anerkannt. Dadurch verschenken Sie bares Geld.

■ **MÄNGEL IN DER BUCHFÜHRUNG** Zu den möglichen Mängeln in der Buchführung zählen beispielsweise falsche Kontierung, Verbuchung fehlerhafter Belege, auf denen die Mehrwertsteuer fehlt, Zeitverzögerung bei der Durchführung usw. Diese Fehler führen nicht selten dazu, dass zu wenig oder zu spät Umsatzsteuer gezahlt wird.

Bei Anträgen auf Herabsetzung von Steuervorauszahlungen können dem Finanzamt dann oft auch keine aussagefähigen Unterlagen vorgelegt werden. Dadurch verschenken Sie bares Geld.

Glossar der Finanzsprache

Querverweise am Ende der Einträge sind fett gedruckt.

Abschreibung
Rechnerische Erfassung von Wertminderungen betrieblicher Vermögensgegenstände, z. B. Gebäude, Firmenwagen und Computer

Abschreibung, akkumulierte
Ausmaß, zu dem Kosten für Sachanlagen (feste Aktiva) seit deren Kauf auf den Abschreibungsaufwand umgelegt wurden. Dieser Betrag wird von den Sachanlagen abgezogen.

Abschreibung, degressive
Abschreibungsmethode, bei welcher der sinkende Wert einer Sachanlage zu einem gleich bleibenden Prozentsatz verrechnet und die Belastung somit langsam verringert wird

Abschreibung, lineare
Abschreibungsmethode, bei der die Kosten einer Anlageinvestition über die Jahre zu einem gleich bleibenden Betrag abgeschrieben werden *Siehe auch* **Abschreibung, degressive**.

Abschreibungsaufwand
Kostenabschreibung während eines Rechnungszeitraums, im ersten Jahr nach Kauf einer Sachanlage. *Siehe auch* **Abschreibung, akkumulierte**.

Aktie
Wertpapier, das den Anteil am Grundkapital einer Aktiengesellschaft bestätigt

Aktienprämie
Überschuss des ursprünglichen Verkaufspreises einer Aktie über den Nenn- oder Nominalwert

Aktiva, Aktivposten
Vermögensteile eines Unternehmens (z. B. Anlagekapital, Umlaufvermögen), die auf der Sollseite der Bilanz erfasst werden

Allgemeinkosten
Ausgaben, die nicht für Produktion, Verkauf und Verwaltung aufgewendet werden. Dazu gehören Revisionskosten, Gebühren usw. Sie werden in der Gewinn- und Verlustrechnung manchmal mit den Verwaltungskosten gebündelt.

Amortisierung *siehe* **Abschreibung**.

Anleihe
Durch das Betriebsvermögen gesicherter Langzeitkredit. Auch als Obligation oder Schuldverschreibung bekannt.

Anteilseigner
Inhaber eines Anteils an Stamm- und Eigenkapital. Wird auch Aktionär genannt.

Aufsichtsrat
Der Aufsichtsrat einer Aktiengesellschaft (mindestens drei und höchstens 21 Mitglieder) wird von der Hauptversammlung und der Belegschaft bestellt und ist dafür verantwortlich, die Vorstandsmitglieder zu bestellen und die Geschäftsführung des Vorstands zu überwachen.

Aufwand, betriebsfremder
Ausgaben, die nicht durch den normalen Geschäftsalltag bedingt sind, z. B. Verlust aus Veräußerung von Sachanlagen, Zinszahlungen usw.

Aufwands- und Ertragsrechnung
siehe **Gewinn- und Verlustrechnung**.

Aufwendung
Jeder Geldbetrag, den ein Unternehmen zur Kostendeckung, für Ausgaben, für Sachanlagen oder andere Zwecke zahlt

Ausgaben
Alle Zahlungen, die vorschriftsmäßig in der Gewinn- und Verlustrechnung verbucht werden können, z. B. Herstellungs-, Umsatz- und Verwaltungskosten. Die Ausgaben werden während eines Rechnungszeitraums gegen die Einnahmen verrechnet, um den Gewinn (oder Verlust) zu ermitteln.

Ausgaben, vorgezogene
Ausgaben, die mehr als einen Abrechnungszeitraum vor ihrer Fälligkeit gezahlt werden

Außenstände
Forderungen des Unternehmens, etwa Rechnungen an Kunden. Können als Ausgaben verbucht werden.

Bargeschäft
Ein- und Ausgang von Bargeld

Barvermögen
Bezeichnet die finanziellen Aktiva eines Unternehmens aus Bargeld und Bankguthaben

Bereitstellungskonto
Aufstellung des akkumulierten Gewinns

Bestellung
Auftrag an einen Lieferanten, Waren oder Dienstleistungen zu liefern

Betriebsergebnis
In der Gewinn- und Verlustrechnung wird das Betriebsergebnis durch den Abzug der Betriebskosten vom Umsatz (Erlös) errechnet.

Betriebskapital
Kurzfristig verfügbare Gelder, die den laufenden Finanzbdarf des Unternehmens decken. *Siehe auch* **Umlaufvermögen**.

Betriebskosten
Sämtliche Kosten eines Unternehmens. Häufig sind damit alle allgemeinen Kosten sowie die Kosten für Vertrieb- und Verwaltung gemeint.

Bilanz
Eine Gegenüberstellung der Vermögenswerte und Verbindlichkeiten eines Unternehmens zu einem bestimmten Zeitpunkt. In der Regel wird sie im Rahmen der jährlichen Steuererklärung am Ende eines Geschäftsjahrs erstellt.

Bilanzierungsrichtlinien
Bestimmungen, anhand derer Buchhaltungsaufzeichnungen in Rechnungsberichte überführt werden

Bruttogewinn
Differenz zwischen Umsatz und Herstellungskosten bzw. Anschaffungspreis der verkauften Waren. Daraus ergibt sich der Gewinn vor Abzug sämtlicher anderer Kosten.

Buchführung
Chronologische, systematische und lückenlose Aufzeichnung (Belege) der Bestände sowie der Veränderungen der Vermögenswerte, des Fremd- und Eigenkaptials, der Aufwendungen und Erträge eines Unternehmens in Büchern (z. B. Grundbuch, Hauptbuch und Nebenbücher). Die Ergebnisse dienen auch als Berechnungsgrundlage für die Besteuerung.

Buchwert
Vermögenswert eines Unternehmens nach Abschreibung der Wertminderung

Bürgschaft
Vertrag, durch den sich der Bürge gegenüber dem Gläubiger eines Dritten verpflichtet, für dessen Verbindlichkeit einzustehen

Cash-Flow
Wörtlich »Kassenfluss« oder »Geldstrom«. Beschreibt die Umsatzerlöse eines Unternehmens, die nach Abzug aller Ausgaben übrig bleiben und für Investitionen oder Tilgungen von Verbindlichkeiten zur Verfügung stehen.

Dualität
Bezeichnet die zwei Seiten – Soll und Haben – jeder finanziellen Transaktion. Grundlage der doppelten Buchführung.

Eigenkapital
Differenz zwischen dem Bruttobilanzvermögen und dem Fremdkaptital eines Unternehmens

Einkommen, betriebsfremdes
Einnahmen, die nicht durch den normalen Geschäftsalltag verusacht worden sind, z. B. Gewinn aus Veräußerung von Sachanlagen, Dividenden usw.

Einkommen, verfügbares
Einkommen nach Abzug sämtlicher Steuern und Sozialversicherungsbeiträge

Einkommensteuerschuld *siehe* **Umlaufsteuerschuld; Steuerrücklage**.

Einnahme, aufgeschobene
Erhalt einer Einnahme vor der eigentlichen Zahlung. Wird in der Bilanz bis zur Zahlung und Aufzeichnung üblicherweise als theoretische kurzfristige Verbindlichkeit geführt.

Einzelunternehmer
Gewerbliche Tätigkeit als »Ein-Personen-Unternehmen«. Es gibt keine Anteilseigner. Der Einzelunternehmer bestimmt alleine, was gemacht wird, trägt aber auch alleine alle Verantwortung und Risiken. Er haftet mit seinem Privatvermögen.

Emissionskurs
Der Preis, zu dem eine Aktie bei der ersten
Ausgabe verkauft wird, daher auch Ausgabekurs
genannt. Üblicherweise der Nennwert zuzüglich
Disagio.

Eröffnungsbestand
Zu Beginn eines Rechnungszeitraums vorhan-
denes Inventar

Ertrag
Bezeichnet die Einnahmen, manchmal auch den
Verkaufserlös

Eventualverbindlichkeit
Verbindlichkeit, die noch nicht im Rechnungsabschluss verzeichnet wurde. Es ist nicht sicher,
dass diese Verbindlichkeit tatsächlich eintritt.

Fertigungskosten
Fixkosten der Herstellung. Sie sind Teil der
Umsatzkosten, schließen aber Umsatz- und
Verwaltungskosten nicht ein.

Firmenwert (Goodwill)
Darunter versteht man zunächst das Wohlwol-
len, das Konsumenten und Investoren einem
Unternehmen entgegenbringen, also den ideel-
len Wert des Firmennamens, der Reputation
und anderer, nicht genauer bestimmbarer Aktiva. Er wird nur beim Verkauf eines Betriebs
erwähnt und kann nicht abgeschrieben werden.
Der Firmenwert gilt als verborgenes Betriebsvermögen und wird niemals zum Markwert
bemessen.

Forderung, uneinbringliche
Forderung, die definitiv nicht mehr bezahlt wird
und somit abgeschrieben werden muss. *Siehe auch*
Außenstände.

Forschungs- und Entwicklungskosten
Diese Kosten gelten normalerweise als Ausgaben, werden manchmal aber auch unter
»sonstiges Vermögen« gebucht, wenn dies in
einem kommenden Rechnungszeitraum von
Vorteil ist.

Fremdkapital
Verbindlichkeit, die länger als ein Jahr im
Unternehmen verbleibt

Fremdkapital, langfristiges
Verbindlichkeiten, die nicht innerhalb eines
Jahrs gezahlt werden müssen, z. B. Anleihen,

Obligationen oder Darlehen. Ein Verbindlich-
keitsinhaber ist ein Gläubiger.

Genossenschaft
Demokratische Unternehmensform, bei der die
Inhaber auch tatsächlich im Unternehmen
arbeiten müssen. Die Genossenschaft wird
durch Abstimmung der Mitarbeiter gelenkt,
wobei jeder Mitarbeiter eine Stimme hat.

Geschäftsbericht
Bericht eines Unternehmens, der den Jahresabschluss erläutert. Unternehmen, die zur
Bilanzierung verpflichtet sind, müssen im La-
gebericht als Bestandteil des Geschäftsberichts
ihre wirtschaftliche Situation darstellen.

Geschäftsführer
Gesetzlicher Vertreter einer Gesellschaft mit
beschränkter Hafung (GmbH), der die Geschäfte führt

Geschäftsgebäude
Gehören zu den Sachanlagen. Sofern sie nicht
für den Verkauf bestimmt sind, werden sie als
Ausgabe abgeschrieben.

Gesellschaft mit beschränkter Haftung
Eine im Handelsregister eingetragene Handelsgesellschaft (GmbH), deren Gesellschafter nur
in Höhe der eingebrachten Stammeinlagen haften (Stammkapital mindesten 25 000 Euro)

Gewinn
Differenz zwischen Einnahmen und Ausgaben,
Ertrag und Aufwand bzw. Erlösen und Kosten
innerhalb eines Rechnungszeitraums. Erhöht
nicht zwingend das Barvermögen, sondern
kann sich auch als höheres Betriebsvermögen
oder niedrigere Verbindlichkeiten zeigen.

Gewinn, akkumulierter
Im Unternehmen verbliebener Gewinn, der
noch nicht an die Anteilseigner als Dividende
ausgeschüttet wurde. Oft auch als einbehaltener
Gewinn bezeichnet.

Gewinnrücklagen
Der Gewinn aus der Handelstätigkeit eines
Unternehmens, der noch nicht ausgeschüttet
wurde. Die Gewinnrücklagen unterscheiden
sich darin von Kapitalrücklagen, die meist aus
dem Verkauf von Sachanlagen mit Gewinn
entstehen.

Gewinn- und Verlustrechnung

Gegenüberstellung der Salden der Erfolgskonten, nach Aufwendungen und Erträgen getrennt. Die Differenz ergibt den Gewinn oder Verlust. Sie ist neben der Bilanz Teil des Jahresabschlusses in der doppelten Buchführung.

Gewinn vor Steuer

Betriebsergebnis abzüglich aller dafür aufgewendeten Kosten vor Abzug der Steuern

Gewinnvortrag

Teil des Gewinns eines Unternehmens, der nicht an die Gesellschafter ausgeschüttet und nicht in die Gewinnrücklagen eingestellt, sondern auf das nächste Geschäftsjahr übertragen wird

Gläubiger

Jemand, dem das Unternehmen (Schuldner) Geld schuldet

Grenzen der Buchhaltung

Rechnungsabschlüsse können ein Unternehmen aus folgenden Gründen nur begrenzt darstellen: (a) Einige wichtige Faktoren lassen sich nicht in Zahlen ausdrücken; (b) die Abrechnung in festgelegten Zeiträumen bringt immer Unsicherheiten wegen unvollständiger Transaktionen mit sich; (c) Geschäftsberichte können auf unterschiedlichen Konzepten beruhen; (d) Buchführung ist keine exakte Wissenschaft, sondern hängt immer von individuellem Ermessen ab.

Grundbesitz

Freier oder verpachteter Grundbesitz eines Unternehmens. Gilt überlicherweise als Sachanlage und wird nicht abgeschrieben.

Grundkapital

Eigenkapital einer Aktiengesellschaft. Der Mindestnennbetrag beträgt 50 000 Euro.

Halbfabrikate

Produkte, die noch nicht für den Verkauf bereit sind. Für ein halbfertiges Produkt wurden bereits Arbeitszeit und Material aufgewendet. Diese Faktoren werden zur Bestimmung des Werts des Halbfabrikats verwendet. Der Wert liegt immer unter den Fertigungskosten und dem Marktwert.

Handelsgesellschaft

Handelsgewerbe, das von mehreren Personen unter gemeinsamem Firmennamen betrieben wird. Es handelt sich dabei um Personengesellschaften (OHG, KG) oder Kapitalgesellschaften (AG, GmbH, KG).

Hauptversammlung

Theoretisch die Versammlung aller Eigentümer einer Aktiengesellschaft. Ihr gehören alle Aktionäre an. Sie wählt die Vertreter der Anteilseigner im Aufsichtsrat und beschließt jährlich über die Verwendung der Dividende.

Hypothek

Ein durch Sachanlagen gesichertes Langzeitdarlehen. Zählt meist zu den langfristigen Verbindlichkeiten.

Installationen und Einbauten

Anlagen, die zum Geschäftsgebäude gehören und gemeinsam mit diesem veräußert werden.

Inventar *siehe* **Lagerbestand**.

Investitionsgüter (Sachwerte)

Werden als Sachanlage behandelt, wenn sie für den Langzeitgebrauch erworben wurden und nicht für den Wiederverkauf gedacht sind. Tauchen in der Bilanz nicht auf einmal mit ihrem Markwert, sondern in Form von Abschreibungen auf.

Jahresabschluss

Der laut Handelsrecht zum Ende eines Geschäftsjahrs aufzustellende Abschluss der Buchführung, der aus der Bilanz und der Gewinn- und Verlustrechnung besteht

Juristische Person

Ein Unternehmen, etwa eine GmbH, das unabhängig von seinen Eigentümern und der Geschäftleitung als eigenständige rechtliche Einheit behandelt wird

Kapital, ausgegebenes

Tatsächlich von einem Unternehmen emittiertes Stammkapital

Kapitalabschreibung

Abschreibungsbeträge auf Grund von Aufwendungen für Anlagegüter

Kapitalanlage

Kapital, das in Form von Aktien, Anteilen, Anleihen und Obligationen investiert ist

Kapitalreserve

Ensteht bei der Neubewertung einer Sachanlage. Das Unternehmen profitiert zwar von dieser Neubewertung, erhält daraus aber kein Barvermögen, sofern die Sachanlage nicht verkauft wird.

Konto
Zweiseitige Verrechnungsform zur art- und wertmäßigen Erfassung von Geschätsvorfällen, z. B. Warenein- und -ausgang, mit einer Soll- und Habenseite

Kosten
Jeder finanzielle Aufwand eines Unternehmens

Kostenbewertung
Aktiva werden nach ihren tatsächlichen Kosten bewertet, nicht nach dem Marktwert. Durchlaufposten, wie etwa Lagerhaltung, werden nach ihrem Marktwert bewertet.

Kostenrechnung
Aufzeichnung sämtlicher Ausgaben und Aufbereitung der Kostenabrechnungen

Kredittransaktion
Eine Transaktion, die Verbindlichkeiten hervorruft. Es wird bis auf weiteres kein Geldwert übertragen.

Kurswert
Der augenblickliche Vermögenswert einer Aktie, er richtet sich nach Angebot und Nachfrage.

Lagerbestand
Waren, die zum sofortigen Verkauf bereit stehen, sowie das zur Herstellung benötigte Rohmaterial und die Ware im Fertigungsprozess

Lieferantenkredit
Verbindlichkeiten aus Lieferungen und Leistungen

Liquidität
Verfügbarkeit von Barvermögen oder Betriebsvermögen, das schnell in Barvermögen umgewandelt werden kann

Marktwert
Preis, der aktuell für ein bestimmtes Produkt oder eine Dienstleistung bezahlt wird

Maschinen
Gelten als Sachanlagen, wenn sie zur Verwendung innerhalb des Unternehmens erworben wurden, und werden als Kosten abzüglich Abschreibung bemessen. Maschinen, die für den Weiterverkauf hergestellt oder erworben werden, gehören zum Lagerbestand.

Minderkaufmann
Kleingewerbetreibender, der nicht zur doppelten Buchführung verpflichtet ist und sich nicht ins Handelsregister eintragen lassen muss

Nachzugsaktie
Aktie, deren Dividende hinter jener der Vorzugs- und Stammaktie rangiert

Nennwert
Der Anteil am Grundkapital, der auf dem Aktienmantel steht (früher fünf oder 50 DM, in Zukunft ein oder mehr Euro). Er ist nicht mit dem Kurswert der Aktie zu verwechseln.

netto
(a) Betrag nach allen Abzügen; so ergibt etwa der Abzug des Umsatzerlöses vom Bruttoerlös den Nettoerlös. (b) Der Ausdruck »rein netto« besagt, dass keine Abzüge erlaubt sind.

Nettogewinn
Gewinn eines Rechnungszeitraums nach Abzug der Steuern

Neubewertung
Regelmäßig wird das Anlagevermögen auf seinen aktuellen Wert geprüft und festgeschrieben. Die Differenz wird den Kapitalreserven zugeschlagen.

Nominalwert *siehe* **Nennwert**.

Obligation (Schuldverschreibung)
Dokument, das beweist, dass der Obligationseigner einem Unternehmen für bestimmte Zeit und zu einem bestimmten Zinssatz Geld geliehen hat. Manchmal bietet der Unternehmer dafür Betriebsvermögen als Sicherheit.

Parallelisierung
Kosten und Erträge eines Rechnungszeitraums müssen parallelisiert werden, um sicherzustellen, dass der ermittelte Gewinn realistisch ist. Dabei genügen plausible Näherungen.

Patent
Vom Staat für sein Gebiet erteiltes, zeitlich begrenztes Nutzungsrecht an einer Erfindung. Erscheint in der Bilanz unter »sonstiges Betriebsvermögen«.

Personengesellschaft
Personengesellschaften (Gesellschaft des bürgerlichen Rechts (GbR), Offene Handelsgesellschaft (OHG), Kommanditgesellschaft (KG) usw.) sind

besonders durch die persönliche Haftung der Gesellschafter für die Geschäftsschulden gekennzeichnet.

Rabatt

Preisnachlass, der meist in Prozent ausgedrückt wird: (a) Skonto bis zu drei Prozent des Rechnungsbetrags bei unverzüglicher Zahlung; (b) Mengenrabatt, sofern dieser handelsüblich ist; (c) Sonderrabatt für Großabnehmer, Betriebsangehörige oder Gewerbetreibende; (d) Treuerabatt.

Rechnungsabschluss *siehe* Jahresabschluss.

Rechnungsberichte

Bilanz, Gewinn- und Verlustrechnung sowie Cash-Flow-Analyse

Rechnungslegung, inflationsneutrale

Buchführung beruht auf der Annahme, die Kaufkraft des Gelds würde von einem Jahr ins nächste erhalten bleiben. Da dies jedoch nicht der Realität entspricht, gibt es in der Betriebswirtschaft ganz unterschiedliche Methoden zur Angleichung.

Rechnungswesen

Zum betrieblichen Rechnungswesen gehören Buchführung, Finanzbuchführung, Bilanz, Jahresabschluss, Kosten-, Leistungs- und Investitionsrechnung, Betriebsstatistik, Vergleichs- und Planungsrechnung.

Rechnungszeitraum

Zeitraum zwischen zwei Rechnungabschlüssen, meist ein Monat, ein Vierteljahr oder ein Jahr. Zeitraum der Gewinn- und Verlustrechnung.

Reingewinn

Positives Ergebnis eines Geschäftsjahrs, das sich aus der Summe aller Erträge abzüglich aller Aufwendungen ergibt; bei Kapitalgesellschaften der Jahresüberschuss in der Gewinn- und Verlustrechnung

Reinverlust

Negatives Erebnis eines Geschäftsjahrs. *Siehe auch* Reingewinn.

Reinvermögen

In der Bilanz ausgewiesenes Eigenkapital des Unternehmers als Differenz aus Vermögen (Aktiva) und Fremdkaptital. Setzt sich aus dem Eigenkapital zu Geschäftsbeginn und sämtli-

chem seither erzielten und im Unternehmen verbliebenen Gewinn zusammen.

Rohertrag *siehe* Bruttogewinn.

Rücklagen

Bei einer Aktiengesellschaft die nicht ausgeschütteten Gewinne aus den Vorjahren. Sie werden als Eigenkapital der Aktiengesellschaft in der Bilanz als Passiva verbucht. Allgemein versteht man unter Rücklagen den zurückgelegten Teil des Eigenkapitals eines Unternehmens, der über das Grund- oder Stammkapital hinausgeht und auch akkumulierter Gewinn genannt wird. *Siehe auch* Gewinnrücklagen.

Rückstellungen

Rücklagen für Aufwendungen, die zwar bereits entstanden, aber noch nicht zur Zahlung fällig sind. So wird etwa der Betrag der geschätzten Steuerschuld für einen Rechnungszeitraum rückgestellt.

Sachanlagen

Wirtschaftsgüter wie Grundstücke, Gebäude und Sachmittel, die nicht dem Wiederverkauf, sondern dem Langzeitgebrauch innerhalb des Unternehmens dienen. Tauchen in der Bilanz nicht auf einmal mit ihrem Markwert, sondern in Form von Abschreibungen auf.

Saldoübertrag

Differenz von Soll und Haben eines Buchführungskontos

Schlussbestand

Umfang des Lagers bei Rechnungsabschluss. Wird zur Berechnung der Umsatzkosten herangezogen.

Schuldner

Kreditempfänger bzw. eine Person oder ein Unternehmen mit Verbindlichkeiten gegenüber Dritten

Skonto

Zahlungsnachlass bei unverzüglicher Bezahlung einer Rechnung durch Bargeld, Scheck oder Überweisung. Maximal drei Prozent des Bruttopreises. *Siehe auch* Rabatt.

Stammaktie

Inhaber von Stammaktien sind bei der Hauptversammlung voll stimmberechtigt. *Siehe auch* Aktie; Vorzugsaktie; Nachzugsaktie.

Stammkapital
Eigenkapital einer GmbH, das auf einen
bestimmten Nennbetrag festgesetzt ist

Steuerrücklage
Rücklage für die im kommenden Jahr zu
zahlende Einkommensteuer des laufenden
Wirtschaftsjahrs

Teilhaber, stiller
Kapitalgeber, der nicht aktiv an der Geschäftsführung eines Unternehmens beteiligt ist

Transaktion
Jede Geldbewegung durch Kauf, Verkauf, Geld-
eingang, Geldausgang oder Wertberichtigung
wird als Soll oder Haben verbucht.

Transaktion, unvollständige
Transaktion, die zum Abschluss eines Rechnungszeitraums noch nicht vollendet ist und
somit einen ungenauen Faktor in der Buchführung darstellt. In diesem Fall müssen Methoden
zur Gewinnerkennung angewandt werden, um
zu berechnen, wann die Einnahme verbucht
werden kann. Bis dahin wird die Transaktion als
Verlust geführt.

Treu und Glauben
Ethischer Grundsatz in der Buchführung; Bilanz
und Gewinn- und Verlustrechnung stellen ein
Unternehmen in Übereinstimmung mit
allgemein gültigen Buchführungsregeln gemäß
»Treu und Glauben« dar.

Umlaufsteuerschuld
Steuerschuld, die innerhalb eines Jahres beglichen werden muss

Umlaufvermögen
Vermögensteile, die im Gegensatz zum Anlagevermögen nur vorübergehend im Unternehmen
verbleiben und für die finanziellen Transaktionen verwendet werden

Umsatz
Summe aller Verkäufe. Sie wird normalerweise
erfasst, wenn die Ware ausgeliefert bzw. die
Dienstleistung erbracht und in Rechnung gestellt wurde.

Umsatzkosten
Kosten der tatsächlich während eines Rech-
nungszeitraums verkauften Ware. Schließt die
Kosten nicht verkaufter Ware sowie sämtliche

Gemeinkosten (mit Ausnahme der Produktionskosten) nicht mit ein.

Unternehmen, gesundes
Gewinn- und Verlustrechnung, Bilanz usw.
eines »gesunden Unternehmens« zeigen an,
dass der Betrieb weiterbestehen wird. Der
Marktwert wird daher auf Grundlage des zu
erwartenden Umsatzes berechnet.

Verbindlichkeiten
Zu zahlende Beträge, etwa Rechnungen von
Lieferanten

Verbindlichkeiten, kurzfristige
Verbindlichkeiten, die innerhalb eines Wirtschaftsjahrs beglichen werden

Verbindlichkeiten, sonstige
Verbindlichkeiten aus Inanspruchnahme von
Dienstleistungen, nicht auf Grund von Waren-
oder Rohstoffeinkäufen.

Verlust
Gegenteil von Gewinn und Ertrag. Wird aus
dem Überschuss der Kosten über die Einnahmen errechnet und verringert das Eigenkapital.

Verlust aus Veräußerung von Sachanlagen
Verlust, der aus dem Verkauf von Sachanlagen
entsteht. Wird als »sonstige Einnahmen und
Ausgaben« in der Gewinn- und Verlustrechnung aufgeführt. Größere Verluste oder Gewinne werden manchmal auf die Kapitalreserve
umgelegt.

Vermögensanlage
Investition in Aktien oder Obligationen eines
anderen Unternehmens in derselben Branche.
Gilt als Lanzeitinvestition, nicht als marktfähige
Schuldverschreibung.

Vermögenswerte, immaterielle
Aktiva, die einen Wert haben, der aber nicht
verbucht werden kann, wie etwa Goodwill
(Firmenwert), Patente oder Marken

Vermögenswerte, materielle
Greifbare, dingliche Vermögenswerte. Darunter
versteht man Betriebsvermögen mit eindeuti-
gem Wert; somit sind immaterielle Vermögenswerte wie z. B. Goodwill ausgeschlossen.

Vermögenswerte, sonstige
Aktiva, die weder zu den Sachanlagen noch
zum Umlaufvermögen zählen, z. B. Firmenwert,

fortgeführter Forschungsaufwand, Handels-investitionen usw. Diese werden zu ihren Kosten, nicht zum Markwert, bemessen, solange die Verluste nicht außergewöhnlich hoch sind.

Verschuldungsgrad

Verhältnis zwischen Fremd- und Eigenkapital. Je höher dieser Faktor ist, desto höher sind die Verbindlichkeiten eines Unternehmens.

Vertriebskosten

Alle mit dem Verkauf verbundenen Kosten. Sie gelten als indirekte Kosten und Gemeinkosten, nicht als Fertigungs-, Verwaltungs- und Betriebskosten. Zu den Vertriebskosten zählen Werbung, Prospekte, Gehälter für Verkaufspersonal, Reisekosten, Verkaufsabschreibungen usw.

Verwaltungskosten

Die bei der Führung und Kontrolle des Unternehmens entstehenden Kosten, dazu gehören Geschäftsführerhonorare, Gehälter der Verwaltungsangestellten, Büromiete, Strom, Heizung, Gebühren, Revisionshonorare, Kontoführung usw. Sämtliche Kosten für Forschung und Entwicklung, Produktion, Verkauf und Vertrieb zählen nicht dazu.

Vollkaufmann

Laut Handelsgesetzbuch (HGB) ein Gewerbebetrieb, der »nach Art und Umfang einen in kaufmännischer Weise eingerichteten Geschäftsbetrieb erfordert«. Als Vollkaufman muss man sich ins Handelsregister eintragen lassen und die Jahresabschlüsse vorlegen.

Vorbehalte

Buchhalterische Vorbehalte am Ende jedes Abrechnungszeitraums entstehen aus:

(a) unvollendeten Transaktionen; (b) dem Marktwert der Anleihen; (c) der begrenzten Lebensdauer von Anlageinvestitionen in Verbindung mit den Abschreibungsberechnungen; (d) den erkennbaren Werten des Umlaufvermögens; (e) unbekannten und unberechenbaren Eventualverbindlichkeiten.

Vorstand

Der Vorstand einer Aktiengesellschaft (kann aus einer oder mehreren Personen bestehen) wird vom Aufsichtsrat bestellt und ist für die Geschäftsführung verantwortlich.

Vorzugsaktie

Im Unterschied zu Stammaktionären haben die Vorzugsaktionäre kein Stimmrecht auf der Hauptversammlung. Bei der Ausschüttung werden zunächst die Vorzugsaktionäre bedient und dann erst die Stammaktionäre. Der Dividendensatz einer Vorzugsaktie liegt über dem einer Stammaktie.

Vorzugsaktie, einlösbare

Vorzugsaktie, die die Aktiengesellschaft vom Vorzugsaktionär wieder zurückkaufen kann. Sie gehört zum Eigenkapital, nicht zu den gewöhnlichen Aktien.

Vorzugsaktie, kumulative

Vorzugsaktie, deren Dividende bis zur Auszahlung aufläuft. Es gibt dezidierte kumulative und nicht kumulative Vorzugsaktien.

Wartungskosten

Bezeichnet die Ausgaben für Instandhaltung und Reparatur der Sachanlagen. Sie werden in der Gewinn- und Verlustrechnung als Ausgaben verbucht.

ADRESSEN

AUSSENHANDEL
Bundesstelle für Außenhandelsinformation
Agrippastraße 87-93
50445 Köln
Tel.: 02 21/2 05 70
Fax: 02 21/2 05 72 12

BEHÖRDEN
Bundesamt für Wirtschaft (BAW)
Frankfurterstraße 29-31
65760 Eschborn
Tel.: 0 61 96/40 40
Fax: 0 61 96/9 42 26

Bundesaufsichtsamt für das Kreditwesen
Gardeschützenweg 71-101
12203 Berlin
Tel.: 0 30/95 95 20

Bundesministerium für Finanzen
Himmelpfortgasse 8
A-1015 Wien
Tel.: 00 43/1/5 14 33-0
www.bmf.gv.at/

Bundesministerium für Wirtschaft und Arbeit
Stubenring 1
A-1010 Wien
Tel.: 00 43/1/7 11 00-0
E-Mail: service@bmwa.gv.at
www.bmwa.gv.at

Bundesministerium für Wirtschaft und Technologie
Referat Förderberatung:
Scharnhorststraße 34-37
10115 Berlin
Tel.: 0 18 88/6 15-76 48, -76 49
Fax: 0 18 88/6 15-70 33
Referat Öffentlichkeitsarbeit:
11019 Berlin
Tel.: 0 18 88/6 15-41 71 oder 6 15-9 (Zentrale)
Fax: 0 18 88/6 15-34 78
www.bmwi.de
buero-li@bmwi.bund.de

Hier können Sie Ratgeber und Infoblätter wie »Gründer Zeiten. BMWi-Nachrichten zur Existenzgründung und -Sicherung« usw. anfordern.
Bestell-Fax: 02 28/42 23-462

Eidgenössisches Finanzdepartement
Bundesgasse 3
CH-3003 Bern
Tel.: 00 41/31/3 22 60 33
www.efd.admin.ch

Eidgenössische Volkswirtschaftsdepartement
Bundeshaus Ost
CH-3003 Bern
Tel.: 00 41/31/3 22 20 11
www.evd.admin.ch

BERUFSVERBÄNDE
Deutscher Industrie- und Handelstag (DIHT)
Breite Straße 29
10178 Berlin
Tel.: 0 30/2 03 08-0
Fax: 0 30/2 03 08-10 00
www.diht.de
diht@berlin.diht.de
Hier erfahren Sie die Adressen der lokalen Industrie- und Handelskammern. Beim DIHT und den IHKs können sie außerdem Informationsmaterial zu allen für Existenzgründer und Unternehmer relevanten Themen anfordern.

Schweizer Industrie- und Handelskammern
47, avenue d'Ouchy
Postfach 205
CH-1000 Lausanne 13
Tel.: 00 41/21/6 13 35 58
E-Mail: infoch@cci.ch
www.cci.ch/ccis/

Wirtschaftskammer Österreich
Wiedner Hauptstraße 63
A-1050 Wien
Tel.: 00 43/1/5 01 05-0
Fax: 00 43/1/5 01 05-250
www.wk.or.at

Zentralverband des Deutschen Handwerks (ZDH)
Mohrenstraße 19-21
10117 Berlin
Tel.: 0 30/2 06 19-0
Fax: 0 30/2 06 19-460
www.zdh.de
Hier erfahren Sie die Adressen der lokalen Handwerkskammern.

DIREKTMARKETING
Deutscher Direkt Marketing Verband e.V. (DDV)
Hasengartenstraße 14
65189 Wiesbaden
Tel.: 06 11/9 44 93-0
Fax: 06 11/9 44 93-99
www.ddv.de

EXISTENZGRÜNDUNG
Arbeitsgemeinschaft Deutscher Technologie- und Gründungszentren (ADT)
Rudower Chaussee 5
12489 Berlin
Tel.: 0 30/63 92-62 21
Fax: 0 30/63 92-62 22
Existenzgründer-Institut Berlin e.V.
Spichernstraße 2
10777 Berlin
Tel.: 0 30/21 25 28 01
Rationalisierungs- und Innovationszentrum der Deutschen Wirtschaft e.V. (RKW)
Düsseldorferstraße 40
65760 Eschborn
Tel.: 0 61 96/4 95-1
www.rkw.de
Verein zur Erschließung neuer Beschäftigungsformen e.V.
Lange Geismar Str. 2
37073 Göttingen
Tel.: 05 51/48 56 22
Fax: 05 51/54 14 24
www.vebf.de
Gemeinnütziger Verein der u. a. Existenzgründungsberatung und -weiterbildung für von Arbeitslosigkeit bedrohte Menschen anbietet.

FINANZIERUNG
Bundesverband Deutscher Kapitalbeteiligungsgesellschaften (BVK)
Karolinger Platz 10-11
14052 Berlin
Tel.: 0 30/30 69 82-0
Fax: 0 30/30 69 82-20
www.bvk-ev.de
Business Angels Netzwerk Deutschland (BAND) e.V.
Spichernstraße 2
10777 Berlin
Tel.: 0 30/21 25 47 00
Fax: 0 30/21 25 47 01
E-Mail: band@business-angels.de
Internet-Adresse: www.business-angels.de
Deutsche Ausgleichsbank (DtA)
Ludwig-Erhard-Platz 1-3
53170 Bonn
Tel.: 02 28/8 31-24 00
Fax: 02 28/8 31-22 55
Niederlassung Berlin
Saarzinsstraße 11-15
12159 Berlin
Tel.: 0 30/8 50 85-0
Fax: 0 30/8 50 85-299
www.dta.de und
www.gruenderzentrum.de
Gründungsberatung, Infos über staatliche Förderung usw.
Förderkreis Neue Technologie (FNT) e.V.
Rosenheimerstr. 145c
81671 München
Tel.: 0 89/63 02 53-0
Fax: 0 89/63 02 53-10
www.fntev.de
E-Mail: info@fntev.de
Kreditanstalt für Wiederaufbau (KfW)
Palmengartenstraße 5-9
60325 Frankfurt/Main
Tel.: 0 69/74 31-0
Fax: 0 69/74 31-29 44
Niederlassung Berlin
(Produktmarketing & Beratung)
Taubenstraße 10
10104 Berlin

Tel.: 0 30/2 02 64-316
Fax: 0 30/2 02 64-192
www.kfw.de
Technologie-Beteiligungs-Gesellschaft (tbg)
mbH der Deutschen Ausgleichsbank
53170 Bonn
Tel.: 02 28/9 31-22 90
www.tbgbonn.de
Verband der Bürgschaftsbanken
Kapuzinertraße 8
53111 Bonn
Tel.: 02 28/9 76 88 86
Fax: 02 28/9 76 88 82
www.vdb-info.de

FORDERUNGSMANAGEMENT
Bundesverband Deutscher Inkassounter-
nehmen e.V.
Brennerstr. 76
20099 Hamburg
Tel.: 0 40/28 08 26-0
Fax: 0 40/28 08 26-99
www.inkasso.de
Deutscher Factoring-Verband e.V.
Große Bleiche 60-62
55116 Mainz
Tel.: 0 61 31/2 87 70 70
Fax: 0 61 31/2 87 70 99
www.factoring.de
Verband der Vereine Creditreform e.V.
Hellersbergstraße 12
41460 Neuss
Tel.: 0 21 31/1 09-0
Fax: 0 21 31/1 09-80 00
www.creditreform.de

FRANCHISE
Deutscher Franchise-Nehmer-Verband
Celsiusstr. 43
53125 Bonn
Tel.: 02 28/25 03 00
Fax: 02 28/25 05 86
www.franchiserecht.de
Deutscher Franchise-Verband e.V. (DFV)
Paul-Heyse-Straße 33-35
80336 München

Tel.: 0 89/53 07 14-0
Fax: 0 89/53 13 23
www.dfv-franchise.de
Adresslisten von Beratern und Rechtsanwälten,
die sich auf Franchising spezialisiert haben.

INFORMATIONSTECHNOLOGIE
Bundesverband
Informations Technologien (BVIT)
Adenauerallee 18-22
53113 Bonn
Tel.: 02 28/2 01 36-0
Fax: 02 28/2 01 36-99
www.bvit.de
Bundesverband Informationswirtschaft,
Telekommunikation und neue Medien
(Bitkom)
Ansprechpartner:
Fachverband Informationstechnik
im VDMA und ZVEI
Lyoner Straße 18
60528 Frankfurt/Main
Tel.: 0 69/66 03-0
Fax: 0 69/66 03-15 10
www.bitkom.org
Forschungsinstitut für Telekommunikation
(FTK)
Martin-Schmeißer-Weg 4
44227 Dortmund
Tel.: 02 31/97 50 56-0
Fax: 02 31/97 50 56-10
www.ftk.de

MULTIMEDIA
Deutscher Multimedia Verband e.V. (dmmv)
Kaistraße 14
40221 Düsseldorf
Tel.: 02 11/8 52 86-0
Fax: 02 11/8 52 86-18
www.dmmv.de

PATENTE
Deutsches Patent- und Markenamt
80297 München
Tel.: 0 89/21 95-34 02
www.dpma.de

Patentanwaltskammer
Tal 29
80331 München
Tel.: 0 89/24 22 78-0
www.patentanwalt.de
Patentstelle der Deutschen
Fraunhofer-Gesellschaft (FhG)
Leonrodstraße 54
80636 München
Tel.: 0 89/12 05-0

STEUERBERATER
Bundesberaterkammer
Neue Promenade 4
10178 Berlin Mitte
Tel.: 0 30/24 00 87
www.bundesberaterkammer.de
webmaster@bundesberaterkammer.de
Bundesverband der Steuerberater e.V.
Ludwigstraße 2
50667 Köln
Tel.: 02 21/9 25 36 37
Fax: 02 21/9 25 36 38
www.bv-steuerberater.de
Deutscher Steuerberaterverband e.V.
Bertha-von-Suttner-Platz 6
53111 Bonn
Tel.: 02 28/98 59 40
Fax: 02 28/9 85 71-49
www.dstv.de
Siehe auch WIRTSCHAFTSPRÜFER

UNTERNEHMENSBERATUNG
Bundesverband Deutscher
Unternehmensberater BDU e.V
Geschäftsstelle Bonn
Zitelmannstraße 22
53113 Bonn
Tel.: 02 28/91 61-0
Fax: 02 28/91 61-26
www.bdu.de
Business Angels Netzwerk
Deutschland (BAND)
Bundesallee 210
10719 Berlin
Tel.: 0 30/21 00 95-231

Fax: 0 30/21 00 95-234
www.business-angels.de

UNTERNEHMERVERBÄNDE
Arbeitsgemeinschaft Selbstständiger
Unternehmer e.V. (ASU)
Reichsstraße 17
14052 Berlin
Tel.: 0 30/3 00 65-0
Fax: 0 30/3 00 65-490
www.asu.de
Bundesverband der Deutschen
Industrie (BDI)
Breite Straße 29
10178 Berlin
Tel.: 0 30/20 28-0
Fax: 0 30/20 28-26 50
www.bdi.de
Bundesverband der Selbstständigen
Deutscher Gewerbeverband e.V.
Platz vor dem Neuen Tor 4
10115 Berlin
Tel.: 0 30/2 80 49 10
Fax: 0 30/2 80 49 11
www.bds-dgv.de
Bundesverband Junger
Unternehmer der ASU e.V. (BJU)
Reichsstraße 17
14052 Berlin
Tel.: 0 30/3 00 65-0
Fax: 0 30/3 00 65-490
www.bju.de
Institut der Deutschen Wirtschaft e.V.
Gustav-Heinemann-Ufer 84-88
50968 Köln
Tel.: 02 21/49 81-1
www.iwkoeln.de

WERTPAPIERHANDEL
Bundesaufsichtsamt für den
Wertpapierhandel
Lurgiallee 12
60439 Frankfurt am Main
Tel.: 0 69/95 95-0
Fax: 069/9 59 52-123
www.bawe.de

WIRTSCHAFTSPRÜFER

Institut der Wirtschaftsprüfer in Deutschland e.V.
Hauptgeschäftsstelle
Tersteegenstraße 14
40474 Düsseldorf
Tel.: 02 11/45 61-0
Fax: 02 21/45 41-097
www.idw.de
E-Mail: info@idw.de

Kammer der Wirtschaftstreuhänder
Schönbrunner Straße 222-228
A-1120 Wien
Tel.: 00 43/1/8 11 73-0
Fax: 00 43/1/8 11 73-100
www.kwt.or.at
E-Mail: office@kwt.or.at

Treuhand-Kammer, Schweizerische Kammer der Wirtschaftsprüfer, Steuer- und Treuhandexperten
Postfach 892
CH-8025 Zürich
Tel.: 00 41/1/2 67 75 75
Fax: 00 41/1/2 67 75 85

FINANZINFORMATIONEN IM WORLD WIDE WEB

Aktien des Neuen Markts
www.caridon.com

Berichte von Hauptversammlungen
www.hauptversammlung.de
www.sdk.org

Internet-Aktien
www.internet.com

Kursinformationen
www.bank24.de
www.comdirect.de
finanzen.de.yahoo.com

Neuemissionen
www.schnigge.de

Wertpapieranalyse
www.onvista.de
www.consors.de

WICHTIGE INTERNETADRESSEN

Anlagebetrügereien
http://www.focus.de/DA/DAA/daa.htm

Bundesaufsichtsamt für Kreditwesen
http://www.bakred.de

Bund der Steuerzahler
http://www.steuerzahler.de

Deutscher Bundestag mit Ministerien
http://www.bundestag.de

Bundesrechtsanwaltskammer
http://www.brak.de

Bundesregierung
http://www.bundesregierung.de

Bundesverband deutscher Banken
http://www.bdb.de

Creditreform
http://www.creditreform.de

DATEV eG
http://www.datev.de

Deutsche Bundesbank
http://www.bundesbank.de

Deutscher Steuerberaterverband e.V.
http://www.dstv.de

DufaIndex – Amtliches Handelsregister
http://www.dufa-index.de

EU
http://www.europa.eu.int

Euro-Aktuell
http://www.euro-aktuell.de

Europäische Zentralbank
http://www.ecb.int

Genios Wirtschaftsdatenbank
http://www.genios.de

Informationen zu Gesetzesänderungen usw.
http://www.bmj.bund.de

Institut der Wirtschaftsprüfer
http://www.idw.de

OECD – Organization of Economic Co-Operation and Development
http://www.oecd.de

Staatliche Fördermittel
http://www.dta.de

Statistisches Bundesamt
http://www.statistik.bund.org

Steuergesetze Österreichs
http://www.ris.bka.gv.at

LITERATUR

Altmann, H.; Altmann, A.: Steuer-Seminar Buchführung. 100 paraktische Fälle des Steuerrechts, Fleischer, Achim 2000

Bäumler, H.; Breinlinger, A.; Schrader, H.-H. (Hrsg.): Datenschutz von A–Z, Loseblatt-sammlung, Luchterhand, Neuwied 2001

Beeler, A.: AG, GmbH oder Einzelfirma? Aktueller Ratgeber für den Unternehmer zur Wahl der richtigen Rechtsform, Cosmos Verlag, Muri-Bern 2000

Bundesministerium für Wirtschaft und Technologie (Hrsg.): Elektronischer Geschäftsverkehr – Ratgeber für kleine und mittlere Unternehmen, Berlin 2000

Bundesministerium für Wirtschaft und Techno-logie (Hrsg.): Gründer Zeiten. BMWi-Nach-richten zur Existenzgründung und -sicherung Nr. 21, Thema: Risikokapital, Bonn 2000

Capital Steuern 2000, CD-ROM, Naumann und Göbel, Köln 2000

Cichon, C.: Internetverträge – Verträge über Internet-Leistungen und E-Commerce, Otto Schmidt Verlag, Köln 2000

Gabele, E.; Mayer, H.: Buchführung. Einfüh-rung in die manuelle und PC-gestützte Buchhaltung und Jahresabschlusserstellung, Oldenbourg, München 2001

Groß, R.: Presserecht, Hüthig Fachverlage, Heidelberg 1999

Grothe, E.: Telekommunikations-Kunden-schutzverordnung, Hüthig, Heidelberg 2000

Heidinger, G.; Kros, F.: Rechtsformgestaltung III. Für mittlere und kleinere Unternehmen, Ueberreuter Wirtschaftsverlag, Wien 2000

Hubmann, F.; Götting, H.: Gewerblicher Rechtsschutz (Patent-, Gebrauchsmuster-, Geschmacksmuster-, Marken- und Wettbe-werbsrecht), C.H. Beck, München 1998

Industrie- und Handelskammer für München und Oberbayern (Hrsg.): Richtig werben: Ratschläge für den Kaufmann (Zulässige und unzulässige Werbung, Fallgruppen von A–Z,

Abmahnungen vermeiden), München 1998

Köhler, M.; Arndt, H. W.: Recht des Internet, Hüting Fachverlage, Heidelberg 2000

Kralicek, P.: Grundlagen der Finanzwirtschaft. Bilanzen – Gewinn- und Verlustrechnung – Cash-Flow – Kalkulationsgrundlagen – Finanzplanung – Frühwarnsysteme, Ueberreuter Wirtschaftsverlag, Wien 1999

Loffler, M.; Ricker, R.: Handbuch des Presserechts, C.H. Beck, München 2000

Loidl, C.: Buchführung leicht und praxisnah. Eine Einführung mit Fallbeispielen, Schäffer-Poeschel, Stuttgart 2000

Müller-Hagedorn, L.: Zukunftsperspektiven des E-Commerce im Handel, Deutscher Fachverlag, Frankfurt am Main 2000

Risse, J.: Buchführung und Bilanz für Einsteiger, Physica, Heidelberg 2000

Schmoeckel, R.: Meine Rechte und Pflichten als junger Unternehmer, dtv, Nördlingen 1998

Schönfelder, H.: Deutsche Gesetze. Sammlung des Zivil-, Straf- und Verfahrensrechts, 97. Auflage, C.H. Beck, München 1999

Siegwart, H.: Der Cash-Flow als finanz- und ertragswirtschaftliche Lenkungsgröße, Schäffer-Poeschel, Stuttgart 1993

Steuerleitfaden für Jung-Unternehmer. Bund der Steuerzahler e.V., Wiesbaden 1999

Thomsen, I.: Crashkurs Buchführung für Selbstständige, WRS-Verlag, Planegg 2000

Utescher, T.: Internet und Steuern. Electronic Commerce und Telearbeit; IDW-Verlag, Düsseldorf 1999

Wacker, W.; Seibold S.: Lexikon der Steuern. Über 800 Stichwörter für Praxis und Studium; Beck-DTV, München 2000

Weber, M.: Kaufmännische Buchführung von A–Z. Richtig buchen und bilanzieren, WRS-Verlag, Planegg 2000

Wilde, J.: Steuertipps für Existenzgründer. Von Anfang an Steuern sparen, WRS-Verlag, Planegg 1999

REGISTER

DANK

DANK DES AUTORS

Diese Buch verdankt seine Existenz nicht zuletzt der Hartnäckigkeit und Gründlichkeit von Stephanie Jackson und Adèle Hayward. Mein Dank gilt außerdem Alison Bolus, die mich immer wieder zu größerer Genauigkeit ermahnte, sowie Jane Laing und allen beteiligten Redakteuren, Bildredakteuren und Grafikern. Ebenfalls bedanken möchte ich mich bei meinen Kollegen an der Cranfield School of Management, auf deren Informationen ich zurückgegriffen habe, sowie bei den Studenten, die vieles, was in diesem Buch erwähnt wird, ausprobiert haben. Folgende Säulendiagramme wurden abgedruckt mit Erlaubnis von: European Observatory for SME Research (S. 47), European Franchise Federation, Arthur Andersen und World Franchising Council (S. 49) sowie Cranfield Working Papers (S. 46 und S. 119).

DANK DER VERLEGER

Grant Laing Partnership bedankt sich für die Unterstützung bei der Herstellung dieses Titels bei:
Gestaltung: Graham Curd
Korrektor: Nikky Twyman
Index: Kay Ollerenshaw

Dorling Kindersley bedankt sich für die Unterstützung bei der Herstellung dieses Titels bei:
Redaktion: Mary Lindsay, Daphne Richardson, Mark Wallace
Gestaltung: Sarah Cowley
DTP-Gestaltung: Jason Little, Amanda Peers

BILDNACHWEIS

2: Telegraph Colour Library 5 oben: Telegraph Colour Library 5 Mitte: Powerstock Zefa 5 Mitte unten: Powerstock Zefa 5 unten: gettyone stone 8–9: Telegraph Colour Library 10: Robert Harding Picture Library 14: Robert Harding Picture Library 20: gettyone stone 23: Canon Colour Copier CLC 1130, mit Genehmigung von Canon 25: The Stock Market 26: The Image Bank 27: gettyone stone 28: Robert Harding Picture Library 29: Rex Features 32: Robert Harding Picture Library 36: Pictor 40: The Image Bank 42: gettyone stone 43: Pictor 44: The Stock Market 46: Richard T. Nowitz/Corbis 48: Rex Features 53 oben: Gail Mooney/Corbis 55: The Image Bank 58: The Image Bank 60: The Stock Market 62: Robert Harding Picture Library 64: Robert Harding Picture Library 68: Robert Harding Picture Library 71: gettyone stone 72–73: Powerstock Zefa 74: Robert Harding Picture Library 80: Robert Harding Picture Library 98: Telegraph Colour Library 101: Robert Harding Picture Library 102–103: Powerstock Zefa 107: Robert Harding Picture Library 121: Sally und Richard Greenhill 144: gettyone stone

ÜBER DEN AUTOR

Colin Barrow ist der Leiter der »Enterprise Group« an der Cranfield School of Management und Direktor des »Business Growth and Development Programme«. Er studierte in Sandhurst und schloss mit dem Titel MBA (Master of Business and Administration) in Cranfield ab. Seither hat Colin Barrow im Rahmen von MBA- und Management-Programmen in verschiedenen Ländern unterrichtet. Neben seiner Tätigkeit an der Cranfield School of Management berät er verschiedene Unternehmen.